ミネルヴァ日本評伝選

芳声天下に伝わり仁道寰中に鳴る

武田信玄

笹本正治著

ミネルヴァ書房

刊行の趣意

「学問は歴史に極まり候ことに候」とは、先哲荻生徂徠のことばである。

歴史のなかにこそ人間の智恵は宿されている。人間の愚かさもそこにはあらわだ。この歴史を探り、歴史に学んでこそ、人間はようやくみずからの正体を知り、いくらかは賢くなることができる。新しい勇気を得て未来に向かうことができる。徂徠はそう言いたかったのだろう。

「ミネルヴァ日本評伝選」は、私たちの直接の先人について、この人間知を学びなおそうという試みである。日本列島の過去に生きた人々の言行を、深く、くわしく探って、そこに現代への批判を聴きとろうとする試みである。日本人ばかりではない。列島の歴史にかかわった多くの異国の人々の声にも耳を傾けよう。

先人たちの書き残した文章をそのひだにまで立ち入って読み、彼らの旅した跡をたどりなおし、彼らのなしとげた事業を広い文脈のなかで注意深く観察しなおす——そのとき、はじめて先人たちはいまの私たちのかたわらによみがえってくる。彼らのなまの声で歴史の智恵を、また人間であることのよろこびと苦しみを、私たちに伝えてくれもするだろう。

この「評伝選」のつらなりのなかから、列島の歴史はおのずからその複雑さと奥ゆきの深さをもって浮かび上がってくるはずだ。これを読むとき、私たちのなかに新たな自信と勇気が湧いてきて、その矜持と勇気をもって「グローバリゼーション」の世紀に立ち向かってゆくことができる——そのような「ミネルヴァ日本評伝選」にしたいと、私たちは願っている。

平成十五年（二〇〇三）九月

上横手雅敬
芳賀　徹

武田晴信画像（高野山持明院蔵）

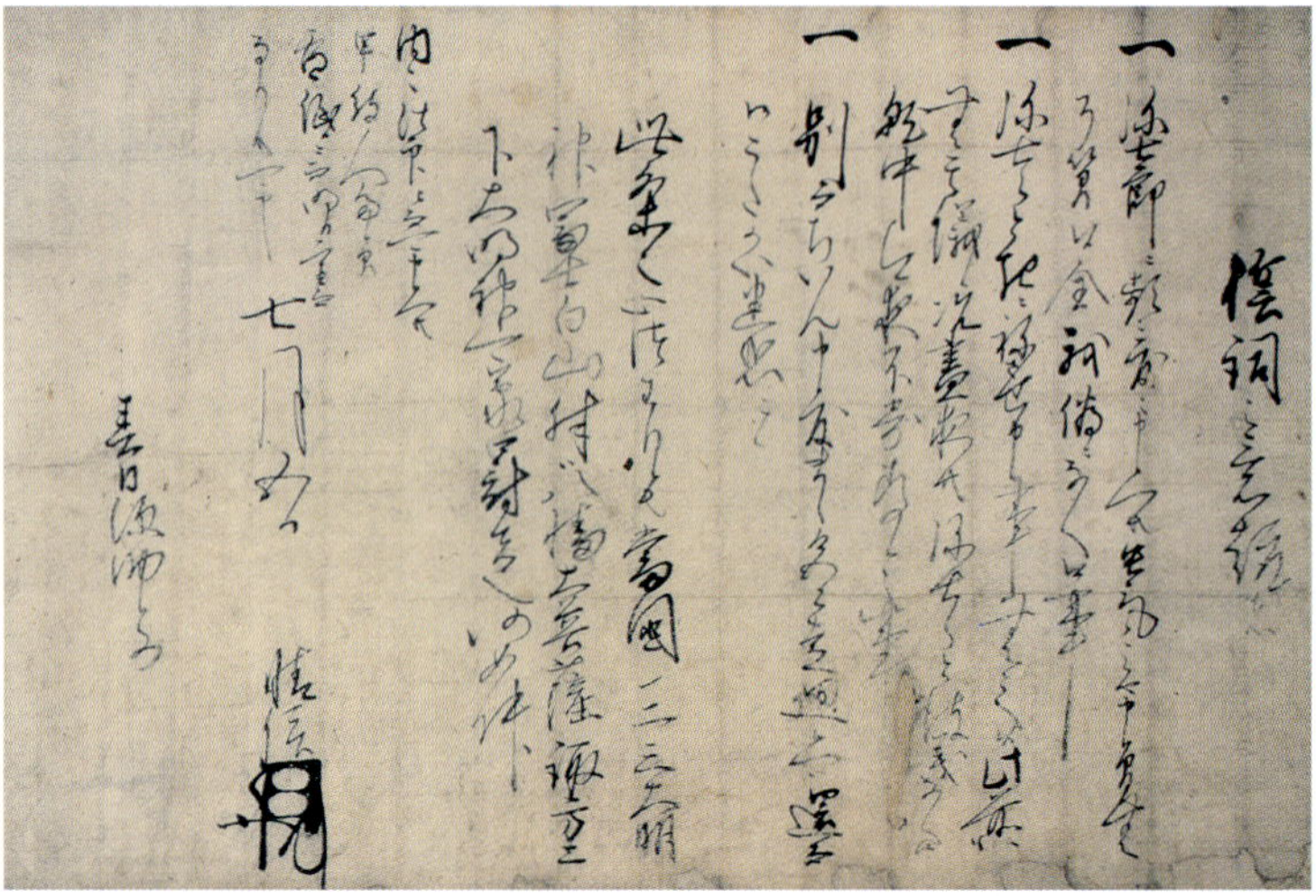

源助宛武田信玄自筆書状（東京大学史料編纂所蔵）

誓詞之意趣者

一、弥七郎ニ頻ニ度々申候へ共、虫気之由申候間、無了簡候、全我偽ニなく候事

一、弥七郎ときニ祢させ申候事無之候、此前ニも無其儀候、況昼夜共弥七郎と彼義なく候、就中今夜不寄存候之事

一、別而ちいん申度まゝ、色々走廻候へハ、還而御うたかい迷惑ニ候

此条々いつわり候者、當國一二三大明神、冨士、白山、殊ハ八幡大菩薩、諏方上下大明神可蒙罰者也、仍如件

内々法（宝）印ニ而可申候へ共、甲（申）待人多候間、白紙ニ而、明日重而なり共可申候

（天文十五年）七月五日　晴信（花押）（後筆）

（後筆）「春日」源助との

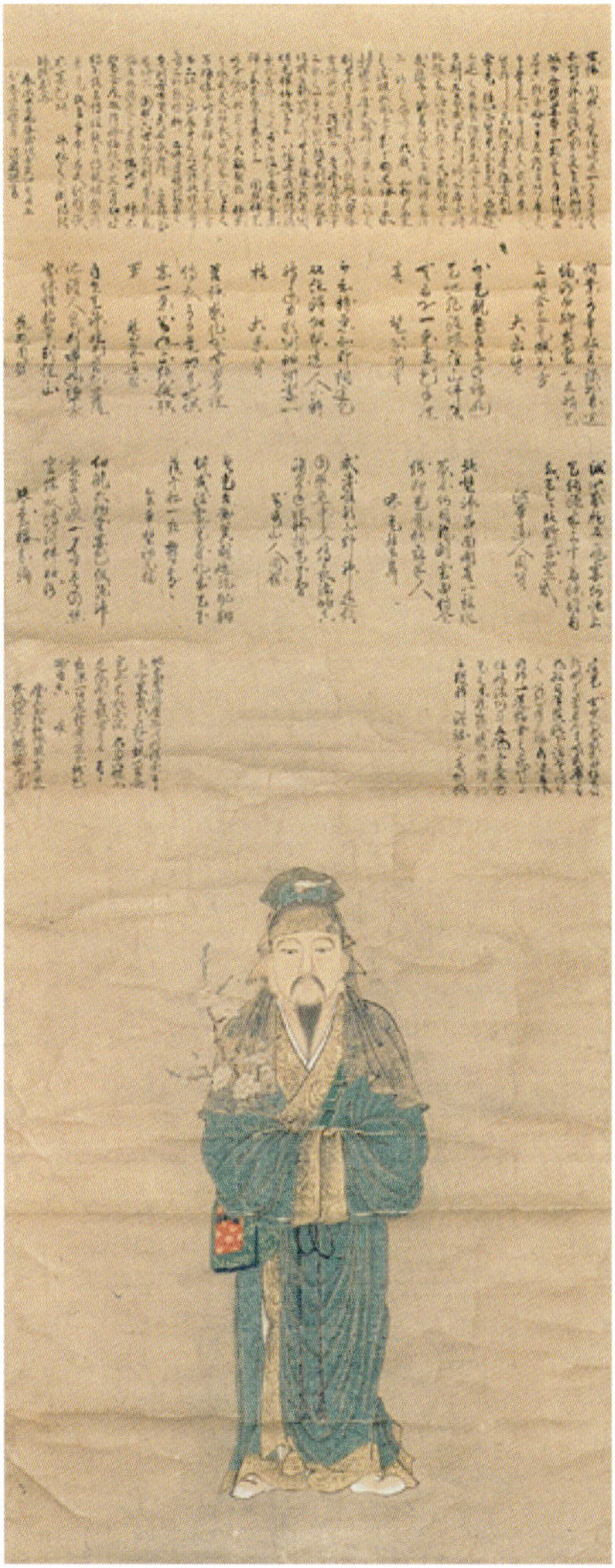

伝武田信玄臨模「渡唐天神図」（山梨県甲府市・一蓮寺蔵）

「岩国本川中島合戦図屏風」（部分，岩国美術館蔵）

はしがき——世界の中の武田信玄

ポルトガルのイエズス会士であるルイス・フロイス（一五三二〜九七）は、一五七三年四月二十日（天正元年三月十九日）付で、イエズス会の日本布教長であるフランシスコ・カブラルへ手紙を送った。そこには次のような内容が書かれていた。

私はこれまで二、三回、甲斐国の王であるシンゲン（武田信玄、以下の註は訳書にあるものをわかりやすくした）が六万（二万の誤り）の兵を率いて遠江および三河の国に侵入しようとしていることについて尊師にお知らせしました（信玄は元亀三年十二月三日に甲府を発した。十日に遠江に入り、只来、飯田を攻め落とし、木原、西島、袋井を略し、十九日に二俣城を下し、三方原で徳川家康を破った。刑部で越年して、天正元年正月十一日に野田城を攻め、二月十日に落城させた）。彼はすべて戦術によって坂東の七、八カ国を征服しました。戦争においてはユグルタ（紀元前二世紀末のヌミディアの王で、先王の遺命に反し、その子二人を殺して国を奪った人物）に似ており、軍兵を損すること甚だ少なく、数日のうちに右二国を占領してしまいました。彼は父（信虎《のぶとら》）の国を奪い、父を国外に追い払いました。長子

（義信《よしのぶ》）を牢に入れて苦しめたので、彼は間もなく死亡しました。

信玄は剃髪《ていはつ》して坊主となり（永禄二年剃髪して徳栄軒信玄と称す）、常に坊主の服と袈裟《けさ》を着け、一日三回偶像を祀ります。このため戦場に坊主六百人（信玄が伴っていたのは僧侶でなくて、入道して法体になった武士）を同伴しています。彼の信心の目的は隣接諸国を奪うことにあります。彼は武力によって畏怖され、部下たちから大いに尊敬を受けています。彼は小さな欠点であっても赦《ゆる》すことなく、すぐに殺させるからです。

彼は今美濃・尾張の諸国に入り（信玄の将、秋山信友は信濃より美濃に入り、元亀三年十一月十四日に岩村城を攻略したが、信玄の兵は三河野田城までで、まだ尾張に入っていない）、信長《のぶなが》と戦おうとしています。このような障害と自分が領する国の不安のために、信長は望みの如く都に来て、焼却破壊することができないでしょう。信玄が京都に向かっている主たる目的また口実は、信長が焼却破壊した比叡の山の大学、僧院、ならびに坂本の山王を再建することです。彼らは神および仏の教えを奉ずることについて全く意見を異にしています。信長は常に日本の偶像を嘲《あざけ》り罵《ののし》り、諸国の監督や支配にあたって、ほとんど一切の僧院の収入を奪って兵士に与え、新たに城を造ろうとする主将などには、僧院を破壊し、坊主を放逐し、その材料を用いて城を築かせました。彼は常に卜占《ぼくせん》その他、日本人の迷信を笑いましたが、信玄は釈迦に超越しようと決心しています。

このため、この新しいキリストの敵（信玄）が都にやって来て、比叡の山を再建する時には、我らは将来の迫害に対して準備をする必要があります。このことは都のキリシタンなどが非常に懸念するところですが、デウスが我らとともにいますので、神恵と御助により、この悪魔の怒りに備えることは容易でしょう。

信玄が遠江および三河の国へ侵入する前に面白いことが起こりました。すなわち信長に一書を送った時、自分の名を揚げようとする慢心から、封筒の上に「テンダイノザス・シャモン・シンゲン」（天台座主沙門信玄）としたためたのです。その意は天台宗の教えの最高の家および教師信玄ということです。信長はこれに対して「ドイロクテンノ・マウオ・ノブナガ」（第六天魔王信長であろう。ただし信玄がこのように書いたものは他に現存していない）、つまり悪魔の王にして諸宗の敵なる信長という意味で、ダイバ（提婆）が釈迦に対しその宗旨を広く告げ知らせることを妨げたように、信長は今日まで日本の諸々の偶像の崇敬および崇拝を妨害しているからです（村上直次郎訳・渡辺世祐註『耶蘇會士日本通信』下巻二五四～二五六頁〔異国叢書、一九七五年〕を読みやすくした）。

これが当時の世界を駆けめぐった武田信玄（晴信《はるのぶ》、幼名太郎。信玄を称したのは永禄二年〔一五五九〕からであるが、本書では煩瑣《はんさ》なので原則として信玄で統一する）の情報である。事実とは異なる点もあるが、これほどまでに外国人からも高く評価され、注目を浴びた信玄は、これから一月も経ずして四月十二日に没することになる。いわば、絶頂期の武田信玄を外国人が評価したのが、この報告書である。

ここには信玄に対して実に興味深い指摘がなされている。特に信玄は、歴史的結果として間もなく天下をほぼ手中に収める織田信長の最大のライバルであり、しかも信玄の方が有利だと評価されている点が目を引く。それも織田信長と全く逆の人物だと評価されている。その具体例として挙げられている神仏に対する政策では、信長が偶像を斥け、寺院を破却し、卜占や迷信を笑うのに対し、信玄は仏教を絶対視している、このため信玄が京都に上ればキリスト教は迫害を受けるとフロイスは危機感を抱いているのである。しかも、この時の情勢では信玄は破竹の勢いで京都に向かっており、目前に迫った彼の死は誰も予想だにできなかった。

織田信長は戦国の革命児とされ、国民的な英雄として評価されることが多い。彼のライバルとして世界が注目した武田信玄とはどんな人物だったのか。フロイスが書き送った通りの古いタイプの人物だったのか、それとも彼の評価とは全く異なる人物だったのか。これから彼の人物像を歴史の中に位置づけ、私なりに評してみたい。

なお、武田信玄が戦国大名の代表である以上、まずはその生い立ちと、いかに戦争で勝利し、領国を拡大したか、そしてどのように死んでいったかを確認しなくてはならない。戦国大名であるからには、戦いをくぐり抜けてどれだけ広い領国を創り上げたかという点がまず第一に評価される。戦国大名として彼の人気が高いのは戦争に勝ったからであり、仮に信玄が極めて優しい人物で、人間的に魅力があったとしても、合戦で敗れて領国を失ったり、家臣を路頭に迷わせていたら、ほとんど見向きもされないであろう。そこで、前半の第一章から第三章にかけては、戦乱の時代に戦勝を続け、領国を拡大する戦国大名としての彼の人生を確認する。この部分がないと評伝にもならないからであるが、どちらかというと戦争事実の確認が多く、通説の読み替えは少ない。

その上で第四章において人間としての信玄に迫りたい。主として私の関心はこちらにある。彼の学問や思想、家庭人としての実態など、現代人がよくいう人柄の部分である。最後の第五章においては、政治家としての信玄像を統治者という側面から明らかにしていきたい。

武田信玄——芳声天下に伝わり仁道寰中に鳴る

目次

図版写真一覧

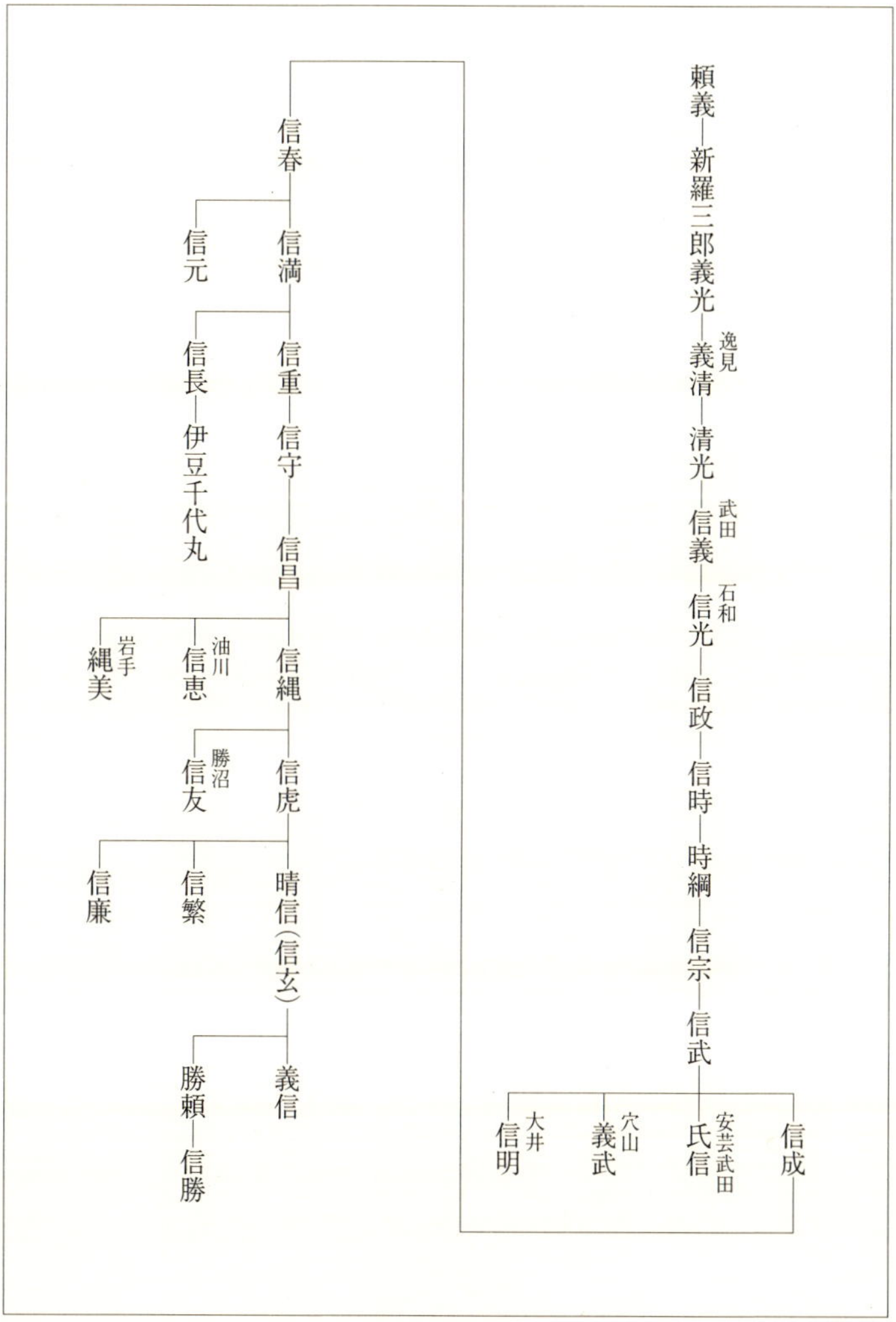
頼義
新羅三郎義光
逸見
義清
清光
武田
信義
石和
信光
信政
信時
時綱
信宗
信武
信成
安芸武田
氏信
穴山
義武
大井
信明
信春
信満
信元
信重
信長
伊豆千代丸
信守
信昌
信縄
油川
信恵
岩手
縄美
信虎
勝沼
信友
晴信(信玄)
信繁
信廉
義信
勝頼
信勝

武田氏略系図

関係地図

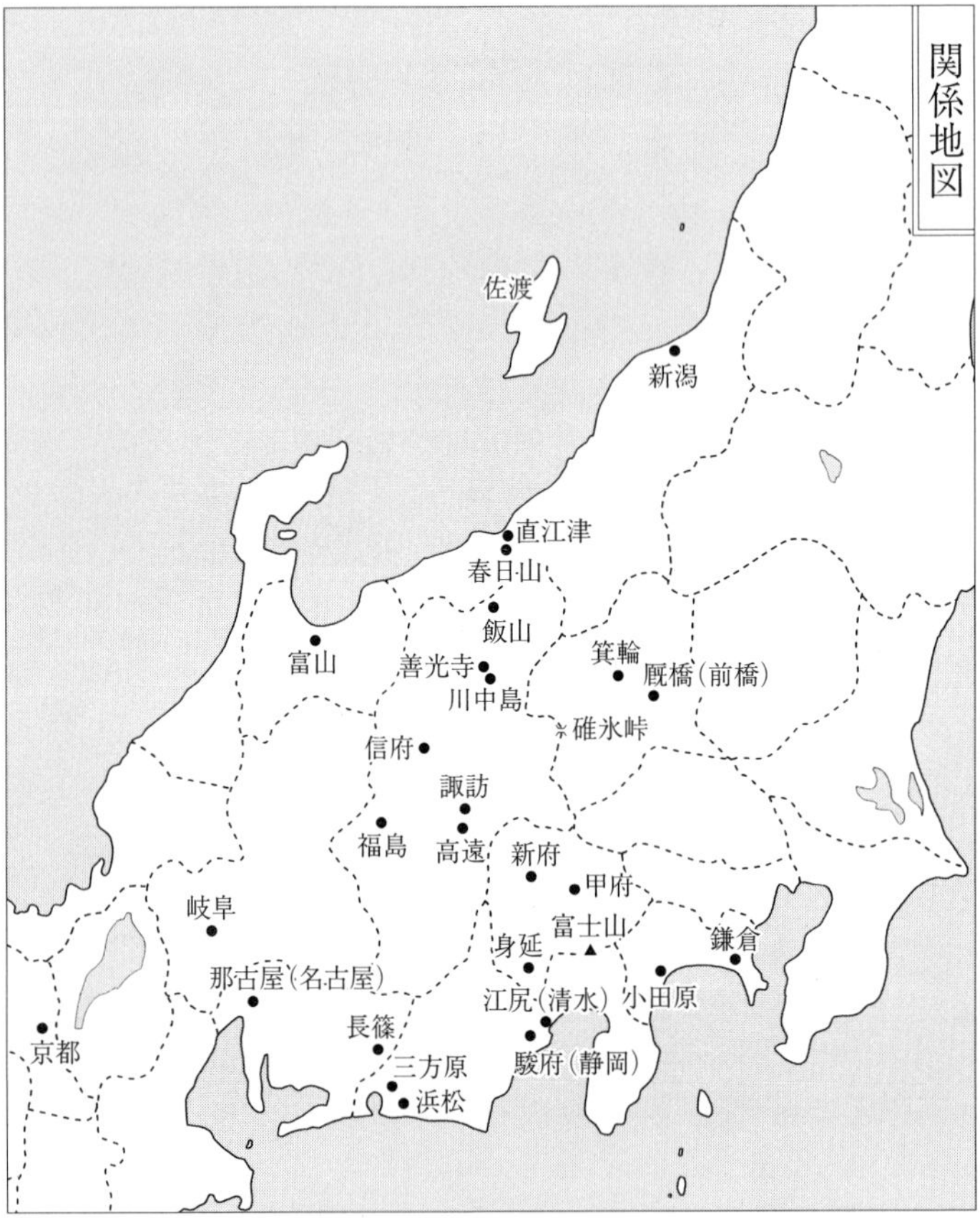
佐渡
新潟
直江津
春日山
飯山
富山
善光寺
川中島
箕輪
厩橋（前橋）
碓氷峠
信府
諏訪
福島
高遠
新府
甲府
岐阜
富士山
身延
鎌倉
那古屋（名古屋）
江尻（清水）
小田原
京都
長篠
駿府（静岡）
三方原
浜松

第一章　誕生と家督相続

1　戦乱の中の誕生

不安定な信虎の地位

武田信玄（晴信《はるのぶ》）は甲斐の守護武田信虎《のぶとら》の長男として、大永元年（一五二一）十一月三日に生まれた。幼名は太郎とするものが多いが、信玄とその子の勝《かつ》頼《より》の事績を記した書として有名な『甲陽軍鑑《こうようぐんかん》』やその流れを引く軍記物語では勝千代《かつちよ》としている。

信玄が生まれた時、父親の信虎は二十八歳であった。信虎は信縄《のぶつな》の長男として明応三年（一四九四）正月に生まれ、信縄が没した永正四年（一五〇七）二月十四日、十四歳で家督を継いだ。この際、叔父である信恵《のぶしげ》（油川《あぶらかわ》、『山梨百科事典』での服部治則氏や『山梨県姓氏歴史人物大辞典』の読みに従う。『大日本地誌大系　甲斐国志』の索引で佐藤八郎氏は「のぶよし」とする）と彼の子供は、弟の岩手縄美《いわでつなみつ》や郡内《ぐんない》（旧都留《つる》郡域）領主の小山田弥太郎《おやまだやたろう》（信隆《のぶたか》）、国中《くになか》（巨摩《こま》・山梨・八代《やつしろ》の三郡で、甲府盆地を中心とする地域）

武田逍遙軒筆「武田信虎画像」
（甲府市古府中町・大泉寺蔵）

の栗原・工藤・上条・河村といった国人《こくじん》（地域の土豪・在地領主）たちを誘い、信虎が幼くして家督を相続したのにつけこんで、反旗を翻した。しかし、信虎は永正五年十月四日の戦いで彼らを破り、信恵父子をはじめ岩手縄美や栗原惣二郎・河村左衛門尉らを討ち取った。

信玄の父親は叔父を殺すことによって自分の立場を築き上げた、まさに戦国時代の代名詞ともなりうるような人物だったのである。

永正五年十二月、信虎は国中に進出してきた小山田弥太郎の郡内勢に呼応した武田平三・上条彦七郎・工藤某《なにがし》らに攻められたが、彼らを退け、逆に永正六年の秋になると郡内地方に乱入し、河口（富士河口湖町）を焼き、翌七年に小山田氏と和睦した。郡内を治めた小山田信有《のぶあり》の妻は信虎の妹であるが、これを機に婚姻を結び、両家のつながりを密にしようとしたものであろう。合戦で勝利しても妹を嫁に差し出さねばならないほど、信虎の甲斐における立場はまだ不安定だったのである。

永正十二年、西郡《にしごおり》（甲府盆地の西側）の大井《おおい》信達《のぶさと》（『武田信玄大事典』で黒田基樹氏は「のぶたつ」とする。『山梨百科事典』の服部治則氏、『大日本地誌大系　甲斐国志』の索引において佐藤八郎氏は「のぶさと」とする。ここでは旧来の読みに従っておく）が信虎と敵対し、駿河の守護今川氏親《いまがわうじちか》も信達を支援した。同年十月十七日、信虎軍は大井氏の本拠地である上野城（南アルプス市）を郡内の小山田氏などとともに攻撃したが、寄手が深田に馬を乗り入れて動きが取れなくなったところを敵勢に襲われて、多くの戦死者を出した。戦いは翌年も続き、侵入してきた今川勢が勝山城《かつやまじょう》（東八代郡中道町）に拠って各地を襲い、九月二十八日の万力《まんりき》（山梨市）の合戦を契機に国中へことごとく放火したために、信虎も恵林寺《えりんじ》（甲州市）に逃げ込んだ。信虎に味方した小山田氏の郡内地方もこの戦火に巻き込まれた。

この頃の甲斐は信玄の時代と異なって、国内が統一されておらず、他国からの侵略を受けていたのである。

永正十四年正月、郡内では小林尾張入道が荒蔵《あらくら》（新倉、富士吉田市）に出陣し、今川勢の籠る吉田城（同）を攻め落したので、甲州勢が有利になった。国中においてもそれまで今川方についていた国人が信虎に味方したため、今川勢は敵国の中で孤立し、三月二日に武田と和睦が成立した。このため大井氏も矛を収めた。その後、信虎は永正十六年四月まで浦の兵庫（今井信是《のぶこれ》）と戦ったが、やがて小康状態になった。

政略結婚の父母

大井信達との和議の中で、彼の娘が信虎の妻となることが決定されたようである。彼女（大井夫人）が信玄の母親である。信虎が置かれていた不安定な立場は、敵対した地域領主の娘を妻としなければならなかったことによく示されている。当時の結婚は家を永らえるための手段、政治的立場をよくするための便法であって、当然のことながら現代人の想起する恋

武田逍遙軒筆「大井夫人画像」
（甲府市愛宕町・長禅寺蔵）

愛によるものではなかったのである。

信玄の両親については、信玄の弟である逍遙軒信綱《しょうようけんしんこう》（信廉《のぶかど》）が画像を描いている（大泉寺蔵・武田信虎画像、長禅寺蔵・大井夫人画像）。画像からすると信虎は異様な目つきで、尋常の人物でないように感じられ、さすがに甲斐を統一しただけの人物に見える。一方、穏やかに描かれた母親の像からは優しさが伝わってくる。

甲府移転

国内の国人領主たちを押さえた信虎は、居館《きょかん》（住まい、邸宅）をそれまでの川田（甲府市）から新たな場所へと移すことを決め、永正十六年八月十五日に躑躅《つつじ》ケ崎《がさき》（甲府市）の地を占って鍬立《くわだて》（工事を開始する儀礼）を行い、翌十六日に自身で現地を見分して館の建設を励まし、十二月二十日に移転を終えた。ここは相川の扇状地で、東西と北の三方を山に囲まれ、南が開けた場所で、守りやすく、背後に山が迫っており、その山伝いに武田氏が勢力を蓄えてきた大井《おおい》俣窪《またくぼ》八幡《はちまん》神社や恵林寺などのある東郡《ひがしごおり》（甲府盆地の東部）へ逃げやすい、また風水からしてもよい場所であった。以後、勝頼が天正九年（一五八一）に新府城《しんぷじょう》（韮崎《にらさき》市《し》）へ移るまで、この館が武田氏の本拠とされ、甲斐のみならず信濃や西上野、駿河などに広がる武田領国の政治・経済の中心地となった。

現在武田神社が鎮座している場所が信虎によって築かれた館の主郭部にあたり、現状は東西一二〇メートル、南北一三〇メートルの広さを持つ方形で、高さ三から六メートルの土塁と幅一五から二〇メートルの堀に囲まれている。堀と土塁の遺構は中曲輪の場合、堀底から土塁上面までの高さが一五

武田氏館跡（甲府市古府中町）

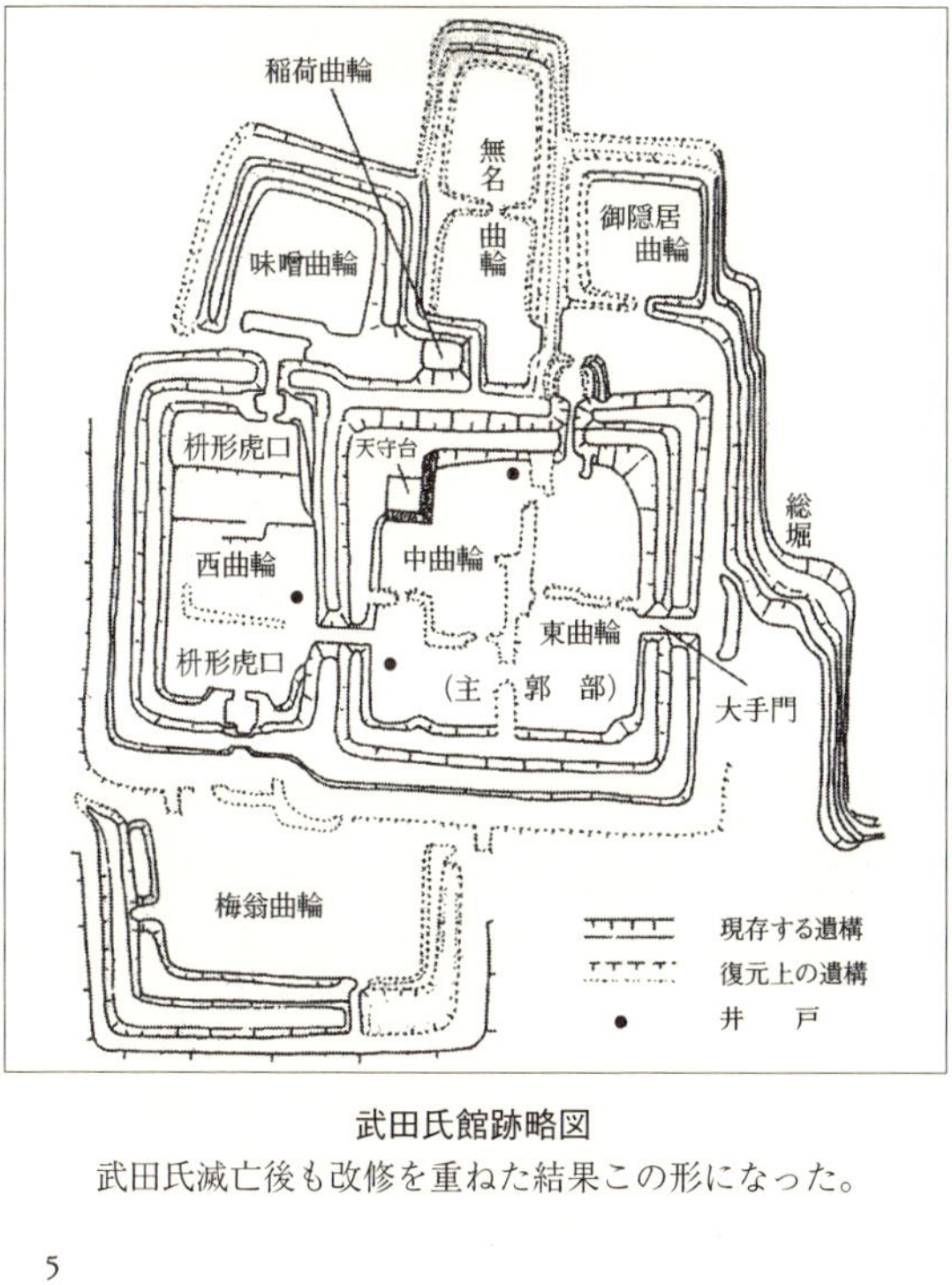

武田氏館跡略図
武田氏滅亡後も改修を重ねた結果この形になった。

から一六メートル、曲輪の内部から土塁の上までも高さ三から六メートルにも及ぶ。これは武田氏滅亡後も繰り返された改修の結果であって、特に堀は江戸時代に用水の溜池として利用されて大きくなったもので、信虎時代の堀は現在の土塁の下にあって浅く、土塁も高くはなかった。最初に造られた敷地は現状から見ると狭く、はるかに防御性の弱い館だったのである。内部は東曲輪と中曲輪に分かれ、東曲輪は東と北に門を設け、東門を大手としていた。東と西の虎口《こぐち》（城郭などの出入り口）はまっすぐに曲輪の中に入って行ける平入《ひらいり》虎口で、古い形態をとどめる。東側の門に入る土橋は幅八・六メートルもある。一町（約一〇九メートル）四方の方形が、当時の守護館の大きさとして典型的であった。館の面積、構造が京都と同じであることが守護としてのシンボル性を持つのである。換言するなら、本来この館は屋敷の外形も建物配置も当時の社会の約束ごとによって作られており、武田家の独自性はほとんど見られない。なお、主郭の西に広がるのが信玄の代に造られた東西六七メートル、南北一二〇メートルの西曲輪である。

信虎・信玄に仕えた駒井《こまい》高白斎《こうはくさい》の書いた『高白斎記』（『甲陽日記』）は館建設の経緯を、八月十五日に新府中の御鍬立が始まり、十六日に信虎が見分のためにやってきて、十二月二十日に「御屋移り」をしたと伝える。また都留郡の日蓮宗の僧侶が記録した『勝山記《かつやまき》』（現在山梨県南都留郡富士河口湖町にある常在寺《じょうざいじ》の住僧が書きつづった記録をまとめた最古の写本、異本として『妙法寺記《みょうほうじき》』がある）は、「甲州府中に一国大人様を集まり居り給い候、上様も極月に移り御座候」（史料については読みやすく改めた、以下基本的に同じ）と記している。

甲斐においては信虎の新居館建設が、そのまま府中の移動につながった。一般的に守護の居館が移動したからといって、居館のある地がそのまま府中になるものでないことは、朝倉氏の居館があった一乗谷（福井市）が越前の府中でなく、上杉氏の居館のあった春日山（新潟県上越市）が越後の府中でない事例でも明らかである。したがって、守護である信虎と甲斐の国人たちとの間などで何らかの了解が成立し、府中の機能も館の移転とともにその地に移ることになったのであろう。また、甲斐国民も広く武田家を守護として意識し、その居館の移転を府中の移動ととらえていたのである。

要害城主郭跡（甲府市上積翠寺町）

要害城築城

甲府の成立は、信虎の甲斐支配が新たな段階に入ったことを示すが、国人たちがすべて彼に従ったわけではなかった。永正十七年五月には東郡《ひがしごおり》の栗原氏を大将にして、西郡《にしごおり》の大井信達、今井信是が信虎を軽蔑して反抗した。信虎の軍は六月八日に東郡のミヤケ塚（笛吹市）で栗原軍を破り、その日に栗原氏の居館を包囲した。また別の部隊も十日に今諏訪《いますわ》（南アルプス市）の戦いで大井氏に勝った。このため今井信是も信虎に降参した。こうして、信虎は有力な国人を次第に支配下に置いていった。

この間の六月三十日に、信虎は居館の北東約二キロにある積《せき》翠寺《すいじ》丸山を城に取り立てて普請を開始した、これが要害城《ようがいじょう》である。要害とは険しい地形によって敵の攻撃を防ぐのに便利な場所のことで、居館とセットになっていざという時に逃げ込む装置といえる。信玄が生まれたのは要害城麓の積翠寺であった。

信玄誕生　信虎が国人たちの反乱を押さえた翌年の永正十八年（大永元年、一五二一）、甲斐は福島氏を中心とする駿河勢の攻撃を受けたが、これを退けた。その状況をいくつかの史料から確認しよう。

(1)『高白斎記』

同（大永元年）九月大島の凶事、十六日乙丑、亥刻《いのこく》富田《とだ》落城、寅刻《とらのこく》御前御城へ御登り、十月十六日丁未、飯田において合戦御勝利、同十一月三日辛亥、戌刻《いぬのこく》「晴信公」（後筆）誕生、蟇目《ひきめ》を曾根三河守縄《つな》長《なが》相勤める、十日戊午、敵駿河衆勝山へ移る、二十三日辛未、酉刻《とりのこく》上条《かみじょう》河原において御合戦、駿河福島衆数多《あまた》討ち捕らえさせらる、二十七日乙亥、積翠寺より御曹司《おんぞうし》殿初めて府中へ御下り

○大永二壬午年

正月朔日立春、十四日乙未、富田に踞《うずくま》る駿河衆を除く

(2)『勝山記』

（この記録では永正十七年の条に入っている）此の年、駿河勢数万人立ちて甲州で合戦これあり、駿河

衆悉く切り負けて、福島一門皆々打ち死に、甲州へ取るシルシ《（首級）》数万騎、霜月二十三日未の剋よりして夜を攻め玉う、散り散りに逃ぐること限りなし

(3)『王代記』

駿河勢二月二十七日より出張、十月、府中飯田《いいだ》にて百余人討ち死に、十一月二十三日申剋《さるのこく》、上条合戦、駿州衆大死にして帰る、六百人討ち死に

(4)『塩山向嶽禅庵小年代記』

二月二十八日、駿州勢河内に出張、九月初六日、大島において一戦、味方利を失う、同十六日富田の城落居《らっきょ》、また飯田口一戦勝利を得る、同霜月二十三日酉刻、上条において一戦、駿河衆背《（敗）》軍、福島一類《ルイ》打ち死に、その外四千余人打ち死に、残る衆富田に籠りて越年

（大永二年）正月三日より国中棟別、寺社ともに、（中略）同十四日、駿州勢身命を乞い帰国

以上の史料を整理すると、大永元年（一五二一）二月二十七日に駿州勢が駿河を出発し、翌日河内《かわうち》（山梨県南部の富士川沿いの地域）に入った。その後、九月六日に大島（南巨摩郡身延町）の一戦で甲州勢が敗北し、十日後の九月十六日夜十時頃に富田城（南アルプス市）が落城した。駿州勢が勢いに乗って北上して府中に入ってきたが、甲州勢は十月十六日に飯田河原（甲府市）の合戦で勝利し、敵百余

信玄産湯の井戸
（甲府市・積翠寺境内）

人を討ち取った。勝利から約半月後の十一月三日夜八時頃に信玄が誕生した。十一月十日に駿州勢はいったん引き下がって勝山城へ移ったが再度北上し、十一月二十三日午後二時頃から上条河原（甲斐市）で合戦があった。戦いは午後四時頃を中心とし、甲州勢が敵を六百人も討ち取ったので、駿州勢が引き返した。十一月二十七日に信玄は積翠寺より府中へ下りてきた。甲州勢は翌年正月十四日に富田城の駿州勢を除いた。

いずれにしろ、大永元年の二月に駿河勢が富士川沿いに甲斐国内深く攻め上がったために負け続けた甲斐勢は、十月十六日の飯田河原と十一月二十三日に上条河原の合戦で勝利して、駿河勢を撃退した。この二つの合戦の間の十一月三日に信玄は生まれたのである。

彼が生まれた場所は、母親が戦乱から避難した要害城麓の寺であった。これから一生を戦いの中に身を置き、遠征の中で死んでいった、いかにも信玄らしい誕生であったといえよう。

敵人数の誇大宣伝

この時に攻めてきた敵の数について、『勝山記』は「駿河勢数万人」で、甲州勢が討ち取った首級が「数万騎」だとする。『高白斎記』は二十三日の上条河原合戦で甲斐側が「駿河福島衆数多討ち捕らえ」たと記す。『王代記』は「駿河勢」「駿州衆」で、飯田河原合戦の討ち死にを「百余人」、上条河原での討ち死にを「六百人」とする。さらに『塩山向嶽禅庵小年代記』は敵を「駿州勢」、上条河原の合戦で「駿河衆背《敗》軍、福島一類打ち死に、その外四千余人打ち死に」と述べる。武田信玄の伝記として最もよく知られ、元和（一六一五～二四）年間にできたとされる『甲陽軍鑑』は、攻めてきた人数を駿河・遠江の一万五千人、応戦した武田軍を二千ばかりだったとする。

今川側には全く史料が残っておらず、出征した側の記録もない。当時の駿河の福島氏の勢力からして、一万五千人、あるいは数万人という数字は誇大すぎる。巨大な敵の人数表記は、いわば勝利した武田家による〝大本営発表〟が、そのまま地域に受けいれられた結果であろう。しかし、この時の駿河勢の侵攻は、甲斐の人々にとって誇張して語られるほどの大きな衝撃を与えた事件だったのである。

2　諏訪大明神の応護——戦勝を宿命づけられた出生

諏訪大明神のお告げ

信玄の事績を最も詳細に伝える『甲陽軍鑑』が、信玄と信濃諏訪社に祀られる諏訪大明神との関係を伝える最初の記事は、彼の幼名を「勝千代」とすることに関してで、駿河勢に対して甲斐勢が勝利をあげた時に生まれたから、この名前になったとする。もとより誕生したのは勝利した日ではないが、このような理解が広く行われていたのである。

すなわち、駿河勢の甲斐乱入に際して、圧倒的な兵力の差故に、甲斐勢の中心をなす武田家が滅却するかと思われた時、荻原昌勝《おぎわらまさかつ》の武略によって勝利した。勝利したその日「其時、たんじやう（誕生）有る故、『勝千代殿』と信玄公おさな（幼）名をつけ申《まうし》、則《すなはち》、其合戦ハ、勝千代殿の合戦に仕《つかまつ》る、武田信虎公家老のさた（沙汰）也。勝千代殿たんじやうまへ（前）に、種々のふしぎ（不思議）、信州諏訪明神よりつげ（告）来る、とある。それハゐたづら事、不及書ニ也《かくにおよばざるなり》」と『甲陽軍鑑』は記しているのである。興味深いのは書くに及ばないとしながらも、信玄の誕生以前に甲州勢の勝利を諏訪明神が告げ来たったとの風説を示している点である。

　享保年間（一七一六〜三六）頃に片島深淵が記した『武田三代軍記』は、『甲陽軍鑑』を通俗化した本であるが、不思議の実態を、「其《その》対陣の初め、立烏帽子《たてえぼし》に、白張の装束着たる男一人、是は諏訪大明神の御使なり。今般の合戦は、武田の若君の勝利なりとぞ。甲府の町中を触廻つて、通りけるが、其後、何処に行きたるといふ事を知る者なし。諸人驚き、こは不思議の珍事かな。扨《さて》は諏訪大明神の応護し給ふにやと、大に頼もしくぞ思ひける。其後又程経て、何処ともなく、又例の男、拳に白彪《シラフ》の鷹を居ゑ来り、忝《かたじけな》くも諏訪大明神の御鷹なりと、町中を触れて、行方知れずなりぬ。是に依つて、諸人、愈々《いよいよ》頼もしく、有難くぞ思ひける。然る所に、荻原常陸介《ひたちのすけ》昌勝が謀にて、大敵を一戦に討滅し給ふに、其時刻に、若君、誕生ありけるこそ不思議なれ」と述べる。

　いずれにせよ、諏訪大明神が武田軍の勝利を、信玄の誕生によるものだと知らせたとの伝承が、『甲陽軍鑑』が記される頃までにできあがっていたのである。信玄が死んだのは元亀元年（一五七〇）

なので、死後わずか五十年の間には、諏訪大明神に守られた信玄の話が流布していたことになる。

軍神としての諏訪大明神

それでは、諏訪大明神の特徴はどこにあるのだろうか。鎌倉時代末にできた「諏方大明神画詞《すわだいみょうじんえことば》」によれば、明神の化現《けげん》の最初は神功皇后《じんぐうこうごう》元年で、神功皇后が新羅《しらぎ》へ向かう時、虚空から海上へ諏訪・住吉の二神が天照大神《あまてらすおおみかみ》の神勅により皇后の守護のために出現し、彼らの働きによって神功皇后軍が戦勝した。また、諏訪明神は延暦二十年（八〇一）、坂上田村麻呂《さかのうえたむらまろ》の東夷征伐の折にも参陣し、田村麻呂軍を勝利させた。さらに、文永十一年（一二七四）と弘安二年（一二七九）の蒙古《もうこ》襲来に際しても諏訪大明神が参陣したため、蒙古軍を退けることができたという。

これはあくまで諏訪社側の主張であるが、諏訪大明神は日本を守る武の神だとの意識が色濃く出ている。

源平の争乱に際し、諏訪の武士や諏訪社は源氏に味方した。「諏方大明神画詞」は承久三年（一二二一）の承久の変について、上社大祝《おおほうり》（諏訪信仰の中心者で生き神とされた）諏訪盛重《もりしげ》（敦信《あつのぶ》）が幕府方の戦勝を祈願し、子息の信重が一族を率いて東山道軍に参加したが、これこそ神氏の正嫡が戦場に出陣した始めだとする。諏訪社は鎌倉幕府を支えていたと情報を流していたのである。

諏訪上社神長《かみしゃかんのおさ》（上社の神官の一種）であった守矢満実《もりやみつざね》が記した『守矢満実書留』によれば、文明三年（一四七一）四月十六日巳刻《みのこく》（午前十時頃）に大宮（上社本宮）の蓮池に血が流れた。万民が驚いて集まって見ると、手に着いた血ごりは落ちなかった。当時大祝であった諏訪継満《つぐみつ》、諏訪惣領家の諏訪信《のぶ》満《みつ》、信満の舎弟である頼満《よりみつ》は、大宮・磯並社《いそなみしゃ》・前宮において三日間、五願祝《ごがんのほうり》（神に仕える五人の祝）に御祈禱をさせ、大般若経を読み、御湯立を行った。この時、久須井池《くずい》（葛井池）も血になった。後で聞くと、ムクリ（蒙古）が日本に攻め寄せたので、諏訪・住吉・八幡の神々が戦った証拠としてこのようになったという。

歴史的な事実としてこの時海外からの侵略はなかったが、神々が戦ってくれたお陰で日本国民は戦禍を免れたと喧伝する。信玄が家督を握る約六十年前にも、諏訪社は日本を守る特別な戦神《いくさがみ》だと主張されていたのである。その戦の神が信玄の背後についていたという伝説は、彼のその後を考える上で興味深い。

諏訪社と武田氏

武田氏と諏訪大明神の関係は、信玄の時代よりはるかに遡る。鎌倉幕府によって編纂された『吾妻鏡《あづまかがみ》』には、治承四年（一一八〇）四月、武田一族が以仁王《もちひとおう》の令旨《りょうじ》を奉じて平家追討の兵を挙げ、九月十日に武田太郎信義《のぶよし》と一条次郎忠頼《ただより》父子が、諏訪大明神の助けを得て大田切《おおたぎり》（長野県上伊那郡宮田村）の平氏菅冠者を滅ぼしたので、諏訪上下社に庄地を寄進したとある。その後、父子は六角灯籠を諏訪上社に寄進したといい、その灯籠とされるものが現在も伝わる。

武田信義は黒源太清光《きよみつ》の子で、諸系図などで武田氏の出発点とされる人物なので、これが事実とすれば、武田氏は挙兵の段階から諏訪大明神の加護を受けていたことになる。武田氏にとって、諏訪大明神は最初の接触から戦の神であり、武田家を守ってくれているとの意識が強調されていたのである。

信玄の父親である信虎は永正十六年（一五一九）に居館を躑躅ヶ崎に移すと、翌年に詰の城として要害城を築いた。文化十一年（一八一四）にできた『甲斐国志《かいこくし》』は近世の地誌として全国的に見ても最良のものの一つであるが、要害城の築城に関して「始築城時山上ニ水有ル事ナシ。諏訪明神ニ祈誓《きせい》シテ所得トテ一掬泉《きくせん》アリ、名諏訪水極テ清麗《せいれい》、気味甘温和、州人号シテ称名水、細微ナリト雖《いえど》モ城中ノ用足ンヌベシ、冬夏涸レズ、歳旱《ひでり》スレバ里人雩《あまごい》スルニ験《げん》アリト云」という伝説を記している。要害城を築こうとした時、山の上で水がなかったため、信虎が諏訪大明神に祈誓してもらい受けたのが諏訪水だというのである。

要害城の諏訪水（甲府市上積翠寺町）

　このように、武田氏を諏訪大明神が守ってくれているとの意識は、中世のはじめから醸成されており、信玄が生まれた時にそうした理解が信虎によって武田軍、ひいては甲州勢の士気を高めるために宣伝されたとしても、おかしくはない状況にあった。

　大永元年（一五二一）に駿河勢が甲斐に攻め入ったことは疑いないが、その実態は『甲陽軍鑑』以降信じられてきた駿河と遠江両国からなる一万五千もの大軍ではなく、駿河の国人領主の福島氏が動かした軍勢で、甲斐国内の国人をほぼ従えた信虎にとって、彼らを破ることはそれほど困難ではなかった。それをこのように信玄誕生との関係で宣伝することにより、信虎

（あるいは後の信玄）は諏訪大明神に守られた武田氏というイメージを領国民に植え付けようとしたのではないだろうか。

信玄と諏訪社

一方で、中世に諏訪大明神は日本を守る神との認識も広く存在した。旧御射山祭り《みさやま》の古図によれば、諏訪社の御射山祭りには将軍の御所御桟敷《さじき》が設けられ、鎌倉幕府の高官が集ったようである。これを前提にすれば、信玄がその庇護を受けることは、彼が日本全体を統治すべきだとの主張につながる。鎌倉幕府を開いた源頼朝が善光寺に関係したことは有名であるが、信玄には善光寺を保護するに際して、頼朝と同じ立場に立とうとする意図もあったと思われる。彼は諏訪社と善光寺の支配（保護）を通して、諏訪大明神と善光寺如来の加護を受け、頼朝のように新たな全国政権を樹立したいと考えた可能性が高いのである。

信玄の誕生は、甲斐勢による駿河勢に対する戦勝に結びつけられてきた。甲斐国民にとって、その後の信玄はまさしく甲斐国の英雄であり、彼の行動は戦争での勝利に代表された。そこで、甲州人とりわけ信虎によって、福島勢乱入から戦勝を導くべく運命づけられた人物として信玄が意識され、宣伝された。『勝山記』の数万人の首を討ち取ったとの記載は、戦争の勝利を大きく宣伝するために流された、信虎側からの情報をもとにしたことが考えられる。

『甲陽軍鑑』の記載にもあるように、信玄は戦場において諏訪法性《すわほっしょう》の兜《かぶと》をかぶっていたという。このイメージはJR甲府駅前の武田信玄像や長野市川中島古戦場跡の一騎打ちの像に反映されている。山口県の岩国美術館蔵の「紙本著色川中島合戦図屏風」の一騎打ちの場面（口絵四頁）でも、信玄は諏訪法性の兜をかぶっている。浮世絵に描かれる武田信玄もたいていの場合は、諏訪法性の兜で信玄であることが示されている。江戸時代には、信玄が諏訪法性の兜を身につけて戦場に赴いたことが常識になっていたのである。

山梨県甲州市雲峰寺《うんぽうじ》に残る武田家の旗印には、「南無諏方《なむすわ》南方法性上下大明神」「諏方南宮上下大明神」などと記されている。いわゆる諏訪明神旗である。

信玄は戦場において、自分が武の神である諏訪大明神によって守られていると演出し、それを広く他人に見せようとしていたのである。これは信玄配下の軍兵に、我々の大将はあの有名な戦神の諏訪大明神に庇護されている、したがって我が軍が勝利するのは当然だ、と戦意を高揚させることにつながった。少なくとも信玄誕生伝説は、甲州の人々が戦争に行く際、心のよりどころにできるものであった。

武田信玄像（JR 甲府駅前）

それを最初に信虎が演出したのか、後に信玄自身が喧伝したのかは不明にしろ、信玄はその誕生の時から旧来の宗教権威によろうとしていたといえる。ルイス・フロイスは「信玄は釈迦に超越しようと決心しています」と、信玄が織田信長と逆に旧来の宗教に拠っていることを述べたが、信玄と宗教の関係は彼を理解するために最も注意しなければいけないのである。

信玄が生まれた大永元年（一五二一）とは、いったいどのような年だったのであろうか。

信玄の生まれた時代

この年の二月十二日に紀伊（和歌山県）高野山で大火があり、大塔、金堂などが焼失し、仏像や経巻などが烏有《うゆう》に帰した。六月十五日には琉球（沖縄県）の三司官《さんしかん》が種子島《たねがしま》（鹿児島県西之表市）の種子島忠時《ただとき》に交易を許可した。十二月二十五日には足利義晴《よしはる》が十二代将軍に任ぜられている。

信玄の好敵手たちはどうだっただろうか。上杉謙信《けんしん》は九年後の享禄三年（一五三〇）正月二十一日に生まれる。ちなみに、同年正月三日には大友宗麟《おおともそうりん》も誕生している。

相模の北条氏康《ほうじょううじやす》は、信玄が生まれるより六年前の永正十二年（一五一五）に産声を上げた。さらに二年前の永正十年に真田幸隆《さなだゆきたか》が生まれている。今川義元は信玄より二年前の永正十六年（一五一九）に誕生した。なお同年八月十五日には関東に戦国の開幕を告げた北条早雲《そううん》が亡くなっている。

織田信長は信玄より十三年後の天文三年（一五三四）に生まれる。その三年後の天文六年に豊臣秀《とよとみひで》吉《よし》が、さらに五年後の天文十一年に徳川家康《とくがわいえやす》が誕生している。

信玄誕生より六年前の一五一五年にアイヌが蜂起し、蠣崎光広《かきざきみつひろ》が首長を誘殺した。この頃の琉球《りゅうきゅう》王国は交易で栄え、東アジア全域で活動していた。こうしたところへ信玄誕生から二十二年後の一五四三年には、ポルトガル人が種子島に漂着し、鉄砲を伝えた。

目を世界に転ずると、信玄誕生より五年前の一五一六年にイギリスのトマス＝モアが『ユートピア』を発表した。一五一七年にはドイツのマルティン＝ルターが『九十五カ条の論題』を発表し、宗教改革が始まった。この年ポルトガル人が中国の広州に来航した。一五一九年にはマゼランが世界周航に出発している。信玄が生まれた一五二一年にはドイツでルターがヴォルムス帝国会議に出頭した。南米ではコルテスがアステカを征服した。

このように信玄が生まれた頃、世界も大きな変動をはじめていた。その最大のものは、地球が有限であるとの認識が生まれ、実際に東洋と西洋とが結びつけられたことであった。信玄の青年期に日本も世界の中に位置づけられ、その結果として「はしがき」で見たようなフロイスの手紙も書かれたのである。

3 若き日の信玄

誕生と習俗

大永元年（一五二一）十一月三日、信虎の嫡男として生まれた信玄は母の避難先の積翠寺（甲府市上積翠寺町）で産声を上げた。誕生に際しては曾根縄長が蟇目《ひきめ》の役を負った。母子が府中の館に入ったのは十一月二十七日、信玄が袴着《はかまぎ》（幼児にはじめて袴を着せる儀式）の儀式を行ったのは大永三年（一五二三）十二月三日であった（『高白斎記』）。

戦乱を逃れて母親が避難した先の積翠寺で生まれたことは、当時の寺が持つアジール性（世俗から遮断され縁が切られた場所、避難所）とつながる。近世にも縁切寺《えんきりでら》の存在が知られるが、当時の寺には社会の縁から離脱する性格があった。寺の中に入れば社会的な関係も断ち切られ敵勢も手を出さないとする、当時の社会慣行を前提にして、信玄は要害城山麓の寺で生まれたのである。

なお、蟇目というのは響き目の約である。また、その孔《あな》が蟇の目に似ている朴《ほお》・桐などで作った大形の鏑《かぶら》、それをつけた矢の意味であるが、その音響が破魔・降魔の呪力を持つという信仰が存在した。このために平産を祈って産所で誕生蟇目を射る習慣があった。信玄誕生に際しては、当時の習慣を前提に呪《まじな》いがなされていたのである。

幼年時代の教育

信玄の幼少期の状況を伝える史料は残っていない。甲府の長禅寺《ちょうぜんじ》には信玄が幼児の時に遊んだという木馬が伝わっている。伝承によれば、十二歳の晩秋の夕方、信玄が縁側に出ると、日ごろ遊び相手の木馬が突然身震いして立ち上がり、「勝千代、軍法と剣術といずれが妙なりや」と問うた。信玄は動揺の色もなく、「玄妙《げんみょう》一致、いずれも妙なり、これ剣術の妙ぞ……」と答えて、居合い抜きにその場で妖怪を切り伏せた。家臣がよく見ると、そこには古狸が一匹切り捨てられていたという。この話は『武田三代軍記』の中に姿を見せており、江戸時代には定着していたようである。

長禅寺は信玄の母親、大井氏の出である信虎夫人が、鮎沢《あゆざわ》（南アルプス市）の長禅寺に臨済宗関山《かんざん》派の名僧岐秀元伯《ぎしゅうげんぱく》を請じて菩提寺とした寺である。信玄は母の墓所が府中から遠いため、現在地に母を開基として永禄（一五五八〜七〇）年中、岐秀に新たな長禅寺を開かせたという（『甲斐国社記・寺記』）。長禅寺は信玄が幼少の頃に勉学したところとされるが、当時は鮎沢にあったので信玄が大井氏のもとで成長したか、あるいは幼少期に足繁く母の在所に通ったことになり、長禅寺で信玄が遊んだことには疑問が残る。また当時で十二歳にもなった武士の子が木馬で遊ぶはずもない。

佐藤八郎氏は、信虎夫人が鮎沢の長禅寺へ岐秀元伯を請じ、信玄にも彼から儒学と禅要ならびに治国の骨法を学ばせたと、彼が信玄の人格形成上に重要な役割を果したとする（『山梨百科事典』山梨日日新聞社、一九七二）。岐秀が天文二十三年（一五五四）に長禅寺住持であったことは事実であるが、この時期に信玄は既に家督を継いで十三年もたっており、信虎が岐秀を信玄の教育のために招いたわけでない。したがって、信玄が武田家の継嗣として、いかに教育を受け訓練されたかなどは、目下のところ全く不明である。ただし『甲陽軍鑑』が、信玄の若かった時には恵林寺に五山の惟高妙安《いこうみょうあん》がおり、上条法城寺《かみじょうほうじょうじ》に洛外嵯峨《さが》の策彦周良《さくげんしゅうりょう》がいたので相談したと記すように、彼の思想形成上に僧侶が大きな役割を果たしたことは疑いない。

信玄の学問については後述するが、その際僧侶についても改めて触れたいと思う。

信虎の国外進出

『塩山向嶽禅庵小年代記』によれば、信虎は大永二年（一五二二）正月三日から甲斐国中に棟別銭《むなべつせん》を賦課した。これは奥野高広氏以来、福島氏乱入による赤字克服のためとされている（『武田信玄』吉川弘文館、一九五九）。その通りであるが、単に武田家の赤字補塡《ほてん》の名目だけでは、国人たちの抵抗もあり一国全体に棟別銭をかけることはできない。福島氏を退けたことにより、信虎の権力が大きくなり、国人の領域を含めて棟別銭を賦課できるだけの支配力が浸透したことが重要である。注目されるのは「国中棟別」と国が単位にされていることで、ここに信虎による甲斐の統一はほぼ完成を告げたと評価できる。信玄は実によいタイミングで生まれたことになる。

甲斐を統一した信虎は、国外への進出を試みる。大永四年（一五二四）正月、北条氏綱《うじつな》に江戸城を攻められた扇谷《おうぎがやつ》上杉朝興《ともおき》が川越城（埼玉県川越市）に敗走したので、関東の秩序を維持したい関東管領上杉憲房《のりふさ》は江戸城回復の軍事行動を起こそうとした。信虎もこの動乱に介入するため、二月に一万八千の勢を率いて猿橋《さるはし》（大月市）に出陣し、北条軍と小猿橋（神奈川県藤野町）で戦った。信虎は三月に秩父へ向かい、鉢形城《はちがたじょう》（埼玉県寄居町）の管領上杉憲房と対峙し、さらに六月に岩槻城《いわつき》（埼玉県岩槻市）を攻めたが、戦果を挙げることなく氏綱と和睦した。また、大永五年三月には憲房が没し、管領に古河公方高基《こがくぼうたかもと》の次男憲広《のりひろ》が就任したのを機会に、信虎は管領家とも和睦した。

享禄三年（一五三〇）正月、上杉朝興が北条氏綱を攻めようと府中（東京都府中市）に向かうと、信虎は郡内の小山田信有《おやまだのぶあり》に朝興を救援させた。小山田軍は四月二十三日に八坪坂《やつぼさか》（箭壺坂、山梨県上野原市）で北条軍に敗戦し、朝興も北条氏康と府中で戦って敗れた。頼れる者が信虎だけになった朝興は、上杉憲房の「上様《かみさま》」を奪って信虎の側室に入れた。関東管領の後室を奪って信虎に与えたことは、女性が家や血筋を示す特別な価値を持ち得たからであろう。これは信玄が諏訪氏を滅ぼしてから、その娘を愛妾としたことと同じ意味を持つ。

信虎は大永六年六月に今川氏親《うじちか》が没し氏輝《うじてる》が家督を継いだのを契機に大永七年、長年対立を続けてきた今川氏と和睦した。しかし、天文四年（一五三五）、信虎と今川氏輝との関係が険悪になり、六月五日に信虎は富士川に沿って兵を駿河に向けた。氏輝も二十七日に出陣し、八月十九日に国境の万沢《まんざわ》口（南巨摩郡南部町）で合戦が行われた。
氏輝の父の氏親と北条氏綱は従兄弟で、氏輝の姉（または妹）が氏康に嫁いで、北条と今川とは重縁関係にあった。氏輝の救援依頼により氏綱父子が小田原を出発し、二十二日に籠坂峠《かごさかとうげ》を越えて山中（南都留郡山中湖村）に攻め入ったので、甲州勢は迎え撃ったが、小山田弾正以下数百人の戦死者を出し、上・下吉田（富士吉田市）を焼き払われた。

武田今川同盟

駿河では天文五年三月十七日（一説には四月十七日）、今川氏輝が没した。家督は遺言で富士郡瀬古（富士市）の善徳寺《ぜんとくじ》（善得寺）の承芳《しょうほう》（後の今川義元）が継ぐことになったが、外祖父の福島氏が義元の庶兄である花倉（静岡県藤枝市）の遍照光院にいた玄広恵探《げんこうえたん》（良真《りょうしん》）を擁立し、内戦状態になった。今川家の重臣は大半が義元につき、北条氏綱も彼を支持したため、良真は六月八日の合戦で敗れて自殺し、福島氏なども氏綱に滅ぼされた。甲府にも反義元派の残党の前島一門が逃げてきたが、義元支持を決めた信虎は彼らに切腹を命じたので、この処置に反対して一国の奉行衆がことごとく他国に退去するという事件があった。信虎と家臣たちとの間には政策をめぐって軋轢《あつれき》が生じていたのである。

今川義元（愛知県豊川市・大聖寺蔵）

義元を支持したことによって、武田家と今川家の関係は好転した。義元は信玄の妻に公卿三条公頼《さんじょうきんより》の娘を斡旋し、信虎は天文六年二月に信玄の姉を義元の妻に送り込んだ。この武田と今川の同盟に激怒した北条氏綱が、二月下旬に大軍をもって東駿河へ侵入し、富士川以東の駿東・富士二郡を押さえ、興津《おきつ》（静岡市）の辺まで焼き払ったので、信虎は義元を救援するために須走口に出陣し、北条軍と戦った。

天文七年五月十六日、北条軍が吉田新宿（富士吉田市）を夜襲したが、その後信虎と氏綱は和談した。

結婚と嫡男の立場

信玄は天文二年（一五三三）、関東の名門である扇谷上杉朝興の息女を娶った。彼女は妊娠したが、天文三年（一五三四）十一月に母子ともに死去した（『勝山記』）。結婚相手の格が社会的な格を示す絶好の機会になる当時にあって、この結婚は彼が武田家を継ぐ第一歩であり、かつ信虎の関東方面への特別な意識を示している。

天文五年（一五三六）三月、信玄は元服し、将軍足利義晴の偏諱《へんき》（名前の一字。貴人が家臣などにその一字を与えることを偏諱を賜うという）を賜って晴信と名乗った（『高白斎記』）。これも武田家当主になるべき人物として、彼の格を高める行為であった。この年の七月、信玄は今川家の斡旋により、藤原氏閑院流の嫡流で清華家《せいがけ》、摂関家に次ぐ名門の三条公頼の娘を娶った。これと対応するように、九月二十三日、結婚の見届け役と思われる正親町公叙《おおぎまちきんのぶ》が甲斐より帰京し、天皇に酒饌《しゅせん》を献じている（『御湯殿上日記』）。信虎は武田家を継ぐにふさわしい立場を信玄に与えるため、名門公家の娘を娶らせたのである。血縁により武田家は天皇を中心とする日本の枠組み中に改めて位置づけられたわけで、信虎が日本全体の動向を見ながら息子の結婚相手を決めたことが知られる。

『甲陽軍鑑』は信玄がこの年十一月、十六歳で信濃佐久郡の戦いに初陣したとする。こうした状況から、天文五年は信玄にとって武田家継嗣を世間に告げた決定的な年となった。

『甲陽軍鑑』によれば、信玄が信虎秘蔵の鬼鹿毛《おにかげ》といわれた馬を望んだところ、父の信虎は「来年、十四歳にて元服《げんぶく》あるべく候間、其節、武田重代の義広《よしひろ》の太刀、左文字《さもんじ》の刀・わきざし《（脇差）》、廿《（二十）》七代までの御はた《（旗）》・たてなし《（楯無）》、ともにたてまつるべき」と返事をした。信玄は「たてなしハそのかみ、新羅三郎の御具足。御はたハ猶以《なおもって》、八幡太郎義家の御旗《はた》なり。太刀・かたな《（刀）》・脇差ハ御重代なれバ、それハ、御かとく《（家督）》をも下さるゝ時分にこそ頂戴可仕」など対応した。

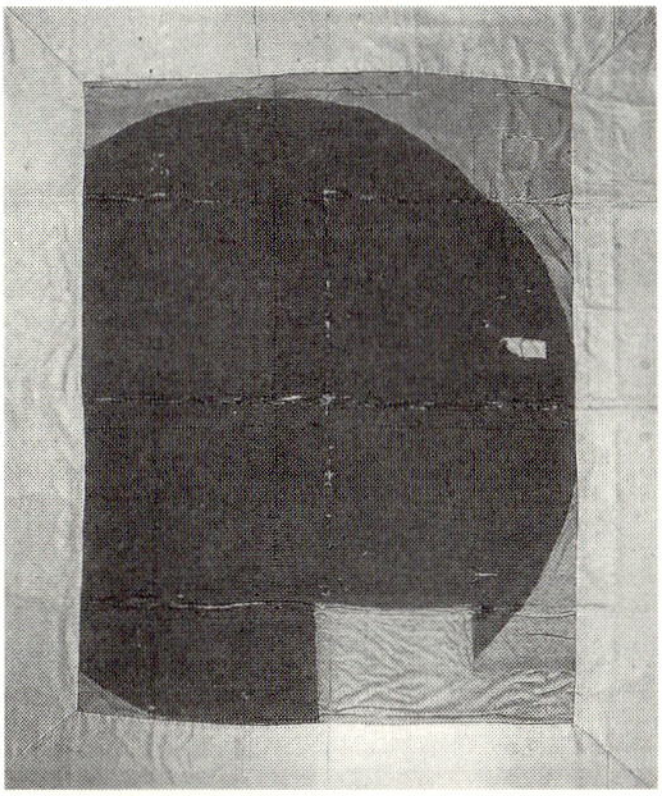

御旗（甲州市・雲峰寺蔵）

楯無鎧（小桜韋黄返威鎧）
（甲州市・菅田天神社蔵）

武田家では相続に当たって御旗《みはた》と楯無《たてなし》を受け継ぐことが、象徴となる行為であった。御旗は現在甲州市の雲峰寺に残る日の丸の旗とされ、源頼義が天喜四年（一〇五六）に後冷泉《ごれいぜい》天皇から下賜され、頼義三男の新羅《しんら》三郎義光から武田家に伝わったものだという。一方、楯無鎧（小桜韋黄返威鎧《こざくらかわきかえしおどしよろい》）は新羅三郎義光以来武田家重代の神宝とされ、武田氏滅亡の際に塩山向嶽寺《こうがくじ》（甲州市）の大杉の下に埋めたのを、後に掘り出したと伝えられ、現在は菅田天神社（甲州市）に伝わっている。

しかし、信玄と信虎の関係は悪く、「かとく《（家督）》をゆづ《（譲）》らんも、某《それがし》の存分を、誰かハ存《ぞんじ》候べき。『代々の家に伝る物どもをゆづ《（譲）》り候ハん』と申に、いや《（嫌）》ならバ、次郎を我等の惣領に仕《つかまつ》り、おや《（親）》の下知につかざる人をバ、追出してくれ候べし」（『甲陽軍鑑』）と、信虎は信玄弟の信繁を惣領にすることも考えていたという。

父親追放

「はしがき」に見たように、ルイス・フロイスがフランシスコ・カブラルへあてた手紙の中に、父親である信虎の国を奪い、国外に追放させたことが出ているが、信玄の父親追放はこれから後、世間が信玄を非難する際に必ず持ち出す事実である。

上杉謙信も永禄七年（一五六四）六月二十四日に弥彦《やひこ》神社（新潟県西蒲原郡弥彦村）に捧げた願文の中で、信玄が親である信虎を国から追い出し、牢道乞食《ろうどうこつじき》に及ばせて、深い恩義を失ったのは、仏神の内証（内意）に叶うことではないと強く非難している。謙信にとって最も大事だったのは仏神の内証に適合することだったのである。また同じ年の八月一日に更級《さらしな》郡八幡神社（長野県千曲市）に信玄撃滅を祈った願文でも、「晴信は、齢《よわい》八十（実際には四十八）に及ぶ老父を甲国より追放し、為す方もなくて恥辱を顧みず、洛中洛外を迷歩さす、前代未聞の分野、天下に対し奉り、逆心の人たるのみに非ず、仏法の敵、王法の怨み、結句不孝の族なり、禽獣《きんじゅう》すらなお親子の礼有り、況《いわん》や人倫をや」（上杉家文書）とまで記している。

それでは、信玄による父親追放の実態はいかなるものだったのだろうか。

信虎と信玄の二代に仕えた駒井高白斎が記した『高白斎記』によれば、信虎は天文十年（一五四一）五月、信玄とともに信濃国小県《ちいさがた》郡に出兵して勝利し帰還すると、六月十四日に長女の婿である駿河の今川義元のもとに赴いた。ところが翌日、信玄が足軽を出して信虎の帰り道を断ってしまったために、以後彼は甲斐に帰ることができなくなったという。

高白斎は信玄による信虎追放を六月十六日に甲府で知った（『高白斎記』）。武田家の氏神ともいえる大井俣窪八幡神社（山梨市）の別当上之坊《うえのぼう》普賢寺《ふげんじ》の寺僧が記した『王代記《おうだいき》』によれば、信玄が武田家当主として館に移ったのは十七日だった。六月二十八日が「天恩日《てんおんにち》三吉日」（陰陽道《おんみょうどう》では天から万民に恩沢を下すという最上の吉日）に当たったので、この日に家督相続の祝儀を行い、酌を温井《ぬるい》丹波守が行った（『高白斎記』）。家督相続の祝いは縁起を担ぎ、日が選ばれて行われたのであり、ここにも信玄の行動が陰陽道などを基に、吉凶を気にしていた一端が見られる。

謙信が信玄の行った悪行の最たるものとして父親追放を挙げたように、同時代でさえ大変な悪評を得た行為を、信玄はなぜあえてしたのであろうか。

『勝山記《かつやまき》』は、信虎があまりに悪行をしたので信玄はこの行動をとった、結果を知って一般の民衆・侍・出家者・男女とも喜んで満足することは限りなかった、と記している。また『王代記』の筆者は、信玄が信虎を追放したお陰で「一国平均安全に成る」と評価している。さらに向嶽寺の歴代住持が書き継いできた『塩山向嶽禅庵小年代記』に至っては、信虎は平生《へいぜい》悪逆無道であったため、国中の人民・牛馬・畜類ともに愁い悩んでいたが、駿河の太守である今川義元が信虎の娘を娶ったことから、信虎が六月中旬に駿府に行ったので、晴信（信玄）は「万民の愁《うれ》いを済《すく》わんと欲し」、足軽を河内境《うち》に出し父の帰り道を断って、自分が即位し国を保った、国の人民はこれを知ってことごとく快楽の笑いを含んだ、とまで記している。

つまり、当時の史料によればすべて信虎の自業自得であり、信玄は甲斐国民のためにこれを行ったというのである。こうした世間の風評は信玄にとって重要であった。すなわち、甲斐国民の民意を反映しての行動であるとの評判が、彼にとって極めて大事だったのである。後述するように、彼の行動規範には「天道」の意識があった。人為を越えた天の意志は人民に現れるので、信玄は自己の意識よりも国民の意識を尊重せざるを得なかったであろう。

4 万民の愁いを済《すく》わん——甲斐を転換させるために

信虎追放の背後

守護であり武田家当主である信虎を国外追放することは、武田家の嫡男とはいっても、まだ当主でない以上、信玄一人の意志で決定され、実行できるはずがない。

当然、武田家の家臣たちの意志が大きく作用していた。『甲陽軍鑑《こうようぐんかん》』によれば、信玄がこの行動で頼りにしたのは、板垣信方《いたがきのぶかた》と飯富虎昌《おぶとらまさ》であった。有力な家臣たちの積極的協力なくして、信玄の父親追放はできなかったのである。それなら、なぜ家臣たちは主君であった信虎を追放したのであろうか。

信虎は麻の如く乱れていた甲斐統一を果たし、さらに国外に侵略の矛先を向けた。この間、家臣たちは打ち続く戦争に従軍せねばならず、大きな負担が肩にのしかかっていた。信虎の軍事的基礎をなした人々は、本拠地に戻ればそれぞれ独立した領主であり、近世の大名と家臣の関係に比較すればはるかに自立性が強かった。彼らの苦労による信虎の勝利は、それだけ武田家の地位を高め、逆に家臣たちの独立性を弱めた。一国の棟別役賦課もこれと連動する。信虎が優秀で戦国大名として飛躍すれば飛躍するほど、彼らは信虎の持ち駒化していかねばならなかった。彼らは信虎の動きに対処しようとして、まだ若くて御しやすく見えた信玄を担ぎ出し、自分たちが実権を握ろうと考えたのではないだろうか。信虎追放の主体は家臣たちにあって、信玄は名目として祭り上げられた可能性が高いのである。

『甲陽軍鑑』は信虎が信玄の弟の信繁《のぶしげ》に目をかけ家督を継がせようとしたので、信玄がそれに対応したとする。後の信繁の動きからして彼が優秀な人物であったことは間違いなく、その可能性も無下に否定できないが、これを主たる原因とはできない。仮に弟を制して家督を継ぐことが重要だったとしても、信玄に個人としての意識がどれだけあったかは疑問である。現代の私たちは個人意識の確立、個人主義を大事だと考えるが、当時の武田氏の一族にとっては武田氏の存続こそが命題であり、個人的な動きは二の次といえる。個人は一族である氏族に従属していた。信玄の意図がどこにあろうとも、家存続のためには周囲の動きに乗らざるを得なかったのである。それもまた、信玄が「天道」に従うことであった。

父親追放が与えた課題

信玄が父親追放の劇の中で感じたのは、世論を味方につけることの大事さ、多くの人の意を体することが大義名分だとの意識であったろう。歴史的に見た場合、信虎が行ったことは戦国大名として成長するため、当然の行為であった。けれども信玄は、領国民の信頼を得なければ、いつか配下の者に見限られ、父と同じように追放されると実感したことだろう。このためにも、信玄は権力を支えてくれる家臣たちの意見に耳を傾けねばならなかった。家臣や領国民に支えられる甲斐守護武田家の当主としての認識が、父親追放劇を通して大きく育ったと思われる。

同時に、ここに信玄の課題も見えてくる。一国の守護として自己主張をし、意図を推し進めるためには、国人たちの勢力を削ぎ、相対的に自己の権力を大きくしていく必要があった。自分の意図のままに動いてくれる家臣団を創設し、逆に自分の行動を阻止しかねない大きな力を持つ家臣をいかにして従わせるかが、信玄の今後を決定する課題になったのである。

この問題に対処するため、信玄はすべての人にとって文句をつけにくい正義、すべての人にとって求められる公権力とは何かを考えねばならなくなった。正義や公ということになれば、領国民にとっても、家臣たちにとっても、差異は大きくないので、彼らを従える名目になったのである。

第二章　川中島の戦い

1　信濃侵略

諏訪・伊那郡侵攻

信玄は家督を継いでからしばらくの間、父親追放の混乱を鎮めるために、自己の立場を強化しながら甲斐国内の統治に当たったが、家臣の領地拡大や領民の物資希求に応えるため、対外侵略に乗り出さねばならなくなった。当時の環境は気候変動が大きく、自然災害が続き、人々は食糧難にあえいでいたので、信玄は甲斐国の守護として国民の生活保障をしてやる必要があったからである。自国内では限られた食糧や富しかないため、領国民を満足させるためには他国からこれを入手し、それを分配するのが最も手っ取り早かった。他国侵略は、信玄自身の富を増し、家臣たちに満足を与え、領国民の信頼を得る、複合的な手段だったのである。

彼が最初の侵略先として狙ったのは隣接する信濃の諏訪郡であった。当時、ここは下社の金刺《かなさし》氏を

諏訪頼重の墓（甲府市・東光寺境内）

倒して諏訪を統一した上社の諏訪頼満《よりみつ》の孫、頼重《よりしげ》が統治していた。彼は気候異常によって連年風水害を受け疲弊した中で軍事行動を続けていたが、領地があまり拡大せず、利益が少なかったので人心が離れつつあった。また高遠《たかとお》（上伊那郡高遠町→平成十八年三月より伊那市）にいた諏訪一族の高遠頼継《よりつぐ》は、自分の家こそが諏訪惣領職を継ぐべきだと考えていたので、勢力拡大をはかった諏訪上社の禰宜大夫《ねぎたゆう》矢島満清《みつきよ》と結びついた。諏訪氏に屈服した下社の金刺氏も、勢力回復をねらっていた。信玄はこうした反頼重派と手を握り、信濃侵略の足がかりを得ようとしたのである。

父を追放してから一年余りを経た天文十一年（一五四二）七月一日、信玄の軍は長峰・田沢（茅野市）あたりに陣を取った。頼重方はわずかに騎馬百五十、歩兵七、八百ばかりで迎え撃った。甲斐一国対諏訪郡の戦いで、人数も権力も、使用できる経費も異なる上、国内統一の過程で戦争に慣れていたこともあって、甲州軍の優位は明らかであった。翌日、高遠軍も杖突峠を越えて諏訪に乱入し、安国寺（茅野市）門前に火をかけた。居城の上原城（茅野市）で支え切れないと判断し、桑原城（諏訪市）に移った頼重に、武田軍は和談を求め、四日に応じさせ、彼を捕らえた。五日頼重は武田軍によって甲府に連行され、二十一日に弟の諏訪上社大祝《おおほうり》頼高《よりたか》とともに切腹を余儀なくされた。

諏訪郡平定

信玄は上原城に兵をおいて諏訪を治めさせたが、宮川より西の諏訪郡しか入手できなかった高遠頼継が矢島満清らと語らい、同年九月十日に箕輪《みのわ》（上伊那郡箕輪町）の藤沢氏や土豪の集団である春近衆《はるちかしゅう》とも結んで攻めて来たために、守備兵が追い払われ、下社と上社ともに敵勢に押さえられた。信玄は十一日に板垣信方を諏訪に向かわせ、自身も諏訪頼重の遺児虎王を擁して、自己の正当性を主張しながら、十九日に甲府を発った。

福与城跡（長野県上伊那郡箕輪町）

武田軍は虎王をもり立てたので諏訪氏の遺臣たちが味方し、二十五日の安国寺門前宮川（茅野市）のほとりでの高遠軍との戦いにおいて圧倒的な勝利を得、頼継を高遠へ追い払った。信玄はこうして諏訪郡全域を平定し、翌天文十二年五月に上原城を修築して、板垣信方を諏訪郡代にして在城させた。

　板垣信方は信虎追放の立役者でもあり、信玄にとって最も信頼できる家臣であった。一方で、彼が近くにいれば旧来からの関係もあって、何かと信玄をコントロールしてくる可能性が高かった。一番信頼のおける人物を新たな領地に据えることは誰が見ても不思議ではない、それと同時に家臣を持ち駒化する第一歩にも使える。信玄の遠謀術策はこのようなところにも見え隠れする。

天文十四年四月十一日、信玄は高遠攻略のために甲府を出発し、十五日に杖突峠に陣を張ったので、頼継が十七日に城を捨てて逃亡した。その後、武田軍は福与城（箕輪町）の藤沢頼親を攻撃し、長い戦いの末、六月十日に頼親を和議に応じさせた。

このようにして、諏訪郡の隣である上伊那も信玄の勢力下に入った。

信濃侵攻と諏訪社

既に見てきたように、信虎および信玄は信玄の誕生と諏訪社とのつながりを意図的に主張していた。ここで観点を変え、信虎もしくは信玄が諏訪社との関係を主張した理由を、信玄の信濃支配、領国統治の方策から考えてみたい。

隣国の住人である信玄は信濃に攻めて行くにあたり、信濃の地理や道路、村の数、だいたいの人口などをどのようにして知ったのであろうか。現代人は全く知らない所に行くに際して、地図を見たり、インターネットや旅行誌などである程度の情報を入手しておく。武田信玄が信濃に侵攻する時、そうした情報を全く持たないで軍事行動がとれるはずがない。また信濃を領国に加えた場合、棟別や年貢の賦課にも、どこに何という村があり、どの程度の戸数があるといった情報は統治上どうしても必要である。

弘治三年（一五五七）と推定されている、四月十三日付で信玄が長坂虎房《ながさかとらふさ》・日向是吉《ひなたこれよし》にあてた自筆書状に、「小川・柏鉢より鬼無里《きなさ》・鳥屋《とや》に向かう筋々の絵図いたされ候て、持参あるべく候なり」（長野市立博物館所蔵文書、一六五頁）とあるように、信玄が戦争にあたって絵図などを入手していたことは間違いなく、家臣に作成を命ずるなどして絵図が用意されていた。しかしながら、信玄が使った地図や信玄が得ていた信濃の情報を具体的に伝える文書などは、現存していない。

中世において一国の村数やおおよその人数などを掌握していた可能性があるのは、旧来の統治の伝統を引く守護所、一国の氏神的な役割を負う一宮など、一つの国に直接関わる役所や組織である。信濃国の一宮であり、祭礼に際して国全体に御頭役《おとうやく》などを命じていた諏訪社は、当然のことながら信濃全域の村名やそれぞれの村がどれくらいの負担に耐えられるかの情報を握っていたはずである。同時に御頭役の賦課の連絡などを通して、信濃の交通網や連絡体系をも握っていた。とするならば、信玄が信濃を攻めようとする時に最も大事なのは、一宮である諏訪社が有する信濃のデータであり、いち早く信玄が諏訪社と結びついた理由の一端もここにあるのではないだろうか。

一方、諏訪上社ではそれまで大祝《おおほうり》として神社を支配してきた諏訪氏が滅んだので、神長の守矢氏がこれを機会に神社の中における地位を高めようとして、甲斐から侵攻してきた信玄に素早く結びつき、武田氏の権力を背景にして諏訪社支配をもくろんだ。諏訪社の中にも信玄を利用しようとする対応者がいたのである。

佐久攻略と上田原の敗戦

諏訪郡を平定した信玄が次に狙ったのは佐久郡であった。信玄は天文十二年九月九日、大井郷（佐久市）を中心に勢力を持つ大井貞隆《さだたか》を討つために甲府を出発し、十七日に長窪城（長和町）を攻め、十九日に貞隆を生け捕りにし、翌日望月一族を殺害した。

天文十四年に諏訪・上伊那を平定した信玄は、天文十五年五月三日、内山城（佐久市）に拠って抵

内山城跡（佐久市内山）佐久支配の拠点となった。

抗する貞隆の子供の貞清《さだきよ》を討つため軍を動かし、六日に前山《まえやま》城（同）へ着いた。武田軍は九日から攻撃を開始し、翌日水の手を断ち、十四日に本丸以外を奪取し、抵抗を続けた城兵を二十日に降伏させた。内山城を明け渡して野沢（同）へ移った貞清も、翌年の五月六日に甲府へ出仕してきた。こうして信玄は佐久郡のほとんどを勢力下に入れた。

ところが、志賀城《しがじょう》（佐久市）の笠原清繁《かさはらきよしげ》だけは、佐久郡が攻略されれば次に侵略の目標にされるだろうとの危機感を持った西上野の豪族や、上野国平井（群馬県藤岡市）の関東管領上杉憲政《のりまさ》などの支援を受けて、頑強に抵抗した。同時に彼らの後押しによって笠原氏は引くに引かれない状況になった。天文十六年七月十八日、信玄は志賀城攻撃の軍を動かし、自身も閏七月十三日に出馬して二十日に桜井山城（佐久市）に着いた。一方、志賀城には城主と姻戚関係にある上野国菅原（群馬県甘楽郡妙義町）の高田憲頼《のりより》が援軍を入れた。武田軍は二十四日の午前六時頃から攻撃を開始し、正午頃まで激しく攻め立て、翌日に水の手を切った。飲料水がなくなれば城兵の命脈も尽きることは明らかで、士気も衰える。しかも武田方にはこの日、信濃府中（松本市）の小笠原氏や山家《やまべ》氏などの援軍も加わり、兵力が大きくなった。

笠原軍は劣悪な状況の中でよく持ち堪えながら上杉憲政に救援を求めた。笠原軍を支援する金井秀景の率いる上野軍が小田井《おたい》原（北佐久郡御代田町）まで来たが、武田軍は板垣信方・甘利《あまり》虎泰《とらやす》・横田高《たか》松《とし》・多田《ただ》三八《さんぱち》などが迎え撃ち、八月六日に大将格十四、五人と雑兵《ぞうひょう》三千人ばかりを討ち取って潰走《かいそう》させた。武田勢はこの戦いで討ち取った首を志賀城の周りに並べて、このまま戦えばこうなるのだぞと視覚的に城兵を威嚇《いかく》し、士気を喪失させた。結局十一日、武田軍は長らく水不足に苦しみながら立

志賀城跡（佐久市志賀）

笠原清繁の墓（佐久市志賀）
清繁は志賀城で頑強に抵抗した。

板垣神社（上田市上田原下之条）
戦死した板垣信方を祀る。

上田原古戦場跡
（上田市上田原下之条）

て籠っていた城主父子や城兵三百人ばかりを討ち取り、城を陥落させた。

信玄は佐久を勢力下に置くと、北信濃から東信濃にかけて勢力を持つ、信濃最大の領主である村上義清《よしきよ》と領域を接することになり、否応なく彼と戦わねばならなくなった。天文十七年（一五四八）正月十八日、信玄は信州が自分の思う通りになったら働きに応じて所領を与えるとの朱印状を将士に与えて士気を鼓舞し、二月一日に村上氏の根拠地の坂木《さかき》（埴科郡坂城町）に向けて出馬し、上田原《うえだはら》（上田市）に陣を張った。一方、義清も坂木を出て南東に向かい、千曲川を挟んで武田軍と対峙した。

二月十四日、武田と村上の両軍が上田原で激突した。武田軍は地元で地の利を知り尽くしていた村上軍に惨敗し、板垣信方をはじめ、甘利虎泰・才間河内守・初鹿野《はじかの》伝右衛門らの有力武将が次々に戦死して、信玄までが負傷した。信玄にとって最初の大きな敗戦である。しかし、信玄は戦場を去ろうとせず、やっと三月五日に諏訪の上原城に馬を納めた。

武田軍惨敗は、信濃を占領した信玄の配下の者やその協力者に大きな動揺をもたらし、逆に信玄の侵入に抵抗していた信濃の武士たちを勇気づけた。四月五日、勢いに乗った村上義清が府中（松本市）の小笠原勢や大町（大町市）の仁科《にしな》勢とともに、武田氏の押さえていた諏訪に乱入した。佐久地方においても、二十五日に武田軍の前進基地である内山城（佐久市）が村上勢の放火を受けて過半を焼かれ、武田勢が占拠していた前山城（佐久市）も佐久衆に奪われた。

2　信府平定

ここで少し前に戻ろう。信玄は諏訪郡を勢力下に入れると、塩尻峠を境にして松本平を領する信濃守護の小笠原長時と対決せざるを得なくなった。

塩尻峠合戦

武田軍は天文十四年に福与城の藤沢頼親を攻めた時、竜ケ崎城《りゅうがさきじょう》（上伊那郡辰野町）に出陣して来た長時を破り、そのまま北上して塩尻（塩尻市）を荒らした。四月五日、武田勢の勢力下にあった諏訪下社は、上田原の戦いで信玄が敗れたのを絶好の機会と判断した小笠原氏、村上氏や仁科氏、長時の妹婿で一度信玄に降参した藤沢頼親などによって侵入を受け、近辺に放火された。

首塚（塩尻市柿沢）
塩尻峠合戦の戦死者を祀ったと伝える。

その後、天文十七年六月十日にも再び長時軍に攻め込まれたが、下社の地下人《じげにん》が共同して迎え撃ち、長時に傷を負わせ、長時の身辺に仕える馬廻りの十七騎と雑兵百人余りを討ち取った。

七月十日になると、西方衆《にしかたしゅう》と呼ばれた諏訪湖西岸の土豪たちや、諏訪氏一族の矢島・花岡氏らが、長時に通じて反武田の軍事行動を起こした。信玄は翌日この知らせが甲府に届くと即日出馬した。彼はゆったりとした行動をとり、十八日にやっと大井ヶ森（北杜市）から諏訪に入り、ここで進度を速め、十九日早朝六時頃、塩尻峠に陣を張っていた長時軍五千余への攻撃を全軍に命じた。前日までの動きからしてこれほど迅速に攻めてくるとは思わず、油断していた小笠原勢の寝起きを武田軍は急襲し、武具すらしっかり着ける暇もない敵を一方的に打ち破り、大将の長時は討ち漏らしたものの、将兵千余人を討ち取った。軍勢はその直後に西方衆を追討し、彼らの家々に火をかけた。さらに、信玄は残った小笠原勢を掃討し、諏訪を安定させ、二十五日に馬を上原城に納めた。その後、八月十日に信玄は諏訪上社へ合戦の勝利を報告感謝して、太刀一腰を奉納し、今後の武運長久を祈った。

小笠原長時は信濃守護という立場でもあり、所領域からしても当時の信濃を代表する領主であった。信玄はそんな長時の軍勢を徹底的に打ち破ることにより、上田原の合戦で蒙った痛手を癒すことができ、再び態勢を整えて信濃制圧に乗り出した。

信玄は九月に諏訪から佐久に入り、前山城を攻めて失地を回復した。その上で本格的に松本平に攻め入るため、十月四日に村井城（小屋城、松本市）の普請を開始した。村井は小笠原氏の本拠である林城《はやしじょう》（大城、同）の南、約八キロメートルの地点にあり、木曾谷の出入り口にも近い交通の要衝に位置する平地なので、松本平を治めるには条件のよい場所といえる。

村井城（小屋城）跡（松本市芳川小屋）
武田氏が小笠原氏攻略のために築いた城。

村井城を築き、ここに軍勢を駐屯させたことは、軍事的に長時の喉元に刃を突き付けたのと同じ意味を持ち、政治的にこれからじっくりと地域を統治するとの姿勢を示した。この動きは後に川中島合戦で海津城を築き、さらに北方に向かって長沼城を築きながら、侵略していく信玄の行動の先駆けをなすものといえよう。

信府奪取

信玄は天文十八年（一五四九）佐久・上伊那の経略に追われたが、天文十九年になると再び小笠原氏攻撃を開始した。閏五月二十三日、甲斐一宮の

林城跡（松本市里山辺）小笠原氏が根拠地とした。

浅間《あさま》神社（笛吹市一宮町）へ、信府（松本市）が支配下に入りますようにとの願文を捧げて出撃の態勢を整えたが、たまたま六月二日に姉の今川義元夫人が病死したため出発が遅れ、七月三日になってから甲府を出て、十日に村井に着城した。

七月十五日、武田軍は林城の出城の一つの「イヌイ城」（場所不明）を攻め破り、勝鬨《かちどき》を挙げて午後八時頃に村井の城へ帰った。これを聞いた小笠原方の大城（林城）・深志《ふかし》・岡田・桐原・山家《やまべ》（すべて松本市）の五カ所の城兵も、深夜零時頃に皆戦わずして逃亡し、島立《しまだち》・浅間《あさま》の二城も降参した。この間に山家・洗馬《せば》（塩尻市）の三村入道・赤沢・深志の坂西《ばんざい》・島立・西牧氏などの小笠原氏のおもだった侍衆が続々と武田方に味方になることを表明してきた。信玄のもとには以前から武田氏に通じていた大町（大町市）の仁科道外（成能）も出仕してきた。

こうして、信玄はほとんど兵力を費やさずして信濃の府中を手に入れたのである。一方、敗れた小笠原長時は平瀬城（松本市）に落ち延び、やがて村上義清を頼った。

府中を領した信玄は小笠原氏の本拠であった林城を破却し、新たな信濃経略の拠点、および松本平を支配する基地として、深志城の修築を決め、七月十九日に鍬立式《くわだてしき》を行い、二十三日に総普請を開始した。この城が後に改修され、現在の松本城へとつながる。一方、これにより村井城の役割は終わった。深志へ松本平支配の拠点を移したのは、守護小笠原氏の持っていた権威などを吸収した上、旧来の城下町経済圏なども掌握し、新たな城下町を建設しようとの意図からであろう。同時にこの地の方が安曇郡などへの通路を押さえるのにも都合がよく、周囲が低湿地で防御の面からも優れていたためでもあった。

鶴宮神社（松本市島内）
多くの戦死者を出して落城した平瀬城跡と考えられる。

深志城跡（後に松本城となる，松本市丸の内）
信玄の筑摩・安曇支配の拠点であった。

小笠原長時の抵抗

天文十九年九月九日、信玄が小県郡戸石城（砥石城、米山城、上田市）を攻め大敗すると（いわゆる「戸石崩れ」）、長時は義清の援助で平瀬城に戻り、旧領を奪還しようとした。信玄は十月二十一日に長時の情報が甲府に届くと、二十三日に中下条（甲斐市）まで出陣した。この頃、義清が三千の兵を率いて塔ノ原城（安曇野市）に陣を張り、長時も氷室《ひむろ》（松本市）に陣取ったため、長時に応じた小笠原の旧家臣たちは、信玄に味方した島立・山家・三村氏などの城を陥れた。勢いに乗った長時は翌日武田方の深志城を総攻撃しようとしたが、義清が信玄の出馬を聞いて長時に無断でその夜のうちに兵を納めて川中島に帰ったので、従う勢が八百から千人ぐらいに減ってしまった。少ない人数ながら小笠原軍が野々宮（松本市）において馬場信春・飯富《おぶ》虎昌などの率いる武田軍を撃退したので、長時はこの勝利を思い出にして潔く切腹しようとしたが、重臣の二《ふた》木《つぎ》豊後守に諫められて、二木氏の山城である中塔城（松本市）に籠城した。

その後、義清は矛先を転じて佐久に侵入し、十一月一日に小諸《こもろ》（小諸市）へ移り、十三日に野沢（佐久市）・桜井山などに放火した。このため、信玄は十四日に彼の動きに対処しようと若神子《わかみこ》（北杜市）へ向かった。

天文二十年五月、後述のように武田方の真田幸隆（幸綱）が戸石城を攻略した。ここは前年九月に攻撃して、手痛い敗戦を喫した城である。戸石城を入手したことにより、武田勢は麓を走る上州沼田方面へ通じる道や小諸方面と善光寺方面を結ぶ道を押さえることができ、東信地方でも立場が有利になった。十月十四日、甲府の信玄のもとへ義清の軍が丹生子《にゅうのみ》（大町市）を陥れたとの情報が届いたので、自身で翌日出馬し、二十日に深志城に入った。武田軍は二十四日に平瀬城を攻撃して城兵二百四人を討ち取って陥落させ、続いて十月二十七日に旧小笠原氏の勢力下で唯一抵抗を続けていた小岩岳城（安曇野市）を攻めて放火した。城を陥落させることができなかったが、信玄は十一月十七日に高島城（諏訪市）に馬を納め、二十一日に甲府に戻った。翌天文二十一年七月二十七日に至り、信玄は再び小岩岳城攻略のため甲府を出発し、八月一日に攻撃を開始した。武田軍は攻撃を続け、十二日に城主を自害させ、五百余人を討ち取って落城させた。

これによって、信濃守護の小笠原氏が領していた信濃中央部の安曇・筑摩の両郡も、ほぼ信玄の支配下に入った。

落城と足弱

武田軍が攻めて来て、形勢不利と見ると多くの山城では自落《じらく》（自ら城を落城させる）し、戦争を止めた。攻撃側としても山城の周囲を完全に取り巻き、長い時間をかけて、危険な攻撃を加えるようなことはほとんどなしえなかった。守備側が自落することは徹底抗戦をしないとの意思表示であり、攻撃側もそれ以上の無理はしなかったのである。

ところが、平瀬城攻めと小岩岳城攻めは、佐久の志賀城攻めと並んで、最後まで守備側が徹底抗戦した珍しい例である。こうなると武田勢も最後まで攻め続け、落城させるしか手段がなかった。城の中には武士だけでなく、城に籠っていた方が安全だと考えた多くの足弱《あしよわ》（女・子供など）が入っていたが、彼らは敗戦に際して攻撃側の略奪対象にされた。城に最後まで籠っていた以上、敗者側はどんな状態になっても仕方がないとする観念が、攻撃側にも守備側にもあったものであろう。武田軍は、特に志賀城攻めと小岩岳城攻めにおいて、城に籠っていた多くの人々を生け捕りにした。

正規の武士には戦勝すれば功績に応じて信玄から恩賞があるが、そうしたことが望めない足軽や武士の従者、戦争に参加した百姓たちにとっては、勝利した際の略奪や足弱の生け捕りこそが、命をかけて従軍する目的であった。

生け捕りにされた人々は甲府に連行され、親戚などがある者はお金を払って連れ戻されたが、そうでない者は多くが奴隷とされた。戦国の社会にそうした人たちが多くいたことを忘れてはならない。

前山城跡（佐久市前山）

再度の佐久攻撃

佐久の方に目を転じよう。信玄はこれより先の天文十七年（一五四八）七月十九日の塩尻峠合戦の勝利によって態勢を立て直し、再び佐久平の平定を目指した。武田軍は小山田信有を大将として八月十八日、田口城（佐久市）を攻撃したが、逆に信濃勢に囲まれて散々な目にあった。

信玄は九月六日に自ら諏訪を立ち、前山城《まえやま》（佐久市）を目指して谷戸《やと》（北杜市）に陣を張った。武田の軍勢は十一日午前八時頃に臼田《うすだ》（佐久市）を出て、大雨の中を前山城を攻め落し数百人を討ち取った。これを見て近辺の十三の城に立て籠っていた兵たちは、恐れをなして皆城を開いて逃亡した。翌十二日、武田軍は佐久郡の大将たちを打ち破り、五千人ほどの首を取り、無数の男女を生け捕りにした。

天文十八年八月二十三日、信玄は高島城（諏訪市）を出馬して二十六日に桜井山城（佐久市）に入り、二十八日に御井立に放火した。続いて九月一日に鷺林（佐久市）へ陣取り、四日に平原の宿城《しゅくじょう》（小諸市）へ放火して、二十一日に甲府へ帰った。

これら一連の軍事行動により、佐久郡は再び武田氏の勢力下に入った。佐久は父信虎が侵入したところであり、上州への入口にも当たる重要な場所だった。

戸石崩れ

信玄は天文十九年七月に松本平を手に入れると、当面最大の敵で、上田原合戦で大敗を喫した村上義清を討とうと小県郡へ出陣し、戸石城（上田市）攻撃を目指した。七月二日、真田幸隆に、自分の思う通りになったら諏訪形《すわがた》（上田市）などの地を与えると約束して士気を高め、地元の事情に詳しい者の協力を求めた。

これは信玄がしばしば採用した新たに味方についた者に対する人心収攬《じんしんしゅうらん》術で、しっかり働きさえすればこれだけの利益があると明示し、やる気を起こさせ、軍功に励ませたのである。自分の実質的な負担を最小にし、戦争の勝利によって利益を多く分配するという、いかにも信玄らしい方法である。

幸隆は川中島地方（善光寺平の中央、千曲川と犀川《さいかわ》に擁された中州一帯を総称する）に行って、地域の武士たちを信玄の味方に引き込む工作を開始した。信玄は、幸隆が同じ信濃国の人間であるという同国人意識や地域的なつながりによって、甲斐の人間が行動するよりはるかに彼らに受け入れられやすく、

戸石城主郭跡（上田市上野）
武田軍はこの城を攻めて戸石崩れを起こした。

説得が功を奏すると考えて起用したのである。

　八月五日、先陣の長坂虎房が出陣し、十日には足軽衆も戦闘体制で進撃したために、相手方の和田城（長和町）の兵が逃亡した。信玄も十九日に長窪（同）に着陣し、二十八日には戸石城に近い屋降《やぶり》（場所不明）に陣を構えた。二十九日の正午頃戦闘が開始され、九月三日に武田軍は城ぎわまで陣を寄せ、九日午後六時頃総攻撃をかけたが、戦果を上げることができず、再び膠着状態になった。晦日《みそか》、信玄はこのままでの戸石城攻略は無理だと判断して、撤退のための軍議を開き、翌十月一日午前六時頃から退却を開始した。これを好機と見た村上勢が追尾して猛攻撃を加えた。武田勢はこれまで相手が守備に徹していたので、まさか早朝に敵が追撃してくるとは思ってもおらず、横田高松《たかとし》をはじめとするおもだった者一千人ばかりが討ち取られ、ようやく午後六時頃になって敵勢を退けた。実に半日に及ぶ戦いだったのである。これが名高い「戸石崩れ」で、信玄にとって上田原合戦に次ぐ敗戦であった。

　義清は戸石での勝利によって対武田軍に勝利する自信を持ち、長時を助けて平瀬城（松本市）に進出し、その後、佐久に侵入して小諸に進み、野沢・桜井山城に放火した。

村上義清の没落

天文二十年五月二十六日、真田幸隆が突然戸石城を落城させた。戸石城に隣接する真田《さなだ》（小県郡真田町→平成十八年三月より上田市）出身の真田氏は、城近辺の地形や豪族の事情に精通していたので、村上方の武士を謀略によって武田方に引き入れ、前年の大勝で油断していた城兵の不意を襲って落城させたものと考えられる。前年の戸石崩れと全く逆に、今度は村上方が思ってもみなかったことであった。

東信地方で武田信玄に抵抗するシンボルにもなっていた戸石城攻略は、信玄の義清攻めの大きな転機となった。それまで佐久で唯独り信玄に抵抗していた岩尾城（佐久市）の岩尾弾正も信玄に降伏し、出仕してきた。また武田勢は十月に筑摩郡の平瀬城を攻略し、翌年八月に安曇郡の小岩岳城をも陥落させたので、信玄の信濃における大敵は村上義清だけになった。

天文二十二年正月二十八日、信玄は佐久支配の拠点である内山城（佐久市）城代の小山田昌辰《まさとき》に書状を送り、来月（閏正月）六日に長男の義信とともに出陣するが、これは戸石城再興のためで、軍事行動ではないと固く申し触れるようにと命じた（後掲一四四頁参照）。この情報が敵に流れることを期待し、安心させておいて一気に叩こうとしたもので、戦国時代の情報戦の一端を伝える。

信玄の出馬は予定より遅れた三月二十三日で、二十九日に深志城を発って苅屋原《かりやはら》（松本市）に着いた。翌日、苅屋原城の近辺に放火し、四月二日に城を攻め落し城主太田長門守を捕虜にした。武田軍は二日の夕方には塔ノ原城（安曇野市）も開城させ、三日に会田の虚空蔵山《こくぞうさん》（松本市）へ放火し、苅屋原城を破却して鍬立をした。

四月六日、十二人の武将に率いられた武田勢の先陣は、村上義清の本拠葛尾城《かつらおじょう》（埴科郡坂城町）を攻撃するために出陣した。九日午前八時頃に葛尾城が戦わずに落ち、義清は上杉謙信を頼って落ち延びた。この日、信玄のもとへ屋代《やしろ》（千曲市）の屋代氏と、篠ノ井《しののい》（長野市）の塩崎氏が出仕してきた。まさに信玄らしい、「軍兵を損すること甚だ少なく」して、最大の敵を信濃から追放したのである。

下伊那と木曾の平定

信玄が下伊那の制圧に着手したのは天文二十三年（一五五四）で、七月二十四日に甲府を出発した小笠原信貴《のぶたか》を先方とした軍勢が、小笠原信定の鈴岡城《すずおか》（飯田市）を攻め、八月七日に落城させた。信玄は地域の武士に出仕を求めたので、多くがこの時武田氏に降った。

しかし、神之峰《かんのみね》（飯田市）の知久頼元《ちくよりもと》だけが降伏しなかったため、飯富昌景《おぶまさかげ》（後に山県《やまがた》姓となる）らの武田勢は猛攻を加え、落城させて、知久頼元父子を捕らえた。そして八月十五日に知久郷（飯田市）へ放火し、名刹文永寺《ぶんえいじ》をはじめ安養寺《あんようじ》・興禅寺《きょうぜんじ》なども焼いた。この状況を見て吉岡城（下伊那郡下条村）を根拠に下伊那南部に勢力を持っていた下条氏も武田氏に臣従し、他の下伊那の土豪もほぼ服した。こうして下伊那も信玄の領域に加えられた。

信玄が次の攻撃目標にしたのは木曾だった。天文二十四年（弘治元年・一五五五）三月、武田軍は塩尻方面から木曾攻撃を開始して、鳥居峠《とりいとうげ》（塩尻市と木祖村の境の峠、中山道の難所の一つとして知られる）を下った藪原《やぶはら》（木曾郡木祖村）側に砦を築いた。信玄は軍を二つに分け、原昌胤《まさたね》の率いる一隊が稲核《いねこき》（松本市）から奈川（同）へ越し、荻曽《おぎそ》（木祖村）へ出て、鳥居峠の下の藪原を攻め取ろうと鬨の声を挙げたが、これを聞いて木曾勢が慌てて敗走した。しかし、この時には武田軍は追撃せず藪原に陣取ったままで、四月五日に至って木曾に攻撃を加えようとしたが、上杉謙信が川中島に出陣したとの報告を受けて主力が急遽川中島へ向かったため、攻め込むこともできずに戦線が膠着状態に陥った。

信玄は八月になって改めて木曾に軍を進めた。この時、武田軍に対処しなければならない木曾氏の当主義康《よしやす》のもとには王滝《おうたき》（木曾郡王滝村）を飛騨の兵が攻撃したという情報が入ったので、子息義昌《よしまさ》に福島（木曾町）を守らせて、自身で王滝へ向かった。しかし飛騨の兵が直ちに退いたので義康は福島に帰り、上之段城（同）によって武田勢に備えることに決め、義昌も小丸山城（同）に籠った。一方、武田軍はそのまま南下を続け、小沢（同）川端で木曾軍と戦い、敵勢を撃破した。

鳥居峠（木曾郡木祖村）

甲斐を統一し、信濃の多くを勢力下に置いた信玄と、人口の少ない木曾郡を根拠にする義康との軍事力の差は明らかであった。この戦いによって武田勢の強さを思い知らされた義康は、ついに信玄に和を求めた。

軍兵を損しない戦い

ルイス・フロイスはその手紙の中に「軍兵を損すること甚だ少なく、数日のうちに右二国（遠江と三河）を占領してしまいました」

と記したが、信玄は信濃侵略の過程で、味方の兵力の損耗をいかに少なくして勝利を得るかという、信玄らしい戦法を確立したように思える。

信玄が圧倒的な敗戦を喫したのは天文十七年の上田原合戦と、天文十九年の戸石崩れであった。戦争で負ければ彼を支える甲斐国民の信頼は一気に崩れる。また、戦死者が多ければ多いほど、たとえ勝利したとしても戦死者の家族をはじめとする者たちへの配慮が必要になる。父信虎のように戦争で勝利を続けたとしても、領国民の怨嗟《えんさ》の的になっては自分が危なくなる。敗戦を通じて信玄はそのことを思い知らされたであろう。

そうした中で、いかにして戦死者を少なくするかの課題への対応の一つが、真田幸隆の場合のように、侵略先の新たに味方になった武士に約束手形などを適宜ばらまいて積極的に軍功を挙げさせ、できるならば内応者を生み出すという形で、実際に武力行使をしないままに、敵勢を自分の兵力に組み込む手法であった。

信玄が二度も大敗という惨めな気持ちを抱かされた村上義清を、甲州の兵を全く使わないままに、真田幸隆という土地に詳しい持ち駒を動かして、信濃から追い出したことは、彼の戦法が確立したことにつながる。その延長線上に、木曾攻撃もあったのである。

一方で、敵対する者に対しては佐久の志賀城攻めや伊那の知久攻めのように徹底的に戦い、見せしめ的な行為を行うことによって、恐怖心を植え付け、敵勢や周囲の者を威圧することも忘れなかった。

3　甲越川中島合戦――一国平均の上、百年已前《いぜん》の如く祭礼勤めさすべき

こうして侵略を進めた結果、信濃で信玄の領国に入らないのは、いわゆる川中島地方から北側だけになった。ここを占拠しようとする中で、信玄は上杉謙信（当時は長尾景虎）と戦わねばならなくなり、有名な川中島合戦が引き起こされた。

上杉謙信の主張

上杉謙信は武田信玄と戦う理由を、弘治二年（一五五六）六月二十八日に長慶寺《ちょうけいじ》の住職天室光育《てんしつこういく》へあてた書状で、「信州の儀、隣州勿論《もちろん》に候と雖《いえど》も、村上《（義清）》方をはじめとし、井上《（昌満）》・須田・島津《（忠直）》・栗田、その外連々申し談じ候、殊《こと》に高梨《（政頼）》ことは、取り分け好《よしみ》の儀あるの条、旁《かたわ》ら以て見除せしむべきに非《あら》ず、彼《か》の国過半晴信手に入れられ、既に一変あるべき体に候間、両度出陣」（「歴代古案」）と、村上義清などの求めによるものだと説明している。

これより先、天文二十二年（一五五三）四月、葛尾《かつらお》城（埴科郡坂城町）を落とされた村上義清は上杉謙信に助けを求めた。井上・須田・島津・栗田など、地理的な関係もあって以前から上杉氏と関係の深かった北信濃の諸氏も、謙信と結びついて信玄に対抗するしか道がなくなった。一方で謙信の家は、越後から信濃に抜ける交通の要衝を押さえ北信でも有数の有力国人である高梨氏と婚姻を結んでいたため、高梨氏が信玄に圧迫されるのを見捨てておくわけにはいかなかった。つまり、謙信は信濃の領主たちの求めに応じることを名目にして、信玄と戦ったのである。

上杉謙信（新潟県栃尾市・常安寺蔵）

弘治三年正月二十日、謙信は信濃更級郡八幡宮（現・武水分《たけみずわけ》神社、千曲市）に武田信玄の討滅を祈願した。その願文では、「ここに武田晴信と号する佞《ねい》臣《しん》ありて、彼の信州に乱入し、住国の諸士ことごとく滅亡を遂げ、神社仏塔を破壊し、国の悲嘆累年《ひたんるいねん》に及ぶ、何ぞ晴信に対し、景虎闘諍《とうじょう》を決すべき遺恨《いこん》なからん、よつて隣州の国主として、あるいは恨みを後代鬼神に誓い、あるいは眼前に棄て難き好《よしみ》あり、故に近年助成に及ぶ。国の安全のため軍功を励むところ他事なし」（「歴代古案」）と述べている。神に対してあくまでも自分自身のためではないと主張し、その加護を求めている。

ところが、同じ年の二月十六日に謙信が色部勝長《いろべかつなが》にあてた書状の中には、「信州味方中滅亡の上は、当国の備え安からず候、今般に至っては、一廉《ひとかど》の人数以下相嗜《たしな》まれ、御稼《かせ》ぎこの時に候」（「古案記録草案」）とある。ここに記された、信州で自分の味方をしてくれる者たちが滅亡してしまえば、越後の安全が保障できないというのは謙信の本音であろう。

単純な直線距離で、信玄の根拠地だった甲府市から善光寺のある長野市まで約一二〇キロメートル、これに対し長野市から謙信の根拠地であった上越市までは約五〇キロメートルである。このため、信玄が川中島を領したならば、謙信の領国に手が届く。信濃が信玄の手に落ちると、根拠地の春日山、および領国が危機にさらされることは疑いない。謙信にとって信州の人を助けるというのは正義のための名目であり、信濃が信玄に奪取されることにより越後が危険に陥る前に手を打ったというのが実態なのである。

武田信玄の主張

謙信がこの戦争は正義の戦争であると主張している以上、武田信玄といえども自らの行動の正当性を主張しなければならない。信玄（まだ晴信《はるのぶ》と名乗っているので永禄二年〔一五五九〕以前）は三月九日付で諏訪上社神長《かみしゃかんのおさ》（上社の神官の中で最も上に位置した役職）の守《もり》矢頼真《やよりまさ》に次のような書状を出した。

「急度《きっと》一筆を染め候意趣《いしゅ》は、当社御頭役《おとうやく》近年怠慢《たいまん》のみに候か、然《しか》らば、一国平均の上、百年已前《いぜん》の如く、祭礼勤めさすべきの由存じ候ところに、十五ケ年已来兵戈《いらいへいか》止むを得ざるにより、土民百姓困窮《こんきゅう》す、殊《こと》には嶋津・高梨等今に命に応ぜず候間、諸事思慮の旨あって、これを黙止し畢《おわ》んぬ、必ず嶋津・高梨当手《とうて》に属さば、それがし素願の如《ごと》くその役を勤むべきの趣催促に及び、難渋の族《やから》に至っては、先忠を論ぜず成敗を加うべく候。抑《そもそ》も毎年三月御祭りのことは、輙《たやす》き子細に候条、当時分国の内へ堅く下知なすべく候」（守矢家文書）

諏訪上社の御頭役が近年怠慢になっているので、信濃国を一国平定して、百年以前のように祭礼を勤めさせようと思っていたところ、十五カ年以来信濃では戦争が止むことがないため、土民百姓が困窮している。ことに島津・高梨などは命令に応じないが、黙止してきた。島津・高梨が私の手に属したならば、その役を勤めるようにと催促し、ぐずぐず言って従わない者たちについては、これまでの忠節に関わりなく成敗する。毎年三月に行う御祭りをすることはたやすいことなので、現在自分の分国になっているところへ堅く下知するというのである。

信玄は、信濃一宮の諏訪社の祭礼がしっかり行われていないのは、皆が怠慢しているからで、これを百年前のように信濃全域に勤めさせるために、「一国平均」すると主張している。信玄も私欲で行動するのではなく、信濃国一宮である諏訪社の祭礼復興のため信濃を均一に支配したいのだと、正義を振りかざしているのである。

永禄三年二月二日に信玄が上社権祝《ごんのほうり》にあてた判物には、「諏訪上の社造営の事、先規に任せ信国中へ催促を加うべし、もし難渋の輩《ともがら》あらば、早く注進すべし、その人の越度により罪科を行うべし」（矢島家文書）などとあり、造営については信濃国全体に催促をし、もし応じない者がある場合には連絡せよ、その状況によって罪科とすると連絡している。ここでも、信玄は諏訪社造営と信濃一国支配をセットとして考えているのである。

もう一つの主張は、前掲の「十五ケ年已来兵戈止むを得ざるにより、土民百姓困窮す」（守矢家文書）と、戦争が続いているので土地の民、百姓が困り苦しんでいるということであった。戦乱に苦しむ地域住民を助けるためには、信濃国を統一して平和にしてやるのがよい、自分の役割は信濃国民の平和をもたらすことだというのである。信玄には戦乱を止めさせ、平和をもたらすことが自分の最も大事な役割だとの認識があったことになる。

初めての接触

それでは、実際の川中島合戦は、どのように推移していったのであろうか。

武田信玄によって天文二十二年（一五五三）四月に葛尾城（埴科郡坂城町）を落とされた村上義清は、越後の上杉謙信に助けを求めた。同時に高梨《たかなし》・井上・島津・須田・栗田といった以前から上杉氏と関係の深かった北信濃の豪族も、迫り来る武田の軍勢に怯えながら、隣国の有力大名である謙信と結びついて信玄に対抗しようとしていた。

姥捨から見た川中島地方

葛尾城を陥れて川中島地方南部を手に入れ、意気あがっていた武田軍の先方部隊は、四月二十二日に八幡《やわた》（千曲市）で五千人ほどの、義清を助けにきた越後勢と村上義清などの北信の諸士の連合軍と遭遇した。これが武田軍と上杉軍の最初の接触であった。武田軍は押されぎみで、四月二十三日に義清らに葛尾城を奪い返され、城将になったばかりの於曾源八郎《おぞげんはちろう》が殺された。信玄は決戦を避けて二十四日苅屋原《かりやはら》（松本市）に退き、五月一日に深志《ふかし》城（同）に馬を納めた。その状況を見ながら義清勢は、坂木《さかき》（坂城町）をはじめとして小県の和田・塩田方面を回復し、塩田城（上田市）に入った。

信玄は形勢不利と判断し、帰国して態勢を立て直そうと、五月十一日に甲府へ戻った。信玄はしばらく間をおいて再度軍勢

塩田城跡（上田市東前山）

を催し、七月二十五日に甲府を出発して、佐久口から信州に入り、八月一日に長窪（小県郡長和町）に陣を敷いて、和田城（同）を攻め落とし、城主以下を皆殺しにした。勢いに乗った武田勢は、四日に高鳥屋《たかとや》城（同武石村→平成十八年三月より上田市）を落城させ、籠城していた者たちを全滅させ、内村城（同丸子町→平成十八年三月より上田市）も落とした。翌日、塩田城も陥落させたので、義清が逃亡した。武田軍は付近の城十六を落とし、多くの足弱《あしよわ》を生け捕った。こうして信玄は塩田平一帯を再度制圧した。

小県郡を制圧した武田軍が川中島南部に陣を進めたので、義清は謙信に助けを求めるしか手がなくなった。これに応じた謙信は八月に信濃に入り、布施《ふせ》（長野市）で武田軍と戦った。武田勢は九月一日に八幡で上杉軍に敗れ、荒砥《あらと》城（千曲市）も自落した。その後も武田軍は劣勢で、越後勢の南下を許して筑摩郡に侵入され、三日に青柳（東筑摩郡筑北村）が放火され、四日には会田虚空蔵山城（松本市）が落城した。これに対抗するため武田軍は上杉軍の籠る麻績《おみ》城（麻績村）・荒砥城に放火した。上杉軍が埴科方面にも進出して十七日に坂木南条（坂城町）へ放火したので、武田軍は塩田城を出て善光寺平に向かったが、二十日に敵勢が撤退した。信玄は上杉勢が信濃を去ったので、十月七日塩田城を発って深志城（松本市）に入り、十七日に甲府に帰った。

この時の戦場は主として東筑摩郡の北部から川中島の南端に位置する地域、川中島合戦として想起される川中島の中心部ではなかった。戦いも武田・上杉両軍の全面衝突ではなく、部分的な衝突にすぎなかった。戦況は武田方が不利で、川中島南部にまで勢力が及びそうになったのを、上杉方によって筑摩郡の北部にまで押し返された形になった。

これまでの信濃侵略において、信玄は上田原合戦や戸石合戦において敗れはしたものの、それは点として一つの戦争での敗退であった。ところが今回はこれまで拡大してきた支配域をずるずると、面として後退させねばならなかった。

信玄は川中島合戦に至るまで信濃国内の地域ごとの領主と戦ってきたが、今回の敵は越後という国を統一した上で信濃に勢力を伸ばしてきた戦国大名であり、従来の相手とは異なる大敵であった。信玄にとって川中島での接触は戦国大名と直接わたりあう、新たな経験であった。

背後を固める

一連の上杉軍との衝突で敵勢の強さを実感した信玄は、これまでのような形では太刀打ちできないため、背後を固めてから謙信に当たるしかないと判断した。そのために彼が採ったのが今川・後北条両氏との同盟であった。

これより先、天文十九年（一五五〇）に駿河の今川義元の妻になっていた信玄の姉が亡くなったので、義元の娘が天文二十一年に信玄長男の義信に嫁いできて、今川と武田との間に再度同盟が結ばれた。一方、今川氏と北条氏との関係は親密な姻戚関係にあったが、武田と今川の同盟をめぐって関係が悪化した。しかし、天文十四年十月、信玄の斡旋によって和睦がなされ、その後両者の間で婚約が決められた。さらに、天文二十二年には信玄と北条氏康との間で両家の婚約がなった。

天文二十三年七月、氏康の娘が今川氏真《うじざね》に嫁ぎ、ついで十二月に信玄の娘が北条氏政《うじまさ》のもとへ縁付いた。こうして武田・今川・北条という戦国を代表する東国の大名たちは婚姻を媒介にして同盟を結んだのである。これによって信玄はいざという時に背後から甲斐に侵入してくる可能性のあった有力戦国大名の住む南と東を気にしないで、謙信との戦いに専念できることになった。一方、謙信は天文二十二年の秋、念願の上洛を果たし、後奈良天皇より盃と剣を与えられ、越後および隣国の敵を平定せよとの命令を受け、信玄と戦う錦の御旗を得た。

信玄は天文二十三年七月二十四日、信濃に向けて甲府を出馬し、知久氏を下して下伊那を平定した。同じ月に信玄の長男の義信は佐久郡の反乱を鎮定し、小諸城（小諸市）も自落させ、内山城（佐久市）の軍勢を指揮して落武者三百人ばかりを討ち取った。こうして武田軍は南信濃と東信濃を鎮圧したので、いよいよ北信へ進む用意がなった。

九月二十二日、信玄は小川（小川村）の大日向主税助《ちからのすけ》に書状を送り、長坂虎房の移動に尽力してくれたことを感謝し、重ねての協力を依頼した。また同月二十六日にも同人へ、来春出馬するのでその用意をするようにと書状を送った。信玄は北信の武士のみならず、謙信の家臣にまで工作を推し進めて、越後の内部分裂をはかり、十二月にかねて内応の意を示していた刈羽郡の北条高広《きたじょうたかひろ》のもとに甘利昌忠《あまりまさただ》を派遣し挙兵を勧めた。これに応じた高広は北条城（柏崎市）で兵を挙げたが、翌年謙信に攻められ、信玄の援軍が来なかったので二月に降伏した。

一方で、信玄は大日向入道・主税助などに安曇郡千見《せんみ》（北安曇郡美麻村→平成十八年一月より大町市）を占領させて、糸魚川《いといがわ》方面からの越後勢の侵入に備え、天文二十四年三月二十一日に感状《かんじょう》（戦功を賞して上から与えられる文書）を与えた。

信玄は直接上杉勢と戦うのではなく、側面を固め、内部切り崩し工作を行った。これは信玄が最も得意にしてきた戦法で、過去の成果を踏襲しながら謙信に向かおうとしたのである。

信玄の勝利と長陣

謙信は北条の乱を鎮定すると間もなく、天文二十四年（一五五五）四月頃に信濃へ出陣し、七月に善光寺の東に接する横山城へ陣取り、信玄に味方した善光寺の堂主の栗田氏が籠る旭山城《あさひやまじょう》（長野市）に対峙した。信玄は約六キロメートル離れ、犀川を隔てた大塚（長野市）に陣取った。『勝山記』によればこの時信玄は、旭山城に援兵三千と弓八百帳、鉄砲三百梃を送って謙信に対抗させせた。

これが西洋式の鉄砲ならば、伝来が天文十二年なので、信玄は早くから最新の武器に着目し、わずか十二年で相当数の鉄砲を用意していたことになる。少なくとも信玄は単純な旧弊型の人間ではなく、諸国に情報を求めながら、自分の軍団を強くしようとする、広い視野を持った、新しいものにも着目する人物だった。

また駿河の今川義元は、同盟関係によって援軍を武田方に送り込んだ。

武田軍と上杉軍は七月十九日に川中島で戦った。謙信軍が犀川を渡ろうとしたところを信玄の軍が迎え撃ったのであろう。この戦いに際して出された感状は信玄のものが十三通知られるのに、謙信のものは一通しかない（『越佐史料』『信濃史料』が採っていた八月二十二日付の文書であるが、『上越市史』は採用していない）ので、武田方の勝利だったと思われる。この後両軍は犀川を隔てて対陣したままで、戦線が動かなくなった。

信玄は援軍を送ってくれた今川義元の息子の氏真に、「越後衆出張せしむるといえども、指したる儀無く退散」（「諸州古文書」）と伝えた。実際この時に信玄は上杉軍を破ったことに安堵し、同盟者にも強がりをいえたのである。また、諏訪上社神長守矢頼真に怨敵退散《おんてきたいさん》の祈願を依頼し、九月二十五日に諏訪上社へ水内郡漆田郷《うるしだ》（長野市）の社領を安堵した。当時の人々は戦争を人間だけがするものではなく、背後の神仏の戦いが大きな意味を持つと考えていたが、信玄も同様で武神として有名な諏訪大明神の力を頼んだのである。

十月五日に信玄は、去る七月十九日の戦功の賞として、小島修理亮と同心七人へ高井郡高梨（須坂市）で千五百貫を与えると約束した。与えると約束している地は川中島の北側でまだ信玄の勢力下に入っていない上、知行高があまりにも大きく、かつ地域指定も大づかみである。約束手形を与えることで地域の土豪たちを自分に引きつけようとするこの手法は、これまで信玄がとり続けてきたやり方であった。

一方、長期滞在で苦しんだ謙信は信濃在陣の諸将から、何年陣を張ろうとも謙信のために走りまわる、陣中で喧嘩などをした場合には成敗する、攻撃の際には命令通り働く、などといった内容の誓紙を十月に提出させた。

長陣が続き両者とも疲れ果てたので、信玄は今川義元に調停を依頼し、閏十月十五日に講和が成立して両軍とも兵を引いた。講和条件は旭山城を破却し、北信濃から追い出されていた諸士を還住させ、両者がそれぞれの勢力を侵すことの無いように誓詞を交換して撤兵帰国する内容だったが結局、村上義清は坂木に帰ることができなかった。実質的には戦いを通じて信玄の勢力が川中島地方にまで浸透したのである。

善光寺平の中心部を手に入れる

弘治二年（一五五六）三月、信玄は落合氏の菩提寺静松寺《せいしょうじ》の住持を仲介にして、善光寺の裏山に続く葛山城（長野市）を根拠とする謙信方の落合一族（葛山衆）を内応させた。彼らの根拠地は善光寺から戸隠《とがくし》を経て越後に通ずる道を押さえる要地に位置したので、これによって信玄が謙信に与えた精神的な圧力は大きかった。

八月八日、信玄は真田幸隆に雨飾城《あまかざりじょう》（尼飾城、長野市）を一刻も早く攻略するよう書状で督促したが、間もなく落城させたので、小県から地蔵峠を越えて川中島に出る道を確保した。一方、謙信は弘治二年三月に突然引退の決意を示したが、長尾政景《まさかげ》などの慰留に応じて八月十七日に引退を取り消した。引退をほのめかすことによって家臣団をなだめさせ、越後勢の心を一つにし、統制力を強化したのである。信玄はこの間の越後混乱に乗じて、上杉の旧臣で謙信に反感を抱く箕冠《みかぶり》城（上越市）の大《おお》熊朝秀《くまともひで》を誘って越中に走らせた。また陸奥会津黒川（会津若松市）城主の蘆名盛氏《あしなもりうじ》に属する山内舜通に朝秀を援助させ、越後赤谷（新発田市）の小田切安芸守とともに東方から牽制させた。朝秀は越中口から越後に攻め入ったが、八月二十三日に謙信が派遣した上野家成《うえのいえなり》らに敗れた。

弘治三年、信玄は越後が雪深い間、謙信も兵を動かし難いことを見越して、兵を北信に派遣し、かねて内応者を作っておいた葛山城を攻略させた。二月十五日、ついに葛山城が落城し城主以下がことごとく戦死した。これによって信玄は善光寺平の中心部を手に入れた。謙信方の島津月下斎は長沼城（長野市）から大倉（長野市）に落ち、飯縄社《いいづな》（長野市）も信玄に降り、戸隠社（長野市）の三院の秀虎は越後に逃げた。信玄は三月二十八日に飯縄権現の神主仁科千日に安堵状を出し、武運長久を祈らせた。飯縄信仰は上杉謙信に色濃く出ているが、こうして信玄は宿敵謙信が尊崇する飯縄権現を手中に収め、精神的に戦勝を支える神をさらに増加させた。

信玄の善光寺平進出を知った謙信は、二月十六日に色部勝長《いろべかつなが》に書を送って参陣を促したが動かなかったので、三月十八日と四月二十一日に重ねて出陣を求めた。この間に信玄が飯山城（飯山市）の高梨政頼を攻める態勢を取ったため、政頼から援軍を求められた謙信は三月二十三日、長尾政景に参陣を促した。謙信本人も四月十八日に信濃へ入り、二十一日に善光寺に陣を敷き、武田方の押さえていた山田の要害（上高井郡高山村）や福島（須坂市）を奪い返し、二十五日には敵陣数カ所、根小屋《ねごや》（山城の麓に置かれた兵の居住地域や集落）以下へ放火して、旭山城（長野市）を再興して本営を移した。ついで島津月下斎を鳥屋城（同）に入れ、小川（上水内郡小川村）・鬼無里《きなさ》（長野市）方面に圧力を加えた。

謙信は信玄が一向に出てくる様子を見せない状況で、敵地にそのまま踏み止まっているわけにもいかず、いったん飯山城に後退し、五月十日に小菅山元隆寺《こすげさんがんりゅうじ》（飯山市）へ長文の願文を捧げ、戦勝したならば川中島で寺領を寄進すると誓った。謙信の軍は五月十二日に高坂《こうさか》（上水内郡飯綱町）を攻めて近辺に放火し、翌日、坂木・岩鼻（坂城町）まで攻めたが、戦果をあげられなかった。結局、謙信は信玄と戦うことができず、飯山に引き返して、武田に内通していた市河藤若《いちかわとうわか》を攻めるため、野沢の湯（下高井郡野沢温泉村）へ陣を進めた。

小菅神社奥社（飯山市瑞穂）
謙信が願文を捧げた元隆寺が別当寺だった。

市河氏から援軍を求められた信玄は、上野の倉賀野《くらがの》（群馬県高崎市）の上原与三左衛門に草津道越えでの救援準備を命じ、塩田城（上田市）在城の足軽五百余人を真田幸隆の指揮下に入れて救援させようとしたが、謙信が飯山へ引き返したのでとり止めた。この間に武田軍は意表を突いて七月五日、北安曇郡の小谷《おたり》（小谷村）を攻略した。松本から越後の糸魚川方面に抜ける要衝なので、この地の占領は信玄が謙信を背後から脅かす道を得たことになる。

八月二十九日付の謙信と長尾政景の感状、九月二十日の政景の感状の三通から、八月に上野原で武田・上杉両軍の衝突があったことが知られる（第三回川中島合戦）。上野原の位置については諸説があるが、長野市若槻《わかつき》の上野原とする説が強い。

信玄は一連の戦いを深志城（松本市）で指揮したが、全体としてみれば彼の勢力が善光寺平および戸隠付近を完全に覆った。翌弘治四年（永禄元年、一五五八）、信玄は柏鉢城（上水内郡中条村）・東条城（長野市）・大岡城（同市）などの在番衆を決めた。

最大の合戦を前に

戦国の世の中で、室町幕府の権威は弱くなりつつあった。将軍足利義輝は永禄元年（一五五八）五月、三好長慶・松永久秀などに京都を追われて近江朽木《くつき》（滋賀県高島市）に陣を置いて、戦いを続けていたが、信玄と謙信の和睦をはかり、謙信を上京させて、その力で京都を回復しようと考えた。このために両者に使者を送って和睦の働きかけを行った。

信玄のもとへは聖護院《しょうごいん》門跡道澄《どうちょう》の使僧森坊《もりぼう》が内書を携えて下向してきた。信玄は和睦の条件として信濃守護職補任を望んだようで、これに対する回答として翌永禄二年に瑞林寺《ずいりんじ》が下向し、守護補任の将軍の御内書《ごないしょ》（将軍が発給した書状に近い形式の文書）を持ってきた。信濃守護職は長い間小笠原氏が任ぜられていたが、小笠原長時が信玄のために信濃を追われてから実質的には空職になっていた。当時守護職はほとんど名目だけの役職であったが、信濃の全域支配を目指す信玄にとっては十分に利用価値のある役職だった。

信玄は永禄元年八月、戸隠山中院に願文を捧げ、居を信濃に移そうとして占ったところ、思う通りになる、もし越後勢が軍を動かせば敵は必ず滅亡するなどと出た、として修理料を寄進した。信玄は並々ならぬ決意で信濃を平定しようとしていたのである。

京都では義輝と長慶との間で和約がなり、永禄元年十一月に義輝が帰京した。義輝は永禄二年二月二十日、謙信へ書を送り信玄との和睦同意を賞した。

謙信は永禄二年四月、兵五千を率いて上洛し、将軍義輝と会見しただけでなく、五月一日に参内して正親町《おおぎまち》天皇にも面会した。関白近衛前嗣《このえさきつぐ》とは意気投合し、関東公方に迎える約束までした。これより先の永禄元年より関東管領の上杉憲政《のりまさ》が北条氏に攻められて没落し、越後に逃げ込んで来たので、謙信は彼を世話していた。このため憲政が越後における立場を良くしようと、上杉の姓と関東管領の職を謙信に譲ると申し出ていたので、謙信はこれを幕府に公認してもらおうとした。幕府は謙信の求めを了承し、彼を関東管領に任命した。

謙信は十月に帰国し、関東管領補任を大々的に宣伝したので、十月二十八日には配下の武士たちが祝儀の太刀などを献上して祝福した。十一月十三日に使者が参上した信濃大名衆には村上義清・高梨政頼があり、太刀持参の衆としては栗田・須田・井上・屋代・海野・仁科・望月・市川・河田・清野・島津・保科・西条・東条・真田・根津（禰津）・室賀・綱島・大日向の各氏がいた。北信濃から東信濃にかけての有力者はほとんどその名を見せているが、中には明らかに信玄に属する者もあり、関東管領の権威がなお生き続けていたことがわかる。

信玄と北陸

謙信が半年もの長い間越後を留守にしている間に、信玄は北信濃の大部分を手に入れ、さらに越後へも侵入しようとした。永禄二年（一五五九）五月吉日に信玄は松原諏訪神社（南佐久郡小海町）に願文を納め、信州奥郡（水内郡・高井郡）ならびに越後の境に軍を進めるので、敵城が自落し越後勢が滅亡するようにと祈り、具足一領などを献じた。願文には「釈信玄」と署名されているが、これが信玄と記された現存最古の文書である。なお北杜市の清泰寺には五月二日付の信玄から出された禁制がかつて存在したので、遅くともこの時までには信玄を名乗ったことになる。

武田軍は謙信がまだ帰国しない間に、再度北信から越後に乱入した。将軍義輝は信玄の度重なる軍事行動に使者を派遣して信玄を詰問し、謙信には六月二十六日に御内書を下して、信濃国の諸侍は謙信の命令を聞いて戦闘を停止するようにと命じた。対する信玄は九月一日、小県郡下之郷諏訪社（生《い》島《しま》足《たる》島《しま》神社、上田市）に願文を捧げ、自軍の勝利と謙信の滅亡を祈願した。

京都から春日山に帰った謙信は急いで信濃に出兵しようとしたが、信玄は越中の神保《じんぼ》長職《ながもと》を誘い、謙信がもし信濃に出陣したなら、その背後を突かせる手筈を整えていた。このため、謙信は永禄三年三月に椎名《しいな》康胤《やすたね》を助けて長職を富山城（富山市）、ついで増山城（砺波市）に攻めて追放した。

謙信は永禄三年八月四日に長尾政景へ書を送って春日山城を守らせ、緊急の場合には信濃衆の協力を求めるように指示した上で、上杉憲政・佐竹義昭などの求めによって関東へ出陣した。そして二十五日に長尾源五・柿崎景家などの留守部隊の諸将へ、留守中の掟を定めて春日山の警備を厳重にするよう命じ、信州の情勢に対処するため輪番で警備にあたらせ、高梨政頼へ協力させた。上野国に出陣した謙信は沼田城（群馬県沼田市）を陥れ、厩橋《まやばし》（前橋市）に入った。このため信玄は武蔵の松山（埼玉県東比企郡吉見町）まで進出した北条氏康より、謙信牽制のため信濃への出兵を求められた。これに応じた信玄は九月に信濃に出陣し、佐久郡松原社（小海町）に願文を捧げ、亀蔵《かめくら》城（地名は須坂市にあるが、位置や歴史から、飯山市にある上倉《かみくら》城であろう）が十日以内に「自落退散」するようにと祈願した。

海津城（松代城）**跡**（長野市松代町）
信玄が川中島の根拠地にした。

この頃、信玄は川中島の拠点として海津城《かいづ》（後の松代城、長野市）を築き、高坂昌信《こうさかまさのぶ》に守らせた。確実に信玄の川中島地方における支配は進展していたのである。一方で信玄は、夫人の妹にあたる三条公頼の三女が石山本願寺顕如《けんにょ》の妻である関係を利用して本願寺と連絡を取り、謙信が留守をしている越後を攻撃するように加賀・越中の一向宗門徒に求めた。また十月十七日、越中井波《いなみ》の瑞泉寺《ずいせんじ》（富山県南砺市）の執事上田藤左衛門に書を送り、神保長職とはかって、越後に侵入するように要請した。加賀・能登・越中の一向宗徒が謙信の祖父能景《よしかげ》の仇敵だったため、上杉家（長尾家）では一向宗を禁止しており、信玄はこれに目をつけて彼らと結びつき、謙信の領国に混乱を起こさせようとしたのである。

関東で正月を迎えた謙信は永禄四年二月、直江実綱《なおえさねつな》（永禄七年から景綱《かげつな》）を越後から呼び寄せて兵力を強化し、三月には北条氏の本拠地である小田原城を包囲したが、氏康が城中に籠ったまま出て戦わなかったので、兵を納めて鎌倉に引き上げた。謙信は閏三月十六日、鶴岡八幡宮の社前で関東管領の就任報告と、上杉氏の襲名式を行い、上杉憲政の養子となって上杉氏を称することにし、憲政から「政」の一字を貰って名前を政虎《まさとら》と改めた。関東における自己の正統性をこのような形でアピールしたのである。

信玄は謙信の軍事行動を牽制するために、北信の武士を海津城に集めた。そして氏康の求めに応じて援軍を小田原に送るとともに、四月には碓氷峠を越えて上野松井田（碓氷郡松井田町→平成十八年三月より安中市）に陣を進め、借宿に放火などして攪乱工作を行った。

信玄・謙信一騎打ちの像
（長野市小島田町・川中島古戦場）

血で血を洗う死闘

川中島の合戦と聞くと、多くの人が謙信と信玄の一騎打ちを想起する。実際にはそのようなことはなかったのであるが、戦国大名の代表ともいえる二人、しかも一見するとまったく性格の異なりそうな両人が直接対決する配役の妙と、どちらにとっても危うく一方的な敗戦を喫しそうになりながら、何とか持ち堪《こた》え、はっきり勝敗がつかない形で戦争が終ったことなどが、多くの人をこの戦いに引きつけている。この戦いをしなかったら、どちらかが天下を握っていたのではないかと想像する人も多い。このような川中島合戦をイメージさせる、有名な川中島合戦が永禄四年に行われた第四回目の戦いである。

永禄四年六月下旬、謙信が関東から越後に帰った。彼はその後、陸奥会津の蘆名盛氏《あしなもりうじ》、出羽の大宝《だいほう》寺義増《じよします》に援軍を求め、八月二十九日に長尾政景を留守大将にして春日山城を守らせ、大軍を率いて信濃に出陣した。一方、信玄は越後勢が信濃に入ったとの情報に接し、海津城（長野市）救援のために大軍を率いて北信濃に出陣した。

この結果、九月十日に両軍が川中島で激突した。武田勢が海津城を拠点としていたので、上杉勢は妻女山《さいじょざん》（長野市）に陣を取った。これを見た武田軍は軍勢を二手に分け、一隊に妻女山へ夜襲をかけさせ、信玄の本隊が八幡原《はちまんばら》（長野市）で追われてくる越後軍を待ち受けようとした。武田軍の動きを察知した謙信は、全軍に闇に紛れて山を下らせ、九月十日の早朝に千曲川を渡って八幡原に向かい、ここで両軍が激突した。武田軍は最初苦戦したが、妻女山に向かった一軍が駆け付け、側面から上杉軍を攻撃し、ついに上杉勢を撤退させた。武田方ではこの戦いで信玄の弟の信繁が戦死し、両角虎《もろずみとら》光《みつ》・初鹿野《はじかの》源五郎・油川彦三郎・三枝新十郎など、有名な武将も多く戦死した。

謙信は九月十三日にこの戦いで軍功をあげた者へ、俗に血染めの感状と呼ばれる判物を与えた。感状には戦功を感謝し、親族や被官人の犠牲によって、凶徒数千騎を討ち取り大勝した、この名誉と忠節は一生忘れないなどと記されているが、あくまでも戦功を褒め讃えるだけで、恩賞としての物質的裏付けがなされていない。

これに対して、信玄が十月十一日に土屋豊前守にあてた感状では、型通りの文言とともに、本来は謙信の勢力範囲の水内郡和田（長野市東和田・西和田）・長池（同南長池・北長池）で二百貫の地を与えると、具体的な所領の宛行がなされている。戦った場所よりも北部において知行が与えられており、実質的な勝利は信玄にあったといえよう。

炊事の煙について

この合戦で上杉謙信が武田軍が夜襲をしてくると察したのは炊事の煙だという。元禄十一年（一六九八）に駒谷散人《こまがや》が上杉謙信の行状・戦記を中心に著した『北越軍談』には、「九日の晩景、景虎公宇佐神人入道定行《さだゆき》・宇野左馬助親朝《ちかとも》を倶《ぐ》せられ、密《ひそか》に西条村え打出、海津の城中を伺見し玉ふ処に、兵粮を炊《かし》ぐの煙雲に和して、陣々の色亦夥《おびただ》し、宇佐神・宇野看得して、『甲兵既に戦を促し申す』と云々、公則ち本所に帰玉ひ、侍大将等を召て仰られて曰《いわく》、『敵明旦《みょうたん》働を懸んと欲す』」などとある。

現代の自衛隊においては食事を用意するために専門の部隊が編成されており、物資輸送や武器の整備などにもそれぞれ独自の部署が定められている。したがって、立ち上がる煙の量が急激に増えたかと、翌日の部隊の動きを察することはできない。『北越軍談』や巷説の通りだとすると、武田軍はそれぞれが食事の用意をしていたことになる。兵士は独自に食料を持参し、燃料を用意し、翌日の食事を準備していたのである。

このことは武田氏の定めた軍役定からもいえる。たとえば、永禄五年（一五六二）十月十日に大井高政にあてた文書は次のようになっている。

（竜朱印）
定

四十五人　具足

この内信国刀差し添え

一、鑓《やり》　三十本

付、この内五本、在府について赦免

一、弓　五張

一、持鑓　弐丁

一、鉄放(砲)　壱丁

一、甲持　一人

一、小幡持　一人

一、差物持　一人

一、手明《てあき》　四人

已上四十五人

右この如く召し連れ、軍役を勤めらるべきものなり、仍って件の如し

壬戌(永禄五年)

十月十日

大井左馬允(高政)

(「武州文書」)

つまり、大井高政は信玄に把握された彼の所領の大きさに従って、最低これだけの人員と武器を用

意しなければならなかった。武器は武田家から支給されるのではなく、軍役衆が自ら準備した。それは従軍に際しての食料も同じだったのである。

食事や武器までを自分で負担しなければならないとすれば軍役衆の負担が重いことになるが、換言するとそれだけ軍役衆の独立性が強かったわけで、信玄にとって独立性の強い武士たちをいかにして支配するかが常に大きな課題だったのである。

飯山城をめぐって

永禄四年の川中島合戦から二カ月後の十一月二日、信玄は北条氏康を助けるために、戦勝を佐久郡松原社（小海町）に祈願し、上野に出兵して上杉方の倉賀野城（群馬県高崎市）を攻めた。一方の謙信は下総古河城（茨城県古河市）に滞在していた近衛前久《さきひさ》の求めに応じて関東に出陣し、武田・北条の連合軍と戦って越年した。この間の永禄四年の年末頃、将軍義輝から「輝」の偏諱《へんき》を受け、上杉政虎は名を輝虎《てるとら》と改めた。その後、武田軍は越後に侵入する構えを見せて牽制したので、謙信も三月に関東から越後に引き上げた。

永禄五年秋、信玄は西上野の諸城を攻め、九月に信濃に帰り、十一月に北条氏康とともに上野・武蔵の上杉方の城を攻略し、松山城を包囲した。これを救うために謙信も出陣したが、武田軍は松山城（埼玉県吉見町）を永禄六年二月に落城させた。

これより先、古河公方足利晴氏《はるうじ》の子供の足利藤氏《ふじうじ》は、永禄四年関東管領になった謙信を後ろ盾に古河城に入ったが、北条氏康のために城を追われ、里見義堯《さとみよしたか》のもとに身を寄せていた。そこで謙信は上野沼田（群馬県沼田市）から進んで古河城を奪い返して藤氏を帰住させ、北条氏に味方する佐野昌綱《さのまさつな》を下野佐野城（栃木県佐野市）に攻めた。

武田軍はこの間に飯山城を攻め、さらに越後に侵入しようとした。しかし、雪解けのために犀川の水が増水して川を渡ることができなかったので、国中の人夫を動員し、永禄六年四月四日より飯縄山麓に軍用道路を作らせた。信玄は十二日に越後への出兵を予定していたが、十日になって謙信が佐野の囲みを解除して退散したとの情報が入ったため、軍を動かすことを延期した。謙信は四月二十日に上倉下総守等の飯山口の備えの失態を諫め、警戒を厳重にさせた上で、六月に越後に帰った。

飯山城跡（飯山市飯山）上杉謙信の砦となった。

同年十二月、武田・北条の連合軍は、またしても上野の上杉方に属する諸城を攻めた。これに対応するため謙信も関東に出陣し、翌永禄七年四月上旬まで各地を転戦した。

永禄七年、信玄は密使を会津黒川（福島県会津美里町）の蘆名盛氏のもとに派遣して、盛氏を誘って北から越後に侵入させ、自分は川中島方面から春日山城を攻撃して、北と南から越後を挟み撃ちする計画を立てた。この作戦の一環として三月十八日、信玄は信濃と越後の国境に近い野尻城（上水内郡信濃村）を攻略し、越後領内に乱入して村々を焼き払った。一方、盛氏は四月に軍を派遣して、越後菅名庄《すがなのしょう》（新潟県五泉市付近）に侵入させたが、慌てて帰国した謙信の軍に敗れた。また野尻城も奪回されたため、信玄の計画は失敗に終った。この頃、飛驒国では桜洞城《さくらぼら》（岐阜県下呂市）の三木良親《みつきよしより》が高堂城《たかどう》（飛驒市国府町）の広瀬宗城《むねなり》と争っていたが、諏訪城（飛驒市神岡町）の江馬時盛《えまときもり》は宗城を支援し、両人で信玄に援助を求めた。これに対して良親は時盛の子の輝盛《てるもり》と手を結んで謙信を頼った。信玄は飯富昌景《おぶまさかげ》を派遣して宗城らを助けたが、信玄の勢力が飛驒に及ぶようになれば、やがて越中までが狙われ、背後から越後が突かれる危険も出てくるため、謙信は越中の武士たちに良親らを援助させた。こうした中で、飛驒において裏で糸を引く信玄と戦うため、謙信は川中島に出陣することを決心した。

謙信は七月下旬に春日山を出発し、二十九日に善光寺に着いた。八月一日、願文を更級八幡社（千曲市）に納めて信玄の撃滅を祈り、三日に犀川を渡って川中島に陣を張った。翌日、謙信は書状を常陸の佐竹義昭に送り、自分の川中島出陣を伝え、義昭にも武蔵・上野境に出兵して北条氏康の軍を牽制して欲しいと依頼した。

信玄は軍を深志方面から軍勢を北上させて塩崎（長野市）に出たが、既に信濃に勢力を扶植していただけに、危険を犯してまで謙信と戦おうとはしなかった。謙信としても川中島の地が既に信玄の支配地になっていたため、無理な攻撃を加えることはできなかった。

こうして両者の対陣は前後六十日にも及んだ（第五回川中島合戦）。そのうちに謙信のもとへ、関東で下野佐野の佐野昌綱が、またまた謙信に反旗を翻して北条氏康に通じたという知らせが入ったので、謙信は飯山城を修築し、目付《めつけ》を置いて信玄の軍に備えさせ、自分は十月一日に春日山城に帰った。

以後、信玄と謙信が激しく戦うことはなかった。

実質的には勝利した信玄

川中島合戦を通じて、信玄の勢力は次第に北信濃にまで及ぶようになった。実質的な川中島合戦の勝者は間違いなく信玄であった。なぜ信玄は謙信より優位に立てたのであろうか。

信玄は戦争のつど、海津城や長沼城（ともに長野市）などの城を築きながら、戦争に備えるとともに領域支配を推し進めた。いわば信玄の戦いは陣地・城を築きながら、支配域を拡大させていこうというものであった。これに対し、謙信は地域支配のための陣地を築くことをほとんどしていない。このため直接的な個々の戦いでは信玄より強いものの、勝利が一過性で領域を支配していこうとする努力が弱い。

信玄は謙信が信濃に出馬して来ると直接的な合戦を避けるため、一時的には謙信が有利なように見えるが、謙信が越後に帰ると彼の支配領域が、信玄によってこれまで以上に北に押しやられていた。兵員を損なうことなく領域支配を行い、そこから利益を得ようとする信玄と、戦争そのものの勝敗に力を注いだ謙信との政治的な意識の差が、このような結果を生じさせたものであろう。

戦いのさなかの善光寺の取り合いについても、謙信が個人的な信仰のために善光寺を手に入れようとし、仏像の一部を越後に運んだのに対し、信玄の場合は信仰以上に領国統治の手段に利用しようとして甲府に善光寺を移転させた。

こうしてみると謙信は戦争そのものに重きを置いた少し古いタイプの戦国大名であり、対する信玄は統治に重きを置いた少し新しいタイプの戦国大名だといえるのではないだろうか。

信玄の謙信評

『甲陽軍鑑』によれば信玄は死の直前、死後のことを家臣へいろいろ申し付けたというが、その中で、「勝頼弓箭《ゆみや》の取りよう、輝虎と無事を仕り候え。信玄はたけき武士なれば、四郎若き者に、小目（苦しい目）みをすることあるまじく候。その上申し、相手より頼むとさえ言えば、首尾違《たが》うまじく候。信玄大人げなく輝虎を頼むと言うこと申さず候故、終に無事になること無し。必ず勝頼は、謙信を執して頼むと申すべく候。左様に申して苦しからざる謙信なり」（品第三十九）と述べたという。これが事実かどうかは疑問であるが、信玄が長らく敵対してきた謙信を、その戦いを通じて深く信頼していた可能性を伝えていよう。

信玄が没してから四年後の天正四年（一五七六）十月十五日、甲州の教雅《きょうが》という僧侶が越後上条談義所（長福寺）空陀《くうだ》法印に書状を送った。その中に、「一、その国の太守謙信、おおかた太刀においては、日本無双の名大将にて御入り候由、信玄入道時々刻々愚拙へ物語にて候き」（「歴代古案」）とある。信玄が死んでから時がたち、しかも謙信側の人間にあてた書状ということで、記載された内容がそのままかどうかは疑問があるが、信玄が謙信を高く評価していた一端が窺われる。

川中島合戦を通じて命のやりとりをしながら、信玄と謙信は案外似たような者同士だと感じていたのかもしれない。

4　嫡子押し込めと後継者

信玄の妻妾

信玄が最初に結婚したのは天文二年（一六三三）で、相手は関東管領上杉氏の一族である扇谷《おうぎがやつ》上杉朝興《ともおき》の娘だった。当時信虎は川越城（埼玉県川越市）の上杉朝興と結んで北条氏綱と戦っていたので、朝興が同盟を強固にするため享禄三年（一五三〇）に叔母で上杉憲房の未亡人を信虎の側室にさせ、さらに娘を差し出したのである。この結婚は朝興が立場をよくしたいと望んだ政略結婚であったが、彼女は翌年十一月に懐胎し、死去した。

信玄二度目の結婚は天文五年七月で、今川義元の斡旋により三条公頼《きんより》の次女を妻とした。彼女は信玄と同じ年齢で、姉が室町幕府の管領細川晴元の夫人、妹が本願寺顕如光佐《けんにょこうさ》の夫人であった。したがって、三条家および三条夫人は信虎や信玄と京都方面を結ぶ役割を期待されて結婚相手とされたのである。この結婚も明らかに政治的意図によるものであった。三条夫人は長男の義信、次男の竜芳《りゅうほう》、北条氏政夫人などを産み、元亀元年（一五七〇）七月二十八日に亡くなった。

信玄には三人の側室があった。その一人が諏訪御料人で、信濃諏訪郡の領主である諏訪頼重の娘として生まれた。父は天文十一年に信玄の攻撃を受けて没落し、七月に切腹させられている。敵の大将の側室にさせられ、天文十五年に勝頼を生んで、弘治元年（一五五五）十一月六日に死去した。信玄としては諏訪支配のために諏訪氏の血統が重要だと判断し、彼女を通じて諏訪氏の血のつながりを期待したのであろう。その結果として生まれた勝頼は諏訪四郎と称し、武田家の通字である「信」を用いずに、諏訪氏の通字である「頼」を名前の中に入れたのである。実際、彼は信玄の後継者としての地位を得るまで諏訪、高遠地域の領主であった。

五男の盛信《もりのぶ》や六男の信貞《のぶさだ》などを産んだのは甲斐の国人の油川《あぶらかわ》氏である。彼女は享禄元年（一五二八）の生まれで、元亀二年（一五七一）に死去した。

七男の信清《のぶきよ》の母は信濃の禰津元直の娘で、天文十一年十二月十五日に嫁いできて、永禄六年（一五六三）に信清を産んだ。

このように信玄の結婚は極めて政治性が強く、統治の手段として利用された。しかし、これも当時としては当たり前のことで、現代人の恋愛観を前提とする結婚観で戦国時代を判断することは慎まねばならない。信玄がこの女性では駄目だといったところで、家の格と年齢などから父親が決めた相手と結婚するしかなかったのである。愛妾については信玄の自由がきくとはいうものの、これもまた一種の政治的な手段であった。

嫡男義信

信玄の嫡男である太郎義信は、天文七年（一五三八）に生まれた。嫡男で母が公家の三条公頼の次女であるという血統のよさから、信玄のみならず世間一般も彼を武田家の後継者とみなしていた。元服したのは天文十九年十二月七日で、二年後の天文二十一年正月八日に具足召し始めがなされ、四月二十七日に御屋《おや》移りを行った。

義信が御屋移りしたのは今川義元の娘との結婚のためで、八月二十三日に義信が住む西の御座所

（躑躅ヶ崎の館の西曲輪、現在藤村《ふじむら》記念館が建っている場所）建設が始まった。義元の娘は十一月二十二日に駿府を出て二十七日に甲府へ着いた。この結婚について『勝山記』は、「甲州の一家国人のきらめ（煌）き言説に及ばず候（中略）。両国喜び大慶は後代にある間敷候」と記している。戦国大名同士の婚姻は国同士の結婚として意識されていたのである。この間の天文二十二年正月二十八日、信玄が親子で信濃に出兵することを佐久郡内山城代の小山田昌辰に連絡しており、軍事的にも義信は嫡男として重要な位置を占めるようになった。

　天文二十二年七月、彼は将軍義藤《よしふじ》（後に改名して義輝《よしてる》）の偏諱を与えられ義信と名乗り、翌年八月には十七歳で初陣し、信玄にしたがって信濃伊那郡の平定にあたった。弘治二年（一五五六）には足利義輝より三管領に準じられた。弘治三年十二月二十八日に義信は父と連名で、向嶽寺《こうがくじ》（甲州市）塔頭《たっちゅう》の東陽軒の淵才茂《えんさいも》庵主に判物を出した。

　このように義信は姻戚関係のみならず、名前や地位からも、武田家の次期当主としての格付けをされ、着実に信玄の後継者としての道を歩んでいた。

義信謀叛

　その後、信玄は義信を甲府の東光寺に幽閉した。この当時の記録で記載があっても良いはずの『塩山向嶽禅庵小年代記』や『王代記』も全く義信関係のことに触れていない。これが逆に信玄と義信の亀裂の深さを示し、当時の甲斐では語ってはいけなかったことを示しているように感じさせる。

『甲陽軍鑑』は両人の仲が悪くなった理由として、永禄四年（一五六一）の川中島合戦で義信が上杉軍を支え切れなかったのを信玄が誹《そし》ったこと、永禄五年六月に信玄が勝頼を諏訪氏の跡目として安倍勝宝《かつとみ》や秋山信友《あきやまのぶとも》などを付けて、信州伊那郡の郡代として高遠に置いたのを義信が恨んだことを挙げている。しかし、川中島合戦以後も父子で合戦に参加しており、これだけを原因にすることはできない。また、義信によるねたみについては信虎が信玄の弟の信繁を重視したことに対比させて記しており、特筆すべきこととは思われない。

父子が対立した原因として一般に指摘されるのは、政治的な立場の差である。永禄三年の桶狭間《おけはざま》の戦いで義元が戦死して今川家が弱体化したので、信玄は駿河を奪取しようとしたが、氏真の妹婿である義信が反対した。また、義信は父が義元の仇敵である織田信長の養女を勝頼の妻に迎えようとしたことにも反発した。この政治的なギャップが親子の不和の元だというのである。また、上野晴朗氏は家臣団の抗争を挙げている。

信玄父子対立の経過は他に史料がないため『甲陽軍鑑』に頼るしかない。それによれば永禄五年八月二十日に信玄が使いを立てて義信に意を伝え、両者の仲が悪くなったので、翌年の二月に信州竜雲寺《りゅううんじ》（佐久市）の北高《ほっこう》和尚と甲州大善寺《だいぜんじ》（甲州市）の高天《こうてん》和尚が、親子関係の修復を試みたが成功しなかった。こうした中で義信は長坂虎房（後の釣閑斎光堅《ちょうかんさいこうけん》）の子息の長坂源五郎と悪事をたくらみ、飯富虎昌を頼んで謀叛の企てを行った。永禄七年七月十五日の夜、義信は灯籠の見物があると長坂源五郎と曾根周防守を供にして飯富虎昌のところへ行き談合し、午前二時頃にいかにも隠密の体で帰った。これを御目付の坂本豊兵衛と横目の荻原豊前守が見て十六日の朝、信玄に注進した。さらに飯富虎昌の弟である昌景は、信玄に謀叛の証拠となる義信自筆の飯富虎昌あて書状を見せた。謀叛を恐れた信玄は、この年の秋冬と方々の境目にそれぞれ加勢をしたが、自らは出陣しなかった。一方で臨済宗・曹洞宗・天台宗・真言宗の智者たちが信玄と義信の和解を取り持ったが、仲直りはならなかった。

永禄八年正月、信玄は義信の背後にいた飯富虎昌を、若気で恨みもない義信が信玄に逆心を企てたのは、彼が談合相手になったからであるなどの五カ条を理由に成敗した。義信は二十八歳になっており、本来なら成敗されるべきであったが、信玄の慈悲によって籠舎となった。

武田義信の墓（甲府市・東光寺境内）

永禄八年十月二十三日に信玄が小幡源五郎にあてた書状には、「飯富兵部《(虎昌)》少輔所行を以て、信玄・義信の間相妨たぐべき隠謀露見候条、即ち生害を加え候、父子間の事は、元来別条無く候、心易かるべく候」（「尊経閣古文書纂」）とある。これにより、信玄と義信の関係が悪くなっていたことは相当広く知れ渡っており、その背後に飯富虎昌がいたといえる。彼の陰謀が露見したとして信玄は成敗したが、この段階では義信と信玄の関係はまだ修復できる状態だったようである。

結局、義信は永禄十年十月十九日に三十歳で自害した。法名は東光寺殿籌山良公《ちゅうざんりょうこう》大禅定門である。この内「籌」の字には謀の意味もあるので、道号に義信の謀叛がこめられていた可能性があるとされる。その後、謀叛に関係した長坂源五郎や曾根周防守も成敗された。この外義信の衆八十騎余りを成敗し、他の者は他国に追い払った。

飯富虎昌の三百騎の同心・被官は、弟の昌景に五十騎を預けた。昌景は名字を変え山県《やまがた》となった。飯富虎昌の残りの人数の内百騎は於曾氏に預け、於曾の名字を板垣と変えさせた。百騎は跡部《あとべ》勝資《かつすけ》に預け、五十騎は信玄の弟である逍遙軒《しょうようけん》に進ぜられた。

『甲陽軍鑑』の記載からすると、義信は優秀な人物で、信玄も自らの後継者として彼に期待し、世間に対してもそれを示したようである。このため義信につき従う者は少なくなく、『甲陽軍鑑』によれば永禄四年で旗本五十騎、雑兵四百余の直臣を持っていた。

義信と家臣たち

永禄八年六月吉日付の『甲州二宮造立帳』には義信を筆頭にして関係者と思われる者たちの奉納状況が記されているが、その記載からすると義信には武田一族や古くからの武田家家臣が従っていたようである。いわば次の武田家当主として義信は着実に勢力を固めつつあった。また、このような書類が残っていることから、この時期にはまだ謀叛が発覚していなかったのであろう。

事件の首謀者とされる飯富虎昌は譜代家老衆で、三百騎の家臣を持つ大身であった。信虎・信玄の二代にわたって代表的な宿老として武田家をリードした。信玄の家督相続に際しては、板垣信方とともに中心的な役割を果たしたとされている。その後、天文十七年の上田原合戦で信玄を補佐する最高役割の両職を勤めていた板垣信方と甘利《あまり》虎泰《とらやす》が戦死すると、いわば筆頭家老としての重責を担っていた。

ところで、義信と信玄では従っていた家臣にどのような差があるのだろうか。義信の場合、信昌・信虎時代からの古い家臣が多い。これに対して信玄の側には信玄個人との関係で従う者が多数いるように感ずる。

義信の下に集まった家臣は武田家譜代の家臣が多く、信虎を追い出した経験を持ち、自分たちにとって不都合ならいつでも主君を変えることができると考えていたようである。彼らからすれば、信虎を追放して軍役の負担を少なくし、武田家からの干渉を弱め、武田家の権力を弱くして自分たちの力を大きくしようとして、信玄を登場させたにもかかわらず、意図と全く逆に、軍役の負担が増大し、自分たちの力が相対的に弱まって、武田家が突出してきた。それゆえ、旧来の流れを引く飯富虎昌が中心になって、信虎を追放したのと同じように、信玄に替えるために新たに義信を押し立てようとしたのではないだろうか。

信玄の対応

信玄は自分が家臣たちから担ぎ出され、父を追い出した経験があるだけに、こうした動きに敏感だった。特に義信担ぎ出しの背後に、自分を擁立した飯富虎昌がいることにより、自分が父親にしたのと同じ結果になる可能性が大きい。しかも、義信の夫人は自分が父を追い出した先である今川義元の娘なので、信玄は義信に自分の行ったことの影を見たのではないだろうか。加えて自分と息子との間で今川氏に対する政策の不一致も生じてきた。

こうした中で、信玄に心酔して個人的なつながりを重視する飯富昌景などから、家臣団の中で義信擁立の動きがあるとの情報を得て、先手を打って飯富虎昌や長坂源五郎を成敗し、義信を幽閉したと私は推測する。飯富昌景としては、こうすることにより兄を越えて、家督を継ぐことも可能になる。また、信玄は信虎よりも慕われていたが故に、このように情報を流したり、彼を支える人がいたのである。そして支持する人たちの存在こそが、義信を幽閉した理由付けになっていよう。

戦国時代から江戸初期の政治や社会の動向を記した『当代記』には、「先年信玄の嫡男、武田太郎幸信《（義信）》をも生害しき、その故は幸信父を討ち家督を取るべきの由陰謀のところ、信玄これを聞き、遮《さえぎ》って幸信を籠舎に行い、ついに鴆毒《ちんどく》をもって相果てられ」とあるが、この記載が事実に近いのではないだろうか。

信玄は義信の死ぬ二カ月前の永禄十年八月、甲斐・信濃・上野の武士たち約二百四十名から、信玄に対して二心のない旨の起請文を差し出させ、信州小県郡下之郷《しものごう》大明神（生島足島《いくしまたるしま》神社、上田市）に納めた。これは義信事件への対処であり、動揺した家臣団を信玄に引きつけておくためであった。これだけ多数の家臣団から起請文を取らねばならなかったところに、義信事件がいかに裾が広く、家臣たちが大きな動揺を見せていたかが明示されている。

おそらく、家臣たち以上に信玄の心の揺らぎは大きかったであろう。義信に死を迫ってからわずか六年後、信玄もまたこの世を去った。歴史に「もしも」ということは禁物であるが、信玄が残る命が六年しかないと知っていたら、信玄は義信を殺したであろうか。それとも、すべてを知った上で謀叛を受け入れたであろうか。私には後者の可能性が高いように思われる。

生島足島神社（上田市下之郷）

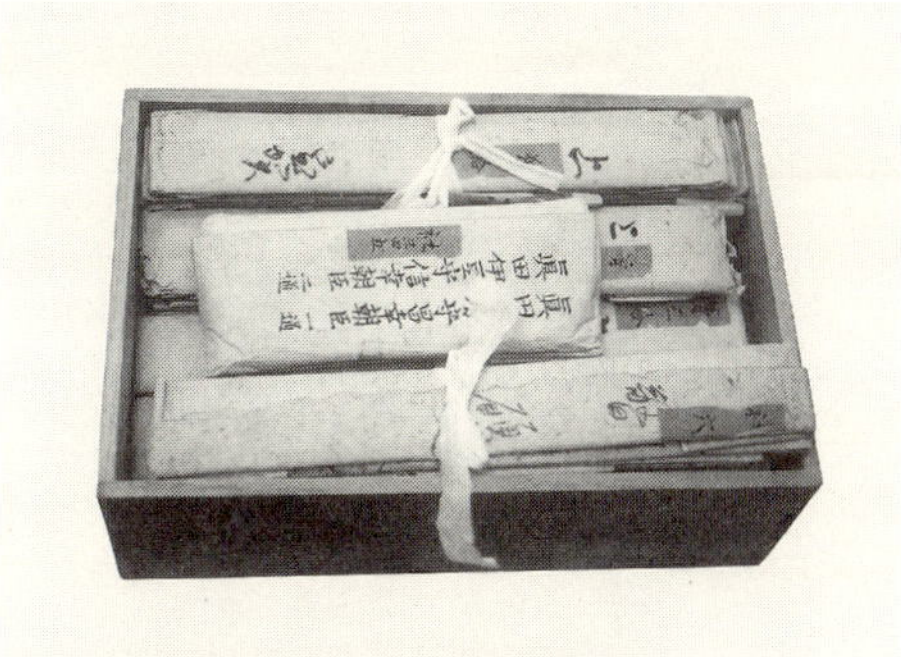

武田家の家臣団が生島足島神社に捧げた起請文
（生島足島神社蔵）

義信を廃した後、武田家を継いだのは勝頼であるが、信玄と彼の関係はいかなるものであったのだろうか。

勝頼が後継者に

勝頼は諏訪頼重の娘を母に、天文十五年（一五四六）に信玄の四男として生まれた。彼の名前について『甲陽軍鑑』は、頼重の跡目を継ぐために武田家相伝の「信」でなくて、諏訪氏の通字の「頼」の字が用いられたとしている。信玄は次男の竜芳に海野《うんの》を称させ、五郎盛信《もりのぶ》を仁科《にしな》氏の養子にしてお

高遠城跡（長野県上伊那郡高遠町）
勝頼が城主となった。

り、名門の名跡を血縁者に継がせて領国統治を安定させようとしたが、勝頼も同様の意図で諏訪氏を継がせたのであろう。

勝頼は永禄五年（一五六二）に阿部五郎左衛門（勝宝）など八人を付せられて、頼重の跡目として伊那郡代になり、高遠城主になったとされる。しかしこれ以前の経歴については全く知られていない。『甲陽軍鑑』によると、彼の初陣は永禄六年、十八歳の時であった。

永禄七年十一月、勝頼は小野神社（長野県塩尻市）に梵鐘を寄進したが、その銘には「郡主神勝頼」「諏方《すわ》四郎神勝頼」などとあり、彼がこの時期に伊那郡の郡主として、諏訪氏（神氏）の意識を強く持っていたことが示されている。

信玄は嫡男義信を幽閉したとされる永禄八年頃、後継者として義信以外の者を考えなくてはならなくなった。その場合、次男の竜芳は盲目の上に海野民部丞《みんぶのじょう》の養子になっており、三男の信之《のぶゆき》は早世したために、頼りになるのは勝頼だけだった。『甲陽軍鑑』によれば、永禄八年九月九日に織田信長から信玄のもとに、勝頼へ信長の養女を嫁がせたいと使者が来て、十一月十三日に伊那の高遠へ嫁入りがあった。相手の家柄からしてこの結婚は勝頼の武田家相続への布石といえよう。同じ永禄八年十一月に信玄は俗に信玄十一軸と呼ばれる判物で、諏訪社の神事再興を命じた。これは武田氏が諏訪社の神事を司ることによって、勝頼が諏訪氏でなくなっても神事を行うと諏訪明神に示し、勝頼を武田氏の跡継ぎにする了解を神に求めた手段だったともいえよう。

勝頼の立場

武田家の中での勝頼の地位が確定するにしたがって、彼自身の軍事力も大きくなった。『甲陽軍鑑』の「武田法性院信玄公御代惣人数之事」は、永禄十年前後の状況を伝え、おおむね信頼のおける記事とされる。その最初に出る親族衆では、武田典厩《てんきゅう》（信玄の弟の信繁）二百騎、逍遙軒（信玄の弟信廉《のぶかど》）八十騎の次に、勝頼公二百騎とある。勝頼は直属の武士を二百騎も従え、武田氏の軍事力の中枢に位置するようになったのである。これに応じるように、武田軍が永禄十二年に北条氏照《うじてる》の居城滝山《たきやま》城（東京都八王子市）へ押し寄せた時、信玄は勝頼を大将分にして攻撃させた。勝頼は同年十月六日の相模国三増《みませ》峠合戦、十二月六日の駿河蒲原《かんばら》城（庵原郡蒲原町）攻め、翌永禄十三年正月の駿河花沢城（焼津市）攻めにおいても大いに活躍している。さらに同年四月二十八日に上杉謙信が信濃の長沼城（長野市）を攻めた時、勝頼は伊那から出撃してこれを抑えたという。

こうして義信の死後、勝頼は武田家相続者の地位を確定し、信玄の片腕となって軍事的にも後継者としての実質を見せるようになったのである。

信玄が亡くなるのは元亀四年（一五七三）四月十二日であるが、『甲陽軍鑑』が永禄十一年に発病したとしており、病気は以前から確実に進行していた。永禄十三年の北条氏康の没後、家臣たちが小田

武田勝頼（高野山持明院蔵）

原（小田原市）攻めを主張したのに、信玄は「皆の意見ではあるが、三年先の辰年に板坂法《いたざかほう》印《いん》が我が脈を取って、大事の煩いであるといったように、それ以来次第に気力が衰えて、心地よいことがまれである。このような状態なので十年も生きていられないだろう」と反対したという（品第三十七）。

信玄が永禄十一年に病を自覚していたのなら、後継者問題をはっきりさせ、政権委譲の速度を増さねばならなかった。公的に勝頼へ政権を譲るためには、高遠の城主である彼を甲府に呼び寄せ、身近において後を託す用意をしなくてはならない。勝頼が高遠から甲府へ移ったのは、元亀二年（一五七一）の二月から三月頃とされる。前年の四月十日、信玄は将軍足利義昭の近臣一色藤長《いっしきふじなが》に、駿州山西において義昭へ京着万疋《きょうちゃくまんびき》の御料所《ごりょうしょ》（京都に着く収入で一年間に万疋分の土地）、藤長へ五千疋の所を進上すると約束した上で、「愚息四郎官途《かんと》ならびに御一字の事」（『玉英堂古書目録』一一四号）を願っている。信玄はこれによって勝頼の名前を変え、官途（官吏の職務または地位）を得て正式に武田家を継がそうとしたのであろう。

甲府に移った勝頼は対外交渉でも前面に出るようになり、外交上の手紙を出したりして、信玄の後継者であることを明示しはじめた。こうした武田家の動きに応じるように、元亀三年正月十四日、大坂の顕如は信玄と勝頼のそれぞれに太刀や黄金などを送った。勝頼は顕如に武田家第二の実力者で、信玄の跡を継ぐ者として意識されたのである。また同年十月一日に信玄と勝頼は連名で越中の勝興寺《しょうこうじ》（富山県高岡市）に書状を出している。

この頃から勝頼は単独でも、領国全体の支配に関わる文書を出すようになった。また、甲府に住んでからは信玄の代わりとして軍の先頭に立つことも多くなった。信玄は元亀三年十月から最後の作戦である西上の軍を動かしたが、この時勝頼は副大将の役割を担っていた。そして信玄が目的を達せずに病没をすると、彼が武田家を担うことになったのである。

宿題は勝頼へ

『甲陽軍鑑』は勝頼の武田家の相続について次のように記している。

永禄十年（一五六七）に義信が自害してからは、信玄の跡を継ぐべき惣領がいなくなった。けれどもその年に誕生した勝頼の嫡子を信玄の養子とし、吉田左近を使者にして太郎信勝《のぶかつ》と名づけ、武田の主が持つ行平《ゆきひら》の太刀、左文字の刀を譲り、武田家二十八代目と定めた。そして、信勝の陣代に勝頼を位置づけた（品第四十下）。

右がよく知られている信勝が当主になるべき人物で、勝頼はこの間をつなぐ一時的な代わりだという説である。しかし、既に見てきた経過からすると、信玄は正式に勝頼への家督相続を考えていた。ただし、それを本格化させたのが元亀二年（一五七一）で、没年までわずか二年しかなかったために、政権の委譲がうまく行かなかったのである。

『甲陽軍鑑』の説が出てくる背景として、勝頼がそれまで領国全体の統治にほとんど関わらなかったことを挙げうる。これは信玄自身が父の信虎を追い出し、義信によって謀叛を起こされた経緯から、意図的に勝頼への政権委譲を遅らせていたためではなかろうか。そうでなければ元亀二年以前に勝頼を甲府に呼び寄せ、政権の分担をさせていたはずである。とするなら、信玄にとって天文十年（一五四一）に行った父の追放は、人生の最後まで自身の行動の足かせとなり、武田家の将来にも尾を引いたことになる。

信玄の採った後継者策は、勝頼が政権を引き継いだ時に大きな課題を残した。武田家の家臣の中には信玄個人に従う意識の強い者と、武田という家に仕えている意識の強い者とがあった。一方で勝頼は永禄五年から元亀二年まで、十年にわたって高遠城主として独自の家臣団を形成してきた。それが甲府に移ってから、わずかに二年で家督を継ぐことになった。いうならば、独自の家臣団を持った高遠領主の諏訪家が武田家を相続したのである。この三種類の家臣団の間で軋轢《あつれき》が生じ、特に信玄のもとにあった家臣団と、勝頼とともに入ってきた家臣団の間の反目が強くなった。これがために『甲陽軍鑑』に見られる、古くからの家臣と新しい家臣との間の抗争が生じ、勝頼の家臣団統制が困難になったと推察される。

家臣団の不一致という勝頼の代の武田家の滅亡の遠因を、信玄自身が作っていたかもしれないのである。

第三章　戦いの中に死す

1　上野の侵略

信玄は天文十五年（一五四六）に内山城（佐久市）、翌年には志賀城（同）を陥れて信濃佐久郡を平定したので、信濃と上野の国境にあたる内山峠や十石峠《じゅっこく》などを通って上野に進出できるルートが確保できた。

上野侵略

天文二十一年、駿河の今川義元の娘が信玄の長男義信に縁付き、翌年には信玄の娘と相模の北条氏康の子氏政との間でも婚約が成立し、天文二十三年十二月に輿入れした。翌年七月には氏康の娘が今川氏真のもとへ嫁ぎ、甲・駿・相の三国同盟が成立した。これによって信玄は背後の心配が消え、信濃（川中島合戦）さらには西上野へと心おきなく侵略することが可能になった。

一方、謙信は天文二十一年正月、北条氏康の圧迫に耐えかねた上杉憲政から保護を求められ、関東

軽井沢峠から見た群馬県側

の制圧を志した。とりわけ永禄二年（一五五九）に上京して、将軍の足利義輝から関東管領に任命されて、憲政のことを依頼されてからは、その意志が固くなった。謙信は永禄三年八月に関東に入り、東上野を勢力下に置き、永禄四年三月に大挙して北条氏の根拠地の小田原城（神奈川県小田原市）を包囲した。

　謙信が小田原に迫ると、信玄は氏康の要請を容れて援兵を小田原に送って籠城させた。信玄は永禄四年十一月二日、氏康救援のため上野（群馬県）に出兵しようと佐久郡松原社（諏訪神社、南佐久郡小海町）へ、上野にある西牧《さいもく》（甘楽郡下仁田町）・高田（同妙義町）・諏訪（松井田城、碓氷郡松井田町→平成十八年三月より安中市）の三城を二十日以内に落城できるようにと願文を納めて祈った。十一月十八日に高田城を落とし、二十日からは国峰《くにみね》城（甘楽郡甘楽町）の攻撃を開始した。十二月二十五日には上野一宮貫前《ぬきさき》神社（富岡市）に禁制《きんぜい》（一定の行為を差し止める法度）を掲げ、さらに武蔵に入り、氏康とともに松山城を攻めようと戦った。そして、氏康とともに倉賀野城（高崎市）に倉賀野直行《なおゆき》を攻めた。謙信も十一月関東に出陣し、厩橋城（前橋市）に入った。永禄五年二月、謙信は館林城（館林市）を攻め、下野佐野城（栃木県佐野市）も攻略し、三月に近衛前嗣と上杉憲政を奉じて越後に帰った。

信玄は永禄五年秋に上野に入り、箕輪《みのわ》（群馬郡箕郷町《みさとまち》→平成十八年一月より高崎市）・総社（前橋市）・倉賀野を荒らし、作毛を刈り取って兵を引き上げた。その後、信玄父子は十一月に上野から武蔵に進み、氏康父子と松山城を攻め、翌年二月四日に至って落城させ、城将の上杉憲勝を降参させた。

一方、謙信は古河公方藤氏の懇請と太田資正の松山城（埼玉県比企郡吉見町）救援依頼により、永禄五年十二月深雪を侵して関東に入り、十六日に倉内城（沼田城、沼田市）に着いたが、武蔵石戸（埼玉県北本市）で城が既に落ち、信玄も氏康も撤兵したと聞いて騎西《きさい》城（北埼玉郡騎西町）を下し、下野に入り、小山・佐野などの城を従え、古河城を回復して藤氏を帰館させた。この間に信玄が越後を脅かす姿勢を見せたので、謙信は六月に越後に帰った。

謙信がいなくなると氏康が下総に入り、古河城を攻めて藤氏を捕らえ、伊豆に幽閉して、義氏を相模から古河城に帰らせて公方にした。信玄もこれに応じて上野に入り倉賀野城を攻めた。また吾妻郡の諸士が、上杉方の岩櫃《いわびつ》城（吾妻町）を陥れたので、信玄は永禄六年十二月十二日に彼らに感状を与えた。これから岩櫃城は西上野の武田方の拠点となった。

謙信は十二月に関東に入り、閏十二月には上野の和田城（高崎市）を攻めた。この間に信玄は氏康とともに利根川を越えて太田金山城（太田市）を攻めたので、謙信が救援軍を送った。しかし、信玄・氏康は兵を引き上げた。

箕輪城跡（群馬県箕郷町）
信玄の西上野支配の拠点であった。

西上野の領有

信玄は永禄八年（一五六五）二月、諏訪上社および佐久郡の新海《しんがい》大明神（新海神社、佐久市）に、上州の箕輪城が十日の内に攻略できるようにと祈願して、西上野に向けて出陣したが、金山城（太田市）の由良成繁《ゆらなりしげ》父子に妨げられた。

信玄は謙信を牽制するため、本願寺の顕如と結んで、越中の一向宗徒に越後を侵略させようとした。本人は五月二十二日に再び安中《あんなか》口に出陣し、倉賀野城を攻め落し、箕輪城に迫った。北条氏もこれに呼応して下総関宿《せきやど》（千葉県野田市）を攻めた。上野の諸氏は謙信に援けを求めたが、謙信は動きが取れなかった。

永禄九年二月、謙信が常陸の小田城（茨城県つくば市）を陥落させ、両毛から房総半島まで兵を動かした。一方の信玄は、この年九月二十九日ようやく長い間包囲を続けた箕輪城を手に入れた。これによって西上野が武田氏の勢力範囲となり、信玄の関東計略は一応落ち着いた。

永禄十年五月、信玄は上野総社城（前橋市）を攻略した。十月五日、佐久の矢島重勝に上野西牧（甘楽郡下仁田町）の地を宛《あて》がうと同時に、上野一宮神社作り替えのために信濃の更級《さらしな》・埴科《はにしな》・佐久《さく》・

小県《ちいさがた》において棟別籾五合ずつを勧進させた。十一月二十三日には箕輪在城の禰津常安に上野小鼻郷等を宛がい、十二月二日には大井高政《たかまさ》・同満安《みつやす》に甲兵十六人をもって箕輪城を守らせ、信濃国の所領の替地を上野国で与える約束をした。

こうして、信玄は箕輪城を拠点として西上野支配を始めたのである。

2　駿河の侵略

駿河をねらう

当時駿河と遠江を領していた今川氏は足利将軍家に次ぐ家柄を誇り、領国も大きく、しかも住居が信玄や謙信などからすると京都に近かった。当主であった義元は天下を取ろうと上洛を目指したが、永禄三年（一五六〇）五月十九日、尾張の桶狭間（愛知県豊明市）の戦いで、織田信長の急襲を受け、あえない最期を遂げた。

今川の家督は嫡男の氏真が継いだが、統制力を失い、勢力が弱体化していたので、信玄はこれを機会に今川領国の奪取を目指した。ところが信玄嫡男の義信は、妻が今川氏真の妹だったこともあって信玄の目論見に反対した。

武田義信は永禄十年十月十九日に亡くなり、氏真の妹も駿府に送り返された。このため、両家の関係は緊張し、今川氏は北条氏と協定して、遠江・駿河・伊豆・相模方面から甲州へ入る塩の輸送を留めた。これに対し、信玄は永禄十一年二月、穴山信君《あなやまのぶきみ》（梅雪《ばいせつ》）と山県昌景を三河に派遣し、徳川家康と今川氏の分国の駿河と遠江を東西から攻め取る約束をした。

越後では三月に信玄に味方した謙信の重臣である本庄繁長《ほんじょうしげなが》が兵を挙げた。信玄は同年四月二十一日、信濃国小県郡諏訪神社（塩野神社・上田市）に社領を寄進し、越後境の築城の無事を祈り、六月三日には大井弾正忠に出陣を促した。この間に本庄が謙信軍に攻められ本拠地の村上本城（村上市）に籠城せざるを得なくなったので、信玄は食料を送るなどして救援に努めた。また七月に信玄は飯山城（飯山市）を攻撃して、関山街道から越後を攻略しようとしたが、叶わなかった。謙信は十月二十日に府中を出発して、十一月七日から村上本城を攻撃し、翌年三月に繁長を降伏させた。

これら一連の北信濃から越後に向けての軍事行動は、駿河を攻撃しようとするにあたって、上杉謙信に背後を突かれないための措置であった。

駿河侵攻

謙信の注意を越後に引きつけた信玄は、駿河侵攻の態勢を固め、永禄十一年十二月六日に甲府を発ち、九日駿河に入り、十二日に由井口の内房《うつぶさ》（富士郡芝川町）に陣を敷いた。今川氏真は庵原忠胤《いはらただたね》を先鋒に薩埵峠《さったとうげ》（由比町と静岡市の境）を固めさせ、小倉資久《すけひさ》・岡部直規《なおのり》に八幡平を守らせて、甲州勢を防ごうとしたが、信玄に内通していた瀬名信輝《せなのぶてる》・朝比奈政貞・三浦義鏡・葛山氏元らが一戦も交えずに後退したため、忠胤も本陣に引き上げ、氏真は駿府に退いた。こうして武田勢は難なく夕方には駿府に近い久能山《くのうやま》（静岡市）に陣を敷き、翌十三日に府中に乱入した。

信玄が駿河に侵入すると同時に家康も挟撃する形で遠江攻略を開始して、十二月十三日、井伊谷口から侵入し、刑部《おさかべ》（浜松市）・白須賀《しらすか》（湖西市）・宇津谷《うつのや》（同）などの城を落とし、十八日には引馬城《ひくま》

（浜松城、浜松市）を攻略した。そして二十七日からは信玄の要請を受けて掛川城（懸川城、掛川市）の氏真を攻めた。この頃、信玄配下の秋山信友が、天竜川の川岸を南下して遠江に侵入し、見附《みつけ》（磐田市）に陣を張って、家康方の奥平貞勝《おくだいらさだかつ》・同正貞《まささだ》らと交戦した。家康は本拠地の岡崎（愛知県岡崎市）と現在軍を率いて攻撃している掛川との間を遮断されたので、信玄に強く抗議した。家康は秋山信友軍の行動からして、いつ武田軍に裏切られるかもしれないと疑惑を深め、同盟関係を解除し、北条氏や謙信と結びつくようになった。

信玄が駿河に進出すると、北条氏は氏真救援のために駿河に出兵した。氏政は十二月十二日に小田原を出発し三島（静岡県三島市）に到着したが、翌日には駿府が信玄の勢力下に入り、氏真も掛川城へ逃走したので、海路救援軍を出すしか手段がなかった。翌永禄十二年正月二十六日、氏政は三島を出発し、駿河に入り薩埵山の要害に陣を構えて信玄の背後に迫った。

信玄は山県昌景を駿府に留め、本陣を久能城（静岡市）に置き、武田信豊を興津清見寺《おきつせいけんじ》（静岡市）に進ませ、興津城（静岡市）を築いて北条軍に対抗した。この間に、対武田という目的によって北条と上杉の間は急速に接近していった。

一方、信玄は織田信長に使者を派遣し、将軍の御内書によって甲・越和議の下知を越後に下し、謙信の軍事行動を押さえようとした。信玄の期待した御内書が二月十八日に春日山へ届けられたため、度々の北条氏による出兵要請にもかかわらず、以後は謙信の動きが鈍くなった。

家康は三月八日に氏真と単独講和を結び、遠江を割譲すれば北条氏と協力して信玄を追い払い、駿府に帰れるようにすると申し入れた。信玄は永禄十二年四月六日に常陸の佐竹義重に書を送り、相・越の和議が成立しないよう配慮を求めたのを手始めに、関東の反北条の勢力と結びついて、北条包囲網を結成し、北条と上杉が手を組んで武田を挟撃するのを妨げようとした。

それぞれが外交戦を通じて少しでも自分に有利なようにと動いたのであるが、ここでも信玄はなかなかのやり手であった。

興津の滞陣が長期にわたり食糧も尽きかけてきたので、信玄は四月十九日に江尻城《えじり》（静岡市）を守る穴山信君に城の守備を厳重にするように命じ、二十四日急に撤兵した。

家康は信玄が撤兵すると駿府を占領し、氏政とともに今川氏の居館の焼け跡を普請して、館ができたら帰らせるという条件で、氏真のいた掛川城を五月十七日に開城させた。『北条記』や『家忠日記』によれば、氏真は当面戸倉《とくら》（徳倉、清水町）に赴いて氏政の庇護を受けることになった（ただし、実際には隣郷の大平郷《おおひらごう》〔沼津市〕とする説が有力）。

江尻と海賊衆

信玄は駿河を領国に組み入れたことによって、はじめて領国が海に接するに至った。

当時の日本では流通の基本となる銭貨も造っておらず、中国や朝鮮半島から運ばれてきたものであったし、医薬品や衣料などの高価な物資は中国からもたらされていた。その上、ヨーロッパ人も日本へ来航するようになっており、港は世界へ接触する場であった。戦国大名としては戦略上重要な火薬など武器の安定的な入手のためにも港を欠くわけにはいかなかった。

また、海を利用すれば大量の物資や人員を全国に運ぶことも可能だったから、当時の政治経済の中心地である畿内とも直結できた。日本国内においても船を用いての物資流通は大きく、駿河は伊勢湾と関東を結ぶ中継地としても独自の意味を持っていた。さらに、塩留の経験を持つ山国甲斐として、生命維持にどうしても必要な塩の移入路を確保できることも大きい。

甲斐にとって最大の川は富士川であり、中世にもこの川を使っての舟運があった。富士川河口に近い江尻（清水、静岡市）を入手すれば、甲斐自体が船で他所とつながりうる。しかも、当時江尻はその地形と位置から、太平洋側の船による物資流通の拠点としての役割も負っていた。

信玄は永禄十一年（一五六八）に駿河を襲い今川氏真を放逐すると、翌年には駿河攻略の拠点として、今福《いまふく》和泉守（浄閑斎《じょうかんさい》）を奉行とし、馬場信房《のぶふさ》に縄張《なわばり》（地形などを利用して城の設計をすること）を命じて江尻城（小柴《おしば》城・於柴城、静岡市）を築かせた。城主には最初武田信光《のぶみつ》がなったが、その後山県昌景、穴山信君に替わった。城主の配置からしても、いかに江尻が重要視されたかがわかる。

さらに信玄は馬場信房に縄張を命じて清水に袋城を築き、伊勢北畠氏に関係したという人々を海賊方として編成し、この城を拠点とさせた。当時の伊勢湾は関東と関西とを結ぶ物資流通の大動脈であり、海賊衆は舟運に関わる者たちであった。彼らを支配に組み込むことは関東と関西の物資流通に大きな影響力を持ち得ることにつながった。しかも、海賊衆は武田氏の軍役衆として位置づけられ、軍事力に編成された。信玄は駿河領有と海賊衆の支配によって、海上において軍事力を有していた後北条や徳川に、海の上でも独自に対抗しうるようになったのである。

信玄は甲斐・信濃という山国に住みながら、逆にそれだからこそ、海の重要性を認識しており、即座にこのような政策を採ったわけで、その視野の広さに驚かされる。

駿河平定

信玄は永禄十二年（一五六九）六月十六日、再度駿河に攻め入り、古沢新城（御殿場市）を攻撃した。しかし、戦果を挙げることができなかったので、伊豆の三島（三島市）を攻め、先方隊は北条（伊豆の国市）に至って氏政の弟の助五郎（氏規《うじのり》）と戦って勝利を得た。その後、小田原に進もうとしたが、箱根と足柄の峠に阻まれて富士郡に入り、二十五日（一説には二十三日）から大宮城（富士宮市）の攻撃を開始し、七月早々に落とした。

その後、信玄は信濃佐久郡から碓氷《うすい》峠を越えて上野に入り、九月十日に北条氏邦《うじくに》の守る武蔵鉢形《はちがた》城（埼玉県寄居町）を囲んだ。さらに北条氏照の武蔵滝山城（東京都八王子市）に向かった。これに呼応して甲斐の都留郡からも小山田信茂《のぶしげ》がやって来て、連合して攻撃を開始したが、容易に落ちなかったので、武田軍は南下して厚木（神奈川県厚木市）・平塚（平塚市）を経て、十月一日には北条氏の本拠である小田原に迫ったが、敵勢が守りに徹したため陥れることができなかった。十月四日、武田軍は攻撃をあきらめて急に退却を開始した。これを見て北条方が追撃を開始し、津久井郡と愛甲郡の境の三増峠で両軍は六日の早朝に戦った。武田軍は険しい山道のため苦労しながら、小荷駄を捨てて防戦し、敵に大打撃を与えた。

十一月九日に信玄は信濃の諏訪社へ駿河・伊豆両国の併呑と、越後の潰乱《かいらん》を祈った起請文を捧げ、再度駿河に侵入し、十二月六日に蒲原城（庵原郡蒲原町）の城下に放火してから、総攻撃に移り城を陥落させた。この勝利によって薩埵山の北条軍も自落した。その後府中城（駿府城）も開城した。こうして信玄は駿河の主要部分を手に入れた。

いったん甲府に帰った信玄は、翌元亀元年（一五七〇、改元は四月）正月早々に四度目の駿河侵攻を行い、正月四日より志太郡花沢城（焼津市）を包囲し、やがて城を収めた。信玄は五月十四日に吉原（富士市）・沼津（沼津市）において氏政・氏真の連合軍と戦い、八月に伊豆の韮山城（伊豆の国市）や駿河の興国寺城（沼津市）を攻めた。しかし守りが堅くて城は落ちなかった。

元亀二年六度目の駿河攻めがなされた。正月早々に信玄は興国寺城を落とそうとしたが敗退した。しかし、前年の暮れから包囲中の北条綱成らが守る深沢城（御殿場市）については降伏開城を勧め、金鑿衆《かなのみ》（金山衆）を使って本城の外張まで掘り崩し、正月十六日に落城させることができた。

駿河領国化の意義

武田氏にとって駿河領国化の最大の意義は世界につながりうる港の入手であったが、これについては既に触れた。

戦国時代の富士北麓の記録である『勝山記』を読むと、この地に住んだ人々は食料がなくなると、度々駿河の富士郡に出て行って食料を得ている。甲斐にとって温暖な駿河は肥沃で、食糧を供給する、特別な地に感じられた。しかも、塩や魚といった海産物をも提供してくれた。信玄にとって食料豊富な駿河入手は、自己の勢力拡大において大きな意味を持ったのである。

駿河を統治していた今川氏は、様々な側面で信玄にとって目標としてきた戦国大名であった。これまで信玄が侵略してきた信濃や上野においては、国を領した戦国大名が存在しなかったが、駿河は信玄にとって一歩先を歩んでいた今川義元が治めていた場所であった。地域を支配するための文書も既に多数出ており、一定の統治基準をもって統治がなされていた。

信玄は強力な戦国大名の領した地を支配した経験がなかったが、これから領国を拡大していくことは、戦国大名の統治域を自己の領国に組み込んでいくことであった。その意味で駿河の支配は、信玄が領国を拡大させていく試金石になるものであった。実際に、駿河支配は信濃や甲斐などの統治とは異なってくることも大きかった。

その最大のものは、文書発給量の急激な増加であった。今川氏が出していた文書による支配を踏襲し、所領や職の安堵をきめ細かく行わねばならなかったからである。今川氏の文書による領域支配の上に、信玄はより強力な文書支配を目指したのである。

三河・飛騨侵略

元亀二年(一五七一)二月、信玄は反転して遠江に攻め入り、三月に高天神城《たかてんじん》(掛川市)を攻撃したが、陥落させることができず引き上げた。翌月、彼は勝頼とともに信濃から三河に入り、足助《あすけ》(豊田市)を攻め落し、下伊那の下条信氏《しもじょうのぶうじ》に守らせた。また山県昌景・小笠原信嶺らの主力は、野田城(新城市)を攻撃し、さらに吉田城(豊橋市)にまで迫った。その後、信玄は東三河を侵略してから、五月上旬に甲府に帰った。

信玄は織田信長や上杉謙信を牽制するために一向一揆と結びつき、大坂本願寺との連係を密にした。同時に将軍足利義昭《あしかがよしあき》との関係も強化し、元亀三年五月十三日には義昭から、軍事行動を起こして天下静謐のために尽力するように命じられた。

元亀三年五月頃から、越中・加賀の一向一揆勢が攻勢に出たので、謙信は八月に自ら越中に軍を進めた。この頃、信玄は木曾義昌《よしまさ》の将である山村良利《やまむらたかとし》・良候《たかとき》父子らを飛騨に侵入させ、謙信に味方していた江馬輝盛《えまてるもり》を攻めさせたが、彼が九月十七日に越中の上杉謙信の陣に入ったので、当面飛騨においては反武田方の動きがなくなった。

こうして信玄は謙信の動きを封ずるとともに、信長に対しても足利義昭・本願寺の顕如・越前の朝倉・近江の浅井《あざい》・伊勢の北畠・大和の松永の各氏、さらには延暦寺《えんりゃくじ》・園城寺《おんじょうじ》などと結んで包囲網を固めた。

三方原合戦

元亀三年（一五七二）九月二十九日、信玄は山県昌景に三河衆を主体とする先方衆《せんぽうしゅう》を率いさせ、遠江を攻撃するため甲府を発たせた。信玄は十月一日に信長と対戦中の浅井長政と朝倉義景に書状を送り、本日甲府を出発したと連絡した、実際には三日になって出陣し、諏訪から伊那を通って南に進み、十日に青崩《あおくずれ》峠（長野県飯田市と静岡県浜松市の間）を越えて遠江北部に乱入した。また山県昌景の軍は下伊那から東三河へ、高遠城（上伊那郡高遠町→平成十八年三月より伊那市）を守っていた秋山信友の軍は東美濃へとそれぞれ侵入した。

信玄は犬居《いぬい》城（浜松市）で軍を二つに分け、一隊には只来《ただらい》（天竜市）を占領させ、二俣《ふたまた》城（同）へ向かわせた。一方、信玄自身が率いる軍は天方《あまがた》（周智郡森町）・一ノ宮（同）・飯田（同）を下して、さらに南下を続けた。遠江を領していた徳川家康はこうした信玄の動きに、浜松城（浜松市）を出て迎え撃とうとしたが、見附（磐田市）の西の一言坂の戦いで敗れ、かろうじて浜松城に逃げ帰った。信玄は袋井（袋井市）・見附方面を確保し、これに山県軍も加わって二俣城を攻撃して落城させた。一方、秋山信友の率いる軍は、十一月十四日に岩村城（恵那市）を奪取した。

二俣城を押さえた信玄は、十二月二十二日に天竜川を渡り、秋葉《あきは》街道から南下して家康が本拠としている浜松城を突く構えを見せ、浜松城の北方に位置する三方原《みかたがはら》（浜松市）へと進んだ。家康は城に籠ることをせず、織田信長の援軍とともに三方原において武田軍を攻撃した。しかしながら、この合戦は武田軍の圧倒的な勝利に終った。翌日、信玄は兵をまとめて刑部《おさかべ》（浜松市）に陣を取り、そのままここで越年した。

三方原合戦は、後に江戸幕府を開くことになる徳川家康の完全な敗北だった。近世になると東照《とうしょう》大神君《だいしんくん》、神ともされる徳川家康を苦もなく破った信玄として、信玄が家康以上の大将だとの評価が定着する原因となった。

3　信玄死す

信玄の死

これから先、日本の政治情勢をリードしていくのは織田信長であるが、三方原合戦は家康を助けた織田軍の敗戦という側面をも持っていた。信長は当時浅井・朝倉を攻撃していたが、信玄の軍が三河まで迫り、その一翼を担う秋山信友が東美濃に侵入し、長島（三重県桑名市）では一向一揆が起きたため、作戦を継続することができずに岐阜に帰った。信玄としてはまさに信長を追いつめる好機が到来したのである。

しかし、朝倉義景は信長が引き上げると、十二月三日に越前に軍を引いてしまい、信玄の重なる出陣要請にもかかわらず、ついに軍を動かさなかった。一方、浅井長政はその後も奮戦を続け、信玄の動きに期待を寄せていた。また、足利義昭も信長に対抗して、二条城の守備を固めた。さらに本願寺も挙兵した。

翌天正元年（一五七三、改元は七月）正月、武田軍は三河の野田城（愛知県新城市）を包囲した。攻撃に長い時間がかかったが二月十五日にとうとう陥落させ（『武家事紀』『武徳編年集成』）、二十七日に信玄は野田をたって長篠城（新城市）に入った。

しかし、信玄は既に病魔に冒されており、野田城を攻略してからは軍を進めることができなくなっていた。長篠に引き上げてからも病状は一向に好転の兆しを見せなかったので、信玄はやむなく兵を納めて帰国することにしたが、その途中、天正元年四月十二日、伊那の駒場《こまば》（長野県下伊那郡阿智《あち》村）において死亡した。時に五十三歳だった。信玄としては領国を最も拡大させ、さらにいっそうの飛躍が期待されていた折の死であった。

はしがきで触れたイエズス会士のルイス・

野田城跡（愛知県新城市豊島）
信玄が最後に攻略した城。

フロイスが手紙をフランシスコ・カブラルへ送ったのは、信玄が死ぬわずか一月前で、まさに信玄絶頂の時だった。

人は誰でも病気にもなれば、死にもする。信玄も同じだった。

死因は何か

『甲陽軍鑑』によれば、信玄は天文十五年（一五四六）十月より病気になった。それだけでなく、天文十七年二月十四日の上田原（長野県上田市）合戦では手傷を負い、三十日の間甲州志《し》磨《ま》の湯（甲府市湯村温泉）で湯治して平癒したという。

こうした病気や怪我に対応するため、信玄は医者を抱えていた。信玄の御伽衆《おとぎしゅう》（主君のそばで話し相手となる役）の中に医をもって仕えた板坂法印《いたざかほういん》がいるが、彼は室町将軍家の侍医である板坂三位《さんみ》と関係があろう。近江坂本（滋賀県大津市）の出身で京都南禅寺東禅院の僧であった卜斎宗高《ぼくさいそうこう》は、甲斐に移り信玄に仕えて、後には徳川氏にも従った。信玄の侍医山本大琳《だいりん》も武田家滅亡後は江戸幕府に仕えた。このように信玄が多くの医者を抱えていた一因には、早くから体の不調の自覚があったことがあろう。同時に信玄の体は信玄個人のものではなく、武田家の代表として、さらには甲斐の構成員全体を担っていく公的な役割を負っていたため、周囲としても医者を用意していたと思われる。

信玄が永禄十一年（一五六八）十一月に少し煩った折、板坂法印が脈を取り、「この病気はやがてよくなるだろうが、一両年の内に膈《かく》という病気（胸の病気）になるだろうから、京都から薬師《くすし》を呼んで養生するのがよい」と診察した。

天正元年（一五七三）二月中旬といえば、野田城を陥落させて少したった時であるが、病気が重く

武田信玄の墓（甲州市小屋敷・恵林寺境内）

なった信玄は灸をし、養生のために種々の薬を用い、だいたい病気がよくなったように見えたという。しかし、四月十一日の午後二時頃より病状が悪くなり、脈が殊の外速くなり、十二日の午後十時頃に口の中にはくさ（歯の病気）が出て、歯が五、六本抜け、それから次第に弱ったという（『甲陽軍鑑』）。

武田信玄が没したのは天正元年（一五七三）四月十二日だった。『武家事紀』に所収されている御宿《みしゅく》監物《けんもつ》が小山田左衛門大夫にあてた書状によれば、信玄は十月三日に分国の諸卒を引率して遠江に向かい、家康を破って浜松に立て籠らせると、三河に向かって在々所々を撃砕した。しかし長陣に及んで際限なく兵を労したので、まずは信濃に帰って馬を納めようと評議した。やがて信玄は「肺肝により病患たちまち腹心に萌し、安んぜざること切なり」という状況になったため、医術を尽くし薬を用いたが業病はいえず、ついに病の床に伏し、信州駒場で没した。

『当代記』によれば信玄は十箇年にわたって精進潔斎《しょうじんけっさい》をしていたけれども、二月より煩い、魚・鳥を薬として食していたという。いずれにしろ信玄は長年の病魔（肺結核あるいは癌とする説が強い）に冒されていて、ついに軍行中に生涯を閉じたのである。

長年病苦と闘い、その生涯の終焉を陣営の中で迎えたとは、信玄誕生に際しての諏訪大明神伝説ともつながるが、いかにも信玄らしいといえよう。それにしても、病苦に犯された体で、ここまで戦いを続けてきた原動力は何だったのだろうか。

跡目相続

四月十二日に信玄が亡くなってから十日ほどたった四月二十三日、勝頼は武田家譜代《ふだい》の重臣である内藤昌秀《まさひで》に同心被官などを安堵し、これから後もあなたを大切にするなどといった内容の血判による起請文を出した（京都大学文学部博物館所蔵文書）。おそらく武田家臣団内部でもめ事があり、それを鎮め、家督相続を自分の側に持ってくるために、勝頼は当時の重鎮であった昌秀にこのような起請文を出さざるを得なかったのであろう。

武田家は信玄の死を隠そうとしていた。信玄死後の五月六日に本願寺坊官の下間頼廉《しもつまらいれん》に信玄の名で「晴信」の朱印を捺した書状を送り、遠江国の平定を伝えた（「中越史徴」）。五月十日には本来なら信玄が出すべき内容について、信玄弟の信綱が千野左兵衛尉（昌房）に書状を出している。また、五月二十八日にも信綱が、千野神三郎（忠清）に名跡を安堵した（千野家文書）。さらに、武田家は六月二十一日には大藤与七に信玄の書状の形態をとり「晴信」朱印で、親父式部丞の軍功を賞した（大藤家文書）。

勝頼が独自に文書を出すようになるのは、信玄が没してから二カ月以上もたった六月二十七日以降で、この日勝頼の名前で三輪次郎右衛門尉に「法性院殿（信玄）御直判《じきはん》を以て、本領当知行宛行われ候の上は」として、知行を安堵した（「集古文書」）。これは明らかに武田家当主の代替わりによる知行宛行である。ついで、六月三十日には奥平貞能《さだよし》などに遠江国新所《しんじょ》（湖西市）・高部《たかべ》（袋井市）の内を、菅沼刑部丞《ぎょうぶのじょう》に同国高部の内を安堵した（東京大学総合図書館蔵「松平奥平家古文書写」）。さらに、同日に遠江国における菅沼伊賀守の軍功を賞し、所領を与えた（彰考館旧蔵「浅羽本系図」）。七月五日には天野小四郎に知行を宛がった（天野家文書）。以後こうした文書が次々に出されている。八月十九日に至って、勝頼は高野山成慶院へ「家督相続について、精誠を凝らされ、巻数送り給い候、頂戴せしめ畢《おわ》んぬ」（成慶院文書）と書状を送っている。これより先に成慶院に勝頼から家督相続が知らされて、今後武田家が繁栄するようにといった祈禱がなされて巻数が送られてきたので、この礼状が送られてきたのであろう。少なくともこの文書の日付以前に正式に家督相続が公にされたのである。

信玄が死んでからそれほどたっていない四月二十五日、飛驒の江馬家家臣である河上富信は上杉謙信家臣の河田長親《かわだながちか》に書状を送り、信玄は甲府へ馬を納めたけれども煩っているということだ、また死去されたとの話もあると連絡した。これをもとに四月二十九日、河田長親は上杉謙信へ、美濃や遠江で「信玄遠行《えんこう》必定の由」（吉江家文書）と噂が流れており、少なくとも煩っていることは間違いないと伝えた。謙信は六月二十六日に長尾憲景《のりかげ》に「信玄果て候儀、必然に候」（赤見家文書）と信玄の死去を伝えている。織田信長も九月七日に毛利輝元《もうりてるもと》と小早川隆景《こばやかわたかかげ》に「甲州の信玄病死候、その跡の体は相続き難く候」（乃美文書正写）と述べている。信玄死すの情報は既に全国に広がっていたのである。

したがって、武田家が信玄の死を隠したところで世間には知られることになる。死の直後から勝頼は重臣たちの支持を取るために起請文などを出して運動し、死後二カ月後にはほぼ他に後継者がいないことが明らかになり、七月の終り頃までに正式な家督相続がなされたのではないだろうか。

第四章　人間信玄

1　家族の中で

家とは

『甲陽軍鑑』は信玄が発心《ほっしん》した理由をいくつか挙げているが、第一に示しているのは、家を永続的につなげるためだとする。すなわち、武田は新羅《しんら》三郎より信玄まで二十七代に及び、代々弓矢を取って誉れがある故か、公方の代官としてしばしば将軍と同座し、陣所を一緒にしているので、武田の当主が住む所は御所といってもよい。そのような名家を信玄の代に滅ぼしては、先の二十六代に対して面目がない。世間を見ると久しく続いた家が皆潰れ、武田の家が破れる時刻になった（武田家が滅亡する時になった）。そこで、「昔平清盛がその身命を惜しんで発心したけれども、自分は前代のためにこのようにしたのだ」と、信玄は説明したのである（品第四）。信玄が菩提心を起こしたのは家を潰さないためだとの主張である。

これとは別に、武田氏館の中にある毘沙門堂《びしゃもんどう》では先祖の忌日に回向《えこう》がなされていた。信玄には長らく続いた武田家の一員として、家をつなげていかねばならないとの意識が強く存在した。特に当主になった以上は、先祖に対して面目が立つようにする必要があった。

個人が帰属する単位として家があるが、問題は家と個人との関係である。現在に生きる我々は、私が一人の個人であり、個人の責任においていろいろな行動を決定することを当然であると考える。大事なのは個人の自由で、個人の権利は家を越えることが当たり前で、個人は必ずしも家に束縛されないとする考え方が、大勢を占めている。しかしこのような考え方は、基本的に近代になってから欧米より流入してきたものであって、前近代の日本に個人の権利が家を越えるとする思想があったかは疑問である。

戦国時代の将軍家に特別な障害もなく嫡男として生まれ、他に跡継ぎのない場合、自分は将軍になりたくないと主張すれば、将軍にならないことが可能だったろうか。あるいは天皇家において、一般人になると宣言することは可能だったのだろうか。私にはそのように思えない。家は家族の構成員のみならず、一族、家臣などの総合として存在しており、個人よりも一族のまとまりが重視された。したがって、おそらく自分がやりたくないからとの理由で家督相続を拒否するような考えは最初から選択肢になく、一族、家族の中における役割として、家をつなげていくことが当然だったのではないだろうか。

信玄にとって、我々が想定するような個人意識があったかは、すこぶる疑問である。信玄にとって自己存在の最大の意義は、武田家当主になった以上、武田家を永続させるところにあって、どんな形にしろ家を維持して、次の代へとバトンタッチしていくことが、義務であり、役割であったように思われる。

我々が個人として意識する最も重要なことの一つに恋愛があり、恋愛は個人の自由だと現代人なら考える。基本的に現代の日本人は個人として相手を好きになるという感情が前提になって、結婚をしている。しかしながら、信玄の結婚相手を見ればわかるように、彼には個人の好き嫌いよりも家の格が問題であり、戦略的な家維持の手段として結婚があった。現代人が最も当たり前に意識している個人主義や、個の確立といったことより、戦国の人にとって家の存続ははるかに上位に位置する概念であったのである。

『勝山記』では永正十七年（一五二〇）に駿河から攻めて来た者たちを「福島一門」と、家系を前提に表現している。この時期によく姿を見せる家老や宿老といった言葉も、一族や家意識を示している。弘治元年（一五五五）九月十日に信玄が諏訪上社に戦勝を祈願したときにも、「当家の是非」と述べている（二〇四頁参照）。信玄は武田という氏族の惣領として生まれた段階で、家の維持を義務づけられた。信玄に比して勝頼の評価が圧倒的に低いのも、家を断絶させてしまったという側面が大きいのである。

父母と兄弟

既に様々な形で触れてきたが、もう一度信玄の家族について確認しておきたい。

父の信虎は明応三年（一四九四）正月に生まれ、永正四年（一五〇七）に信縄の死により家督を継いだ。叔父の信恵を滅ぼして武田家内部の抗争を収め、甲斐国内の統一を進めて、永正十六年に本拠を躑躅ヶ崎の館へ移し、現在の甲府のもとを作った。天文九年（一五四〇）には信濃佐久郡への侵略を開始したが、翌年六月十四日に今川義元のもとに赴き、そのまま駿河に追放された。その後は駿河や京都で過ごし、信玄が死んだ翌天正二年（一五七四）三月五日に信州の高遠（長野県高遠町→平成十八年三月より伊那市）で没した。

母は西郡《にしごおり》の有力国人の大井信達《のぶさと》の娘で、明応六年（一四九七）十一月十七日に生まれた。大井夫人（長禅寺殿）と通称されている。信達は信虎と戦い永正十四年に和睦して、娘を信虎の妻に差し出した。永正十六年に長女（今川義元《よしもと》夫人）を、大永元年（一五二一）に信玄を生んでいる。他に信虎との間に信繁《のぶしげ》・信廉《のぶかど》（信綱《しんこう》）らをもうけた。夫である信虎が駿河に追われた後も館の北曲輪に住み、御北《おきた》様と呼ばれ、天文二十一年（一五五二）五月七日に亡くなった。天文十七年の上田原合戦で武田勢が敗北した際、退却しない信玄を説得するために家臣たちは大井夫人に説得を求めている（『高白斎記』）ことからして、彼女は母親としてだけでなく、前守護の妻としても信玄に大きな影響力を持っていたようである。

「武田源氏一流系図」は信玄の弟として、左馬助信繁（次郎、母は晴信と同じ）、左衛門佐信基《のぶもと》（六郎、上野介、「一本武田系図」では母を内藤氏とする）、逍遙軒《しょうようけん》信綱《しんこう》、松尾信是《のぶこれ》、恵林寺僧宗智《そうち》（母は松尾信是と同、「一本武田系図」によれば恵林寺の弟子となるが喝食《かつしき》で死去という）、信実《のぶざね》（兵庫頭、川窪《かわくぼ》と号す）、一条右衛門大夫信竜《のぶたつ》、上野介信友《のぶとも》（天文八年に駿州で生まれる、「一本武田系図」には出ない）を挙げ、女子として姉の今川義元室（氏真の母）、妹の穴山信友妻《あなやまのぶとも》（母は内藤氏）、禰々御料人《ねねごりょうにん》（天文十二年正月十九日卒、十六歳、「一本武田系図」では信州諏訪頼重妻）、女子（母は工藤氏、浦野母）、亀御料人（大井次郎妻、天文二十一年五月六日卒）、下条信氏妻（母は松尾信是と同）、信州木曾家臣根津神平妻（「一本武田系図」では禰津神平母）、駿州葛山信貞妻（母は信友と同じ、「一本武田系図」には出ない）、天文十四年駿州生まれで菊亭亜相公側室になった女子、を挙げている。

このうち信繁は大永五年（一五二五）に生まれ、信玄の信頼が厚かったが、永禄四年（一五六一）九月十日の川中島合戦において戦死した。信基については事績が伝わっておらず、早世したとされる。逍遙軒は天文元年（一五三二）に生まれた信廉《のぶかど》で、信玄の死後に剃髪して逍遙軒信綱と称した。彼は永禄四年に兄の信繁が死んでから信玄に近い弟として武田政権の中で重きをなしていった。天正十年（一五八二）の武田家滅亡にあたって、三月七日に相川《あいかわ》河原の立石《たていし》で織田信忠《のぶただ》に殺害された。松尾信是は信虎の側室、武田信昌の四男松尾次郎信賢の娘を母としたので、松尾氏の名跡を継いだ。元亀二年（一五七一）三月十日に死去した。信実は天正三年（一五七五）五月二十一日の長篠合戦で鳶ノ巣《とびのす》砦を死守し、徳川軍の攻撃によって戦死した。一条信竜は甲斐源氏の名族である一条氏の名跡を継いだ。天正十年三月十日に市川郷の上野城（市川三郷町）で徳川軍と戦って戦死した。信友は駿河の今川氏のもとにあったが、永禄十一年十二月に信玄が駿河に侵攻すると彼に従った。天正十年三月七日に相川河原で織田信忠に殺害された。

兄弟たちは多くが信玄とともに戦ったが、同時に領国内にある重要な家の名跡を継ぐ形で、信虎の

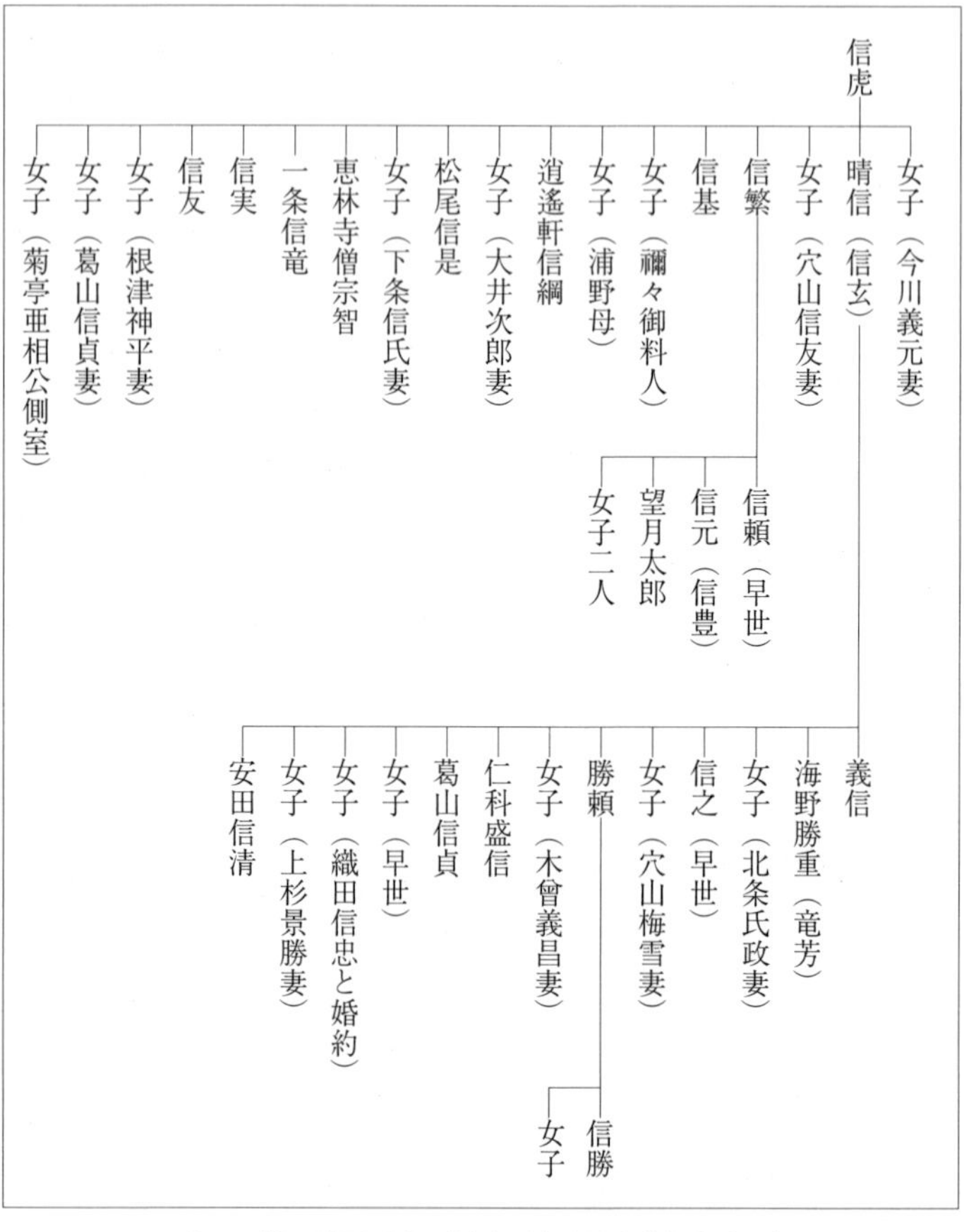

武田三代の系図（武田源氏一流系図を前提とする）

領国支配の布石になっている。姉や妹も同様で、信虎の政治的道具として利用された。信玄が嫡男として家の相続に努めたように、彼らもまた側面から武田家を維持することを義務づけられていたのである。

子供たち　信玄は結婚して家庭を持ち、多くの子供に恵まれた。妻妾については既に触れてあるので（七九頁）、今度は信玄を中心に、子供たちの概略を確認しておこう。

信玄の長男は前述した義信である。

次男の竜芳《りゅうほう》（宝）は天文十年（一五四一）に三条夫人を母として誕生したが、盲目であった（後述のように生来のものではなく、病気による可能性もある）。信玄が彼の養育を長延寺実了《ちょうえんじじつりょう》に託したので、半俗半僧のまま御聖導《ごしょうどう》様と呼ばれた。竜芳は後に信州佐久郡の海野幸義《うんのゆきよし》の娘を妻とし、海野勝重《かつしげ》（「入明寺記」では信親《のぶちか》）と称したが、天正十年（一五八二）三月七日に織田信忠のために殺害された。

三男の信之《のぶゆき》は西保三郎と称した。三条夫人が母であるが、わずか十歳で死去したという。

四男が天文十五年に諏訪氏を母として生まれた四郎勝頼で、前述のように武田家を継いだ。

五男の盛信《もりのぶ》は油川《あぶらかわ》氏を母とし、弘治三年（一五五七）に生まれた。後に信濃の安曇郡の仁科《にしな》氏の名跡を継いで仁科五郎盛信を名乗った。武田家の滅亡に際して高遠城（上伊那郡高遠町→平成十八年三月より伊那市）で唯一ともいえる徹底抗戦をして、華々しい戦死をしたことで有名である。

六男が信貞《のぶさだ》で母は油川氏である。生年は明らかでないが、駿河駿東郡の葛山氏元の婿養子となり、葛山十郎を称した。天正十年に逍遙軒や一条信竜などとともに織田信忠によって殺害された。

七男は信清《のぶきよ》で永禄六年（一五六三）に禰津氏を母として生まれた。永禄十年に加賀美《かがみ》の法善寺《ほうぜんじ》（南アルプス市）に入ったが、天正六年に還俗し、安田氏の名跡を継いで安田三郎信清と名乗り、海野城主となった。武田家滅亡後は後述の菊姫との関係で、上杉謙信の跡目を継いだ上杉景勝《かげかつ》に仕えた。

一方、娘たちはどうであったろうか。長女（三条夫人が母であろう）は天文十二年（一五四三）に生まれた。天文二十二年（一五五三）正月に北条氏政と婚約し、翌年十二月に輿入れしたが、永禄十一年（一五六八）に信玄が駿河に侵攻したため、北条と武田の関係が悪化し甲府に帰され、翌年六月十七日に死去した。氏政との間に産んだ氏直は後北条氏の第五代となった。

次女（三条夫人が母であろう）は河内領主の穴山信君の妻となり、元和八年（一六二二）五月九日に亡くなった。

三女の万理《まり》姫は天文十九年（一五五〇）に油川氏を母として生まれ、信州の木曽義昌に嫁いだが、武田氏滅亡後の正保四年（一六四七）七月十日に木曽で死んだ。

四女は永禄元年（一五五八）三月二十二日に早世した。法名桃由童女《とうゆうどうじょ》である。

五女の松姫は永禄四年（一五六一）に油川氏を母として生まれた。永禄十年十一月に織田信長の嫡男信忠と婚約したが、その後破棄され、武田氏滅亡後に武蔵八王子（八王子市）の心源院《しんげんいん》で出家し、信松尼《しんしょうに》と号した。元和二年（一六一六）四月十六日に亡くなった。

六女の菊姫は永禄六年（一五六三）に母を油川氏として生まれた。天正六年（一五七八）十二月に越後の上杉景勝と婚約して、翌年輿入れした。晩年は徳川家康への人質として京都伏見の上杉邸に住まわされ、慶長九年（一六〇四）二月十六日に亡くなった。

こうしてみると、信玄の息子たちの多くは領国内の有力名家の名跡を継がされ、武田家を守る藩屏《はんぺい》にされた。娘たちはすべて信玄の政略結婚の道具として、敵や有力者のもとに送り込まれた。信玄の血を受け継いだ子供たちは、武田家の血を引いたが故に、多くの場合敵地に送り込まれ、武田家を維持するために生きたのである。

現代に生きる我々からすると、個人としての自由もなく、家の犠牲になったと見えるが、彼らにとってこれは当然のことであり、家をつなげるために自らが役立つとすれば、それが喜びであったろう。つまり、戦国の家族意識や家を現在の視点から評価することはほとんどできないのである。

個人と幸せ

実のところ、信玄にとって家族とはどのような意義を持つのか、私にはよくわからない。もっというと、信玄にとって喜びとはいったい何であって、悲しみとは何だったのか、日常的な楽しみとは何であったのか、これを明らかにしたいという思いはあるものの、はっきりした像が出てこない。

当然のことであるが、見知らぬ女性と一緒になって、結婚生活の中で愛情が育つことは考えられる。愛情がなくても子供をもうけることはできる。まして、家をつなげていくためには子供は必須である。信玄のような立場における家族愛の実態は、我々には理解し難い点がある。

しかも、信玄が住んだ躑躅ヶ崎の館は武田家の屋敷であると同時に、官公庁の役割を持ち、我々の家のように完全な私的空間ではない。後述のように信玄が天文十五年（一五四六）に寵童《ちょうどう》の源助《げんすけ》にあてた起請文でも、今夜は庚申《こうしん》の日なので弥七郎と関係を結ぶことができないといっており（一三三頁）、館の中は公空間が半分以上を占めていた。館の中に家の空間があるとはいっても、現代のような一夫一婦制の中で子供を取り囲む家族があるわけでもない。ある意味では武田家という多くの構成員の中に、信玄の妻妾や子供もあったことになる。信玄には我々が考えるような夫婦差し向かいの一家団欒《だんらん》はなかったのである。

価値観が全く異なる戦国の社会で、家族意識も全く異なっていた可能性が高い。それでも子供などに対する思いは現代人と変わらない。その状況について触れておこう。

次男の目を治したい

弘治二年（一五五六）九月吉日、信玄は次のように次男聖導《しょうどう》の眼病平癒を祈った。

願書

東方大医王瑠璃光仏《るりこうぶつ》、十二影有ると雖《いえど》も、衆病悉《ことごと》く除くを以て、最も良く塵々刹々《じんじんせつせつ》となす、百億の分身と称する所に至り、まさに現れざる無きか、此の故に降臨して衆生の極苦を越えて救う、予の次男小字《しょうじ》を聖導と号す、今ここに弘治丙辰（二年）秋の季、疱瘡《ほうそう》の厄《やく》に罹《かか》る、しこうして双眼将《まさ》に盲、仍って長井瑜伽精舎《ゆかしょうじゃ》の大医王に詣《もう》で、しかして願望を祝禱《しゅくとう》し奉る、品目第一に云わく、双瞳恙無《そうどうつつがな》く従前に帰さば、則ち飽嶋の貢納を寄附奉るべし、第二に云わく、若《も》し従前に帰さず半明半暗たらば、則ち禅林に入れ釈氏《しゃくし》の枝葉に尽くさしむべし、第三に云わく、若し双瞳共に盲に至らば、予の右眼を以て聖導の右眼に互換するものなり、夫《そ》れ行者万行を為すと雖も、身を捨て以て濫觴《らんしょう》に為らん、昔妙善菩薩、荘厳のため王の目を割き薬種と為す、則ち父子の孝愛立差浅からざる故なり、是は身を捨てざらんか、竺支日東その例不二なり、乗医王の献穀は今なり、しこうして幼の眼睛を活愛するは、此の如し、仍って願状、敬って白す

弘治丙辰（二年）

九月吉日　　晴信

（「歴代古案」）

信玄は永井（山梨県笛吹市八代町）の瑜伽寺《ゆかじ》の本尊薬師如来に、次男の聖導が疱瘡に罹り失明の危機にあるとして、もし両眼が治れば飽きるほど沢山の年貢を寄進し、もし片方の目が見えるならば僧侶にし、もし双眼とも戻らないなら自分の右目を聖導の右眼に与えたいと願っているのである。ここには疱瘡を患っている子に自分の目を与えてでも治って欲しいとする父の情がよく現れている。

この文書は写しが「歴代古案《れきだいこあん》」に伝わるだけで、実物が残っていない。「歴代古案」は米沢藩主上杉家とその家中の文書が収録されているが、そのほとんどが上杉氏が越後にいた時期のもので、戦国大名の上杉氏およびその家臣の古文書である。文字の形態をそのまま写しているわけではないが、文字の筆写はおおむね正確である。その中にどうしてこのような信玄の願文の写が入ったのか全く不明である。

通説では聖導は天文十年（一五四一）生まれとされるので、弘治二年（一五五六）では満で十五歳に

なる。義信が十二歳で元服し、十四歳で具足始めをし、結婚し、十五歳で将軍から偏諱を得て義信と名乗ったことや、勝頼が十六歳で高遠を領したことからすると、十五歳で小字（幼名）のまま聖導と称していることには疑問がある。義信が太郎、三男の信之が西保三郎、勝頼が四郎といった幼名であることからすると、次男は本来なら次郎という幼名であった可能性が高い。しかも、聖導の名前は僧の名づけ方だといえる。彼が半明半暗になったならば禅林に入れて僧侶とするということと、矛盾している。そうした点では疑問があるものの、文面はきちんとした願文の形であり、文書の写し方も願文独特の書き方であるので、一応ここでは取り上げておきたい。

柴辻俊六・黒田基樹編『戦国遺文　武田氏編』によれば、年未詳八月二十日に信玄は聖導（竜芳）に次のような書状を送っている。

跡部美作守（勝忠）帰り候間、一筆を染め候、長々在陣、留守中窮屈推量せしめ候、大概隙《ひま》明き候条、月合候はば帰陣すべく候、心易かるべく候、なお兄弟衆中（仲）好く候て、帰府を待たれ候、恐々謹言

（年未詳）八月廿日　信玄（花押）

（武田竜芳）聖道（導）へ

（山下家文書）

この文意は以下の如くである。――跡部勝忠が帰ったので手紙を書きます。自分が長々在陣しているので、留守中窮屈なことと思います。おおよそ暇になったので、月が変わる頃には帰陣しますので、

安心してくださ い。なお兄弟仲良くして、帰るのを待っていてください。

信玄と名乗るのが永禄二年（一五五九）以降、跡部勝忠が美作守を称するのが永禄十一年以降なので、この文書は永禄十一年以降に書かれたものとなる。そうだとすれば既に聖導は満で二十七歳を超えている。長男義信は死んでおり、「兄弟衆中好く」というのも変だが、もしこの通りの手紙を出していたとすれば、信玄はいつも子供たちのことを気にかけていたといえよう。

二点の文書には疑問が多いとはいえ、少なくともこうした文書が伝わる点に、信玄の子供に対する愛情の度合いが示されている。あるいは信玄はこうした子供思いの父親だったことの一片が伝えられていよう。

娘に寄せる思い

信玄の子供に対する思いがよく出ているのは、北条氏政のもとに嫁いだ長女への気配りである。彼女は天文十二年（一五四三）に三条夫人との間に生まれ、天文二十二年正月に婚約が成立し、翌年十二月に輿入れした。

弘治元年（一五五五）十一月八日に彼女は氏政の男子を出産したようで、『勝山記』には「甲州晴信公御満足大慶《たいけい》此《こ》の事に候」とある。長女が無事子供を産んだこと、しかもその子が将来北条氏の跡取りとなり、武田と北条の間の友好が永続するだろうと、信玄は喜んだのであろう。しかし、この子供はその後歴史に姿を見せていないので、夭折《ようせつ》したらしい。

弘治三年（一五五七）十一月十九日に信玄は「晴信息女北条氏政妻、産に当たり平安に無病延命ならば、則ち来る歳戊午（永禄元年）夏六月より長く船津の関鎖を抜くべし」（富士御室浅間神社文書）と、富士浅間大菩薩に息女の安産を願った。つまり、娘の安産と無病で延命するようにとの願いをこめて、来年から永く富士参詣の人々が通る船津（山梨県南都留郡富士河口湖町）の関所を廃止するというのである。おそらくこの背後には、二年前に彼女が出産した男子が亡くなっており、やっとまた出産なので、特別な思いが信玄にあって、このような願書になったものであろう。

一般に富士山の神は木花開耶姫命《このはなさくやひめのみこと》という女神で示されることが多い。女神であることもあって、病気平癒や安産に威力を持つ神とされた。これは富士山が火山で火口は火の所であり、鍛冶屋などが使うタタラが「火床」（ホド）と呼ばれ、女性の生殖器がホト・ホド（火戸・火所）と呼ばれたこととつながり、火山から溶岩が出てくることと子供が生まれることが同一視され、安産が意識されたからであろう。火山が安産の神とされることは、現在でも各地の習俗において見られる。おそらく、信玄の中にもこうした民間信仰が入り込んでおり、富士浅間大菩薩に娘の安産を祈ったのであろう。

永禄八年（一五六五）五月吉日に信玄は、重ねて富士浅間神社に娘の病気平癒を祈った。願文は写しで伝わっているだけであるが、次のようなものである。

右意趣は

徳栄軒《とくえいけん》信玄息女当病平癒息災延命せば、則ち

一、来る六月息女富士参詣の事

一、士峯の半ば山室において苾蒭衆《ひっすうしゅう》を請い、五部の大乗経を読誦するの事

一、神馬三疋献納の事

右三ケ条の旨、相違無く社納すべき者也

永禄八乙丑五月吉日　　信玄敬って白《もう》す在判

（田辺本『甲斐国志草稿』）

息女の病気が治ったら、六月に息女自ら富士参詣を行い、富士山中腹の山室で僧侶に依頼して五部の大乗経を読み、神馬三疋を献納すると誓っているのである。

信玄は永禄九年五月吉日にも、次のように浅間大菩薩に息女の安産を祈願した。

信玄息女は北条氏政の簾中《れんちゅう》なり、今時、妊懐の気候に当たり、来る六七月の頃、托胎《たくたい》必然か、その期に臨んで産平安に、子母共に毫末《ごうまつ》の禍機《かき》無くんば、富士浅間の神功に帰せん、若《も》し夫《そ》れ禱祝《とうしゅく》空しからざれば、中宮の室において一百衆の桑門を集めて、法華経王を読誦せしめ、しかのみならず神駒を納め奉るべし、感応の一件、日を刻しこれを竢《ま》つ、仍って願状敬って白す

徳栄軒

永禄九丙寅年五月吉日　　信玄（花押）

浅間大菩薩御宝前に納め奉る

（富士御室浅間神社文書）

文面を訳すと次のようになる。――信玄の娘は北条氏政の妻になっています。今懐妊しており、来《きた》

る六月か七月頃に出産します。その時に臨んでお産が平安で、子供も母もほんの少しの災いもなかったならば、富士浅間の神の功によるものです。もしこの願いが叶ったならば、富士山中宮の室において百人の僧侶を集めて法華経を読誦し、それだけでなく神馬を奉納します。この信心が神に応じられることを、日を刻して待っています。

神に対する感謝の方法は前年の場合とほとんど同じである。この願いは聞き届けられたようで、十月三十日に信玄は富士浅間神社の関係者である某に書状を送った。

恒例の如く、御札・扇子・杉原《すいばら》送り給い候、祝着に候、仍って是も毎年の儀に任せ、黄金弐両これを進じ候、抑《そもそ》も息女に候の者の懐胎に就いて、願状を納め奉り候の処、御祈念の故を以て、産平安誠に本望に候、これに依《よ》り黄金五両重て社納せしめ候、なお客僧口上有るべく候、恐々謹言

（永禄九年）十月晦日　信玄（花押）

（宛名を欠く）

（広島大学文学部所蔵文書）

この書状で信玄はいつものように御札や扇子・杉原紙を送ってもらった礼を述べ、信玄の方からも毎年のようにと黄金二両を送った。そして息女の懐妊について安産の願状を納めたところ、そちらの祈念のお陰でお産が平安に済んだことを誠に本望だとして、黄金五両をさらに社納するというのである。

こうしてみると、信玄が北条氏政の妻となった娘の安産にいかに気を遣っていたかがよく伝わってくる。

ところが、これから二年後の永禄十一年十二月、信玄が駿河に侵攻したことにより武田と北条の同盟が破棄されたため、彼女は甲斐に送還された。そして、翌永禄十二年六月十七日に二十七歳の若さで死去した。法名は黄梅院殿《おうばいいんでん》春林宗芳大禅定尼である。

子供に寄せる思い

もう少し子供たちに寄せる信玄の思いをみてみよう。

永禄十二年（一五六九）十二月十日、信玄は徳秀斎《とくしゅうさい》（経歴等不詳）に駿河国蒲原城（庵原郡蒲原町）攻略の様子を伝えた。

蒲原落居に就いて、早々御音問《いんもん》祝着に候、抑《そもそ》も去る六日当城の宿放火候き、例式四郎・左馬助聊《りょう》爾《じ》故、無紋に城へ責め登り候、まことに恐怖候の処、不思儀（議）に乗り崩し、城主北条新三郎（氏信）兄弟・清水・笠原・狩野介已下《いか》の凶徒、惣て当城に楯籠る所の士率（卒）、残らず討ち捕り候、当城の事は海道第一の嶮難《けんなん》の地に候、此の如くの趣輙《たやす》く本意を達し候、人の作《な》すに非《あら》ず候、剰《あまつさ》え味方一人も恙《つつが》無く候、御心易かるべく候、恐々謹言

（永禄十二年）十二月十日　　信玄（花押）

徳秀斎

御返報

（恵林寺文書）

文面によれば、十二月六日に武田軍は蒲原城の宿城に放火した。例によって勝頼と信豊は思慮が足りないので、むやみに城へ攻め上っていった。信玄としては跡目を継ぐ勝頼と、弟信繁の家督を継いだ信豊がどうなるかと、恐れおののいたが、不思議にも無事に乗り崩し、城主の北条氏信兄弟や、清水、笠原、狩野以下の凶徒をはじめ、この城に立て籠っていたすべての士卒を残らず討ち捕らえることができた。この城は海道第一の攻めるのに困難な地であるのに、たやすく自分の思う通りになった。これは人のなすところではない。その上に味方には一人も異常がないというのである。大きな戦果は神仏のなすところだろうとの意識が見える。

ここには勝頼と信豊を「聊爾」としながらも、彼らの行為を恐れつつ見つめる父親として、肉親としての情があふれている。しかも「例式」と彼らの性格を把握しており、理解も示している。結局、心の中ではこの両人を褒め、徳秀斎に自慢しているのである。

死者への供養

信玄は早世した子供の菩提《ぼだい》を弔っている。永禄元年（一五五八）閏六月十日、信玄は早世した四女の冥福のために、次のように甲府の大泉寺へ寺領を寄進した。

桃由童女菩提のため、浄古寺《（牧丘町）》の内大村右京亮分参貫文の所、寄附せしめ候、恐々敬白

永禄元年戊午

閏六月十日　晴信（竜朱印）

大泉寺

衣鉢閣下

（大泉寺文書）

信玄は亡き妻三条夫人のためにも菩提を弔った。彼女は三条西公頼の次女として、大永元年（一五二一）生まれ、天文五年に信玄と結婚し、元亀元年（一五七〇）七月二十八日に五十歳で死去した。元亀元年（一五七〇）十二月一日、信玄は三条夫人の菩提茶湯料として次のように円光院に寺領を寄進したのである。

定

宗蘙《そうい》禅尼茶湯料として、林部（笛吹市）の内ならびに石和《いさわ》の屋敷分、合わせ拾八貫寄附せしめ候ものなり、仍って件の如し

元亀元年庚午

十二月朔日　信玄（花押）

円光院

机下

（円光院文書）

なお、同日に信玄は長女黄梅院（北条氏政の正室）の供養をも、次のように大泉寺に命じている。

定

黄梅院料として、甲州南古《南アルプス市》の内局知行分、定納拾六貫弐百文の所、寄附せしめ畢《おわ》んぬ、塔頭《たっちゅう》の造営疎略無く相勉《つと》めらるべし、殊に別しては朝経暮呪の勤行《ごんぎょう》、怠慢あるべからざるものなり、仍って件の如し

元亀元年庚午

十弐月朔日　信玄（花押）

大泉寺

衣鉢閣下

（大泉寺文書）

このように死者の菩提を弔うことは、肉親としての情であるとともに、当時の家制度の中では当主として当然なさねばならぬことでもあった。現世に生きる人々は死者の菩提を弔うことで家を過去とのつながりで認識し、先祖に家を守ってもらおうとしたのである。

2　自筆文書に現れる人間像

寵童にあてた文書

武田信玄というのは、人間としてどんな人物だったのであろうか。これは誰もが知りたいことでありながら、なかなか真実に近づくのが難しい。そこで彼の

人間像を探るため、最初に彼自ら書いた文書を通して接近してみたいと思う。
信玄で目を引くのは龍童との関係である。天文十五年（一五四六）と推定されている七月五日に信玄は、源助という人物に次のような誓詞（口絵二頁）を出した。雰囲気を見るために最初原文、その次に読み下し文を載せる。

誓詞之意趣者

一、弥七郎ニ頻ニ度々申候へ共、虫気之由申候間、無了簡候、全我偽ニなく候事

一、弥七郎ときニ祢させ申候事無之候、此前ニも無其儀候、況昼夜共弥七郎と彼義なく候、就中今夜不寄存候之事

一、別而ちいん申度まゝ色々走廻候へハ、還而御うたかい迷惑ニ候

此条々いつわり候者、當國一二三大明神、冨士、白山、殊ハ八幡大菩薩、諏方上下大明神可蒙罰者也、仍如件

内々法《(宝)》印ニ而可申候へ共、甲《(申)》待人多候間、白紙ニ而、明日重而なり共可申候

（天文十五年）七月五日　晴信（花押《(後筆)》）

「春日」《(後筆)》源助との

（東京大学史料編纂所所蔵文書）

誓詞の意趣は

一、弥七郎に頻《しき》りに度々《たびたび》申し候へども、虫気《むしけ》の由申し候間、了簡《りょうけん》無く候、全く我が偽りになく候事

一、弥七郎とぎ(伽)に寝させ申し候事これ無く候、この前にもその儀無く候、いわんや昼夜とも弥七郎と彼の儀無く候、なかんずく今夜存じ寄らず候の事

一、別して知音申したきまま色々走り廻り候へば、還ってお疑い、迷惑に候

この条々偽り候はば、当国一二三大明神、富士、白山、殊には八幡大菩薩、諏《す》方《わ》上下大明神の罰を蒙るべき者なり、仍って件の如し

内々宝印《ほういん》にて申すべく候へども、申待ち人多く候間、白紙にて、明日重ねてなりとも申すべく候

(天文十五年)七月五日　晴信(花押)

春日源助との

この文書については、信玄の花押《かおう》(サイン)はぎこちなく、墨色も異なり、信玄の自筆でなく後筆と思われる。また宛名の春日源助の「春日」も後で付け加えられた文字のようである。ただし、文字の特徴は他の武田信玄自筆文書といわれてきたものと同じであり、この文書は極めてよく似せた写し、もしくは実物の文書に先に述べた二点を書き加えたかどちらかであろう。本来自筆の文書ならばサインをする必要はないので、花押が無くてもよい。しかも、文中では本来ならば牛王宝印《ごおうほういん》に記すべきで

あるが、普通の紙にしたためるとあり、これは正式でないものだから花押が据えられなかったとも考えられる。原本に花押がないことについては理由を説明することが可能である。

信玄に関係した源助という人物で有名なのは春日源助である。春日源助は甲斐石和（笛吹市）の大百姓春日大隅の子で春日弾正《だんじょう》といい、十六歳の時に当時二十二歳の信玄に仕え、後に高坂弾正虎綱（昌信《まさのぶ》）と称した人物である。『甲陽軍鑑』は彼が四十八品までを書き、彼の死後は甥の春日惣次郎が書き継いだとされている。したがって、源助として後世の人が広く思い起こすのは春日源助なので、後に誰かが「春日」を付け加えた可能性が高い。

こうした諸点からして、この文書は信玄自筆の誓詞と考えてよいと思う。仮に写しだとしても原本は存在したと判断する。

この文章を訳すと次のようになる。

このように神に誓って約束する意図は

一つ、弥七郎に私は重ねて何度も言い寄ったけれども、腹痛（虫気、腹痛を伴う腹部の病気の総称。古くは腹中に住む三尸《さんし》の虫によって起こると信じられた）だということで、思った通りになりませんでした。このことについて私には全く偽りがありません。

一つ、私が弥七郎を伽《とぎ》のために寝させたことはありません。この前にもそのようなことはありませんでした。まして昼夜ともに弥七郎とそのようなことをしたことはありません。とりわけ今夜は一つ、とりわけ私の方からあなたによく知っていただきたいと色々走り廻ると、かえって疑いをかけられて、迷惑しています。

（庚申《こうしん》の日ですから）存じ寄らないことです。

この条々について偽りがございましたら、甲斐国の一二三大明神、富士、白山、殊には八幡大菩薩、諏訪上下大明神の罰を蒙ります。そのようなわけで、以上の通りです。

本来ならば誓詞ですから牛王宝印を捺した起請のための紙に書いて差し上げねばならないのですが、今宵は庚申待ち（庚申の夜、仏教では帝釈天および青面金剛を、神道では猿田彦を祀って、寝ないで徹夜する。この夜に寝ると、人身中にいる三尸《さんし》が罪を上帝に告げるとも、命を縮めるともいう）で館の中に多くの人がいますから、普通の白紙の紙に書き、明日重ねて牛王宝印で差し上げましょう。

ちなみに、天文十五年七月五日が庚申であることはいうまでもない。

信玄の言い訳

この文書を取り上げたのは、信玄の性格がよく出ていると考えたからであるが、それを考える前に、この文書がどのような順序で出されたものか確認しておきたい。

おそらく、源助の方から信玄に、「あなたは私というものがありながら弥七郎に言い寄り、夜伽をさせたと耳にしましたが、それではあまりに酷すぎませんか、今夜も彼を召しているということですが本当ですか」といった詰問が浴びせられたのであろう。

そこで信玄は第一条で、「あなたがいっているように、確かに私は弥七郎に何度も言い寄りましたが、彼が腹痛だったため、意が叶いませんでした。これは全く嘘偽りがありません」と述べたのである。重ねて源助の理解を得るために第二条で、「弥七郎を伽に寝させたことはありません。これは過去でも同じです、昼夜ともに弥七郎と寝るようなことはありませんでした。特に今夜は庚申の日でみんなと一緒に起きているのですから、彼と寝ることなどできないはずです」と答えている。第三条では、「あなたに私の潔白を知っていただこうと奔走すると、かえって疑いをかけられて、迷惑しています」と述べている。

年下の寵童に答えるこの三カ条の順序だけでも、私はいかにも信玄だという感じを抱く。すなわち、第一条では相手の主張を認めた上で、自分の意図通りにならなかったと弁明し、第二条では重ねて否定した上で、庚申の日だと理由付けをし、第三条では逆ギレをしている。相手の心理を読みながら、論理的に言い訳をし、それでもという時には逆ギレとは、細心の心配りと全く逆の大胆さ、実にみごとな取り合わせではないだろうか。

信玄は大永元年（一五二一）十一月三日に生まれているので、天文十五年（一五四六）七月五日には満でいうなら二十四歳、しかし武田家の当主になってから既に五年である。戦国大名として甲斐を領し、信濃を侵略しつつある信玄が、源助という寵童に、このような内容の起請文を出し、相当真面目に対処している。これまで戦国大名武田信玄といえば、命令通りに動く家臣がたくさんいて、家臣に我意を通していたように思われがちであったが、ここに見える信玄は全く異なる。寵童に対して、実に真面目に言い訳をし、うろたえ、逆ギレまでして彼をなだめようとする、一人の当たり前の人間性が透けて見えるのである。

相手の話を聞き、一部受け入れた上で、さらに対応する、信玄はなかなか信頼のおける人間味あふれる人物といえよう。

起請文は出されたか

この文書によれば明日重ねて牛王宝印で正式に書いて差し上げましょうと言っているが、実際に起請文は出されたのであろうか。

全体からすると源助の詰問内容で重要なのは、文書の出された日に信玄が弥七郎に伽をさせるかどうかであり、信玄がこれを否定しているのである。信玄のうろたえ振りから見ると、誓詞と異なっておそらく彼は弥七郎と関係を結んでいたのであろう。この日も関係がなかったとは言い切れない。ともかく、この日については否定して源助を安心させればよいのである。

この文書は前半は誓紙であるが、内々に以下を書くことによって手紙になっている。牛王宝印に書いてしまったら、事実でなければ神罰を蒙らなければならないが、この文書はこのようなものでいかがでしょうかと手紙にしているのであって、実際に神仏に誓いをしているわけではない。

信玄を含めて当時の人々にとって起請文は大きな意味を持つことであり、神仏に誓って虚偽をした場合、相応の神罰を受けることになる。信玄としてはこの日に弥七郎と関係しないといいわけをすることが重要であって、源助もそれが確約されればよいので、このような書状でも話を済ませることができる。信玄としては実際に神仏に誓ってしまえば、自らの立場が悪くなるがこの形ならば神仏に対しても言い訳が可能である。五日の夜が問題にされているので、六日になればこの文面では意味を持たなくなってくる。

こうしたことからすると、信玄は重ねて誓紙を出すことはしなかったであろう。正式に牛王宝印にしたためなかったこともまた、信玄なりの読みであったと思われる。遠謀術策の信玄がここにも現れている。

社会慣習の中で

この誓詞は信玄と源助、信玄と弥七郎との男色関係を伝えている。現代人にとって男の大人と少年の性関係は異様に思えるが、当時の日本においては広く行われていたことであった。

寛和元年（九八五）に源信が著した『往生要集《おうじょうようしゅう》』には、地獄の第三番目に衆道地獄があり、そこに落ちる者は「男の男に於いて邪行をなせる者」だという。こうして制しようとするのは、これが行われていたからである。醍醐の三宝院には元亨元年（一三二一）に描かれた「稚児草子《ちごぞうし》」があるし、『徒然草《つれづれぐさ》』第九十段には高僧が乙鶴丸という美少年を愛した話が出ている。『臥雲日件録《がうんにっけんろく》』の享徳二年（一四五三）二月十八日条によれば、将軍足利義満は美童を寵愛している。同時代においても織田信長と森蘭丸《もりらんまる》の関係などはよく知られている。あの井原西鶴の『好色一代男』でも世之介が五十四歳までに関係した女を三千七百四十二人、「少人」（美少年・若衆）を七百二十五人としている。江戸時代でさえ、男同士の関係は多かったのである。

なお、こうしてみると寵童は誰もが持てるものではなく、有力な僧侶や武士など経済力がなければ持つことはできなかった。ここにも信玄の立場が見え隠れしている。

誓詞の最後には、この条々について偽りがあったら、甲斐国の一二三大明神、富士、白山、殊には八幡大菩薩、諏訪上下大明神の罰を受けますと約束している。甲斐国に生きた信玄にとって甲斐国の一宮（浅間神社）、二宮（美和神社）、三宮（玉諸神社）は起請文において最初に挙げねばならない神だったのである。次に富士が出てくるが、これは信玄が毎日見ていた富士山のことで富士浅間大菩薩である。これもまたいかにも甲斐に生きた信玄らしい。その次に白山が出てくる。白山といえば石川・福井・岐阜の三県境にある、御前峰・大汝山・剣ヶ峰の総合名称で、白山妙理大菩薩を示す。甲斐の場合、南アルプスに日本第二の高峰白根山（北岳）があるので、いつも白く雪をいただく山に対する信仰が存在して、それがこうした形で姿を現した可能性もある。八幡大菩薩は武田家が清和源氏の出なので、氏神としての性格と、武神としての意味を併せ持つ。諏訪上下大明神は武神であり、武田家、特に信玄との強いつながりの上に記されたのであろう。信仰もそのものが信玄の住む地域性と、甲斐源氏の武田氏という氏族の帰属意識などによって縛られていたのである。

本来ならば誓詞なので牛王宝印を捺した紙に書くものだとしていることも、当時の誓いの習慣を示している。

最後に興味深いのは、この文書を出した日が庚申待ちで、みんなが夜起きているという点である。ここには民間信仰としての庚申が見えている。同時に、こうした日はたとえ自分の住む館の中であっても、信玄が人目を気にして自由な行動もとれなかったことになる。戦国大名の館そのものが我々が日常を送る家とは随分異なる、いわば公的な場としての性格を持っていたことがわかる。

年配者・長老に頭が上がらない

他にも信玄の書状を取り上げてみたい。天文十八年（一五四九）かと推測される八月十二日、晴信（信玄）は龍淵斎《りゅうえんさい》に書状を送った。そこには次のようにある。

今川《（義元）》殿より一宮出羽守をもって承り候間、去る七日坂木へ指し越し候、例式豆州《（穴山信友）》は大酒振舞までに候間、何事も談合調わず候、また小山田《（信有）》をば佐久郡へ差し遣わし候、かれこれ以て一向不如意迷惑に候、同じくは急度出来有り御意見本望たるべく候、なお高白《（駒井政武）》所より申すべく条、一二《つまびらか》にする能《あた》わず候、恐々謹言

八月十二日《（天文十八年か）》　晴信（花押影）

龍淵斎へ

（磯部家文書）

今川義元のところから一宮出羽守を使いにして連絡があったので、去る七日に坂木（坂城町）へ出かけました。しかしながら、いつもの通り穴山信友は大酒を振る舞うだけでしたので、何事も話し合いが決まりませんでした。また、小山田信有を佐久郡に派遣しました。あれこれあってすべて思うままにならずに迷惑しています。急いでやって来て御意見をしていただけたら本望です。なお駒井高白斎が申し述べますので、つまびらかにここでは記しません。だいたいこのような内容である。

ここに出てくる穴山信友は武田氏の一族で、信虎の婿に当たる。信玄にとっては十五歳も年上で、河内地方を領する親戚の有力者であるために頭が上がらない。今川の使者がやってきた、外交交渉の

重要な場面なのに、信友は大酒を振舞うだけで（実際には信友が酔ってしまい、めちゃくちゃになったのであろう）、信玄の意図は全く達成できなかった。もう一人姿を見せる小山田信有は、郡内を根拠にする甲斐で最大の国人領主であり、なおかつ信玄より年長者であった。信玄が彼を佐久郡に派遣しても、信玄の意図の通り動かなかったのであろう。

この文章を読むと、信玄は甲斐の最も大きな領主である二人に頭が上がらず、自分の意図通りにならないと龍淵斎にこぼすしかなかったようで、彼の置かれた状況が窺われる。

信玄が穴山信友に頭が上がらなかった様子は、諏訪清三にあてた天文十八年十月二日の信玄書状に、「去る年七月、意趣に無き逆心を企てらるるの条、遺恨少なからざる次第に候、しかるところに同名伊豆守《(穴山信友)》に対し頻《しき》りに歎かれ候の間、先ず本領安堵たるべく候」（三沢家文書）とあるところにも見えている。信玄は去年小笠原長時にくみした諏訪清三が穴山信友を通して頻りに罪を赦してくれと哀願したので、これを受け入れざるを得なくなり、清三の本領を安堵したのである。

信玄も有力な年配者の前では、彼らの意に応じるしかなかった。換言すると、信玄個人の意志で物事が決定されるというよりも、周囲の意見によって決められていくことが多かったのであろう。父親の駿河追放も実際にはそうしたものだった可能性が高い。

慎重な性格

天文二十年（一五五一）と推定されている七月二十五日、信玄は飯富虎昌と上原昌辰《まさとき》（天文二十年九月より小山田備中守となる）に次のような書状を送った。

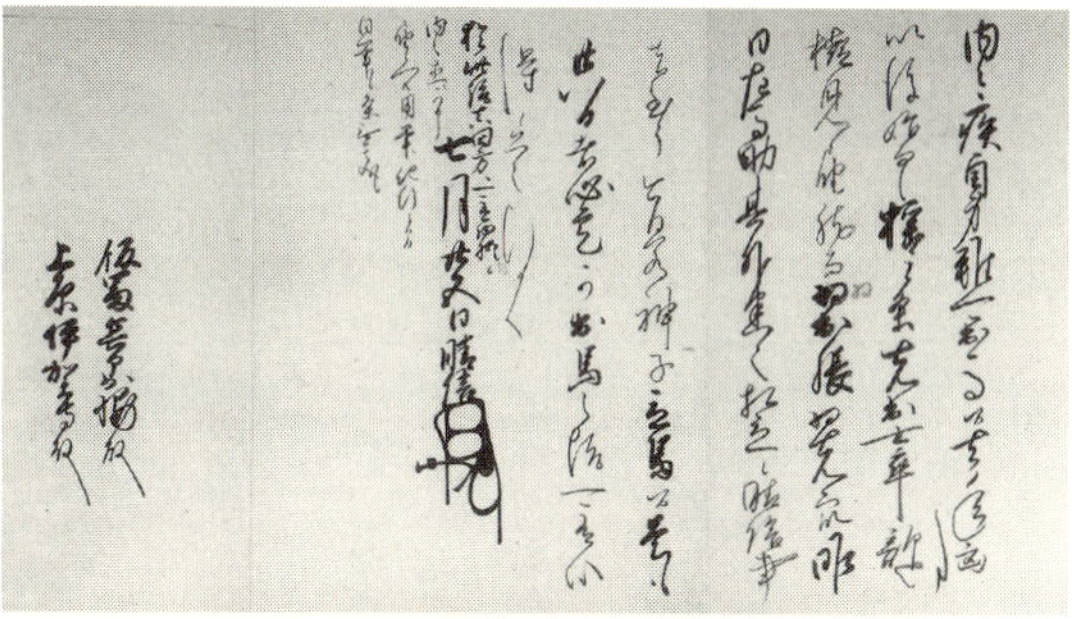

飯富虎昌・上原昌辰宛の信玄自筆書状
（東京大学史料編纂所蔵影写本）

内々疾《と》く自身出馬すべく候といえども、去年凶事以後始《（ママ）》めての揺らぎに候条、先に士卒を出し、敵の擬《なぞら》え見届け、然して出張をなすべし、先衆として昨日左馬助《（武田信繁）》その外悉《ことごと》く相立ち候、晴信のことは今日に至り若神子《わかみこ》に馬を立て候、これも二十八日には必定出馬すべきの趣、心得あるべく候、恐々謹言

なおこの趣真田《（幸隆）》方へ物語有るべく候、内々直《じき》に申し届くべく候へ共、用筆他行に候間、自筆に候条その儀無く候

七月廿五日《（天文二十年）》　晴信（花押）

飯富兵部《（虎昌）》少輔殿

上原伊《（昌辰）》賀守殿

（恵林寺文書・東大史料編纂所蔵影写本）

内々に自分としてもすぐに出馬したいのだが、去年の凶事（天文十九年の戸石合戦を指すと考えられている）以後初めて軍を動かすので、先に士卒を出して、敵の状況を見極め、それから出向きたい。先衆として昨日武田信繁その他の者たちが出立した。

自分は今日若神子（北杜市）に馬を立て、二十八日には必ず出馬する、との内容である。

信玄は前年の敗戦を教訓にして、実に注意深く行動していたのである。この書状からは、それぞれの家臣の役割を考えながら、細かい点に至るまで部下に指示をしている信玄の姿が見えてくる。

天文二十二年正月二十八日、信玄は小山田昌辰に次のような書状を出した。

急度自筆を染め候、抑《そもそ》も来る六日ふと出馬候、世上への批判をば砥石再興のため出陣の由、堅く申し触れらるべく候、ゆめゆめ動きなどのこと流布あるべからず候、またその口を出馬すべく候、しかる処に振舞の支度、城の払い地などは、さのみ結構いたさるべからず候、必ず必ず砥石普請のため父子出張の由批判あるべく候、恐々謹言

正月二十八日　　晴信（花押）

小山田備中守（昌辰）殿

（陽雲寺文書）

このときの政治情勢からして、信玄の行動は村上義清を直接攻撃するものであったが、小山田昌辰には戸石城を再興するためだと世間に申し触れるように、決して動陣のことなどを流布しないようにと命じている。これは文章の最後に再び繰り返されている。行動の真意がわからないように言い触らせとは、明らかに情報戦である。ここにも慎重な行動を取る信玄の一面が現れている。

また、後半部分では自分と長男がそちらに行くからといって振舞の支度や、迎え入れるための城の

整備などはそれほど結構なものにしなくてもよいと伝えている。この点にも心遣いをする人物であったことが窺われる。

気遣いの人

先の書状の後半部などからして、信玄は随分細かい点にまで気配りをする人物だったと思われるが、もう一点そうしたことを伝える年未詳十一月四日付の書状を挙げておきたい。

［　］《（穴山）》左衛門大夫《（信君）》・六郎次郎《（武田信豊）》・小山田兵衛尉《（信茂）》、その外数輩宝鈴を鳴らすべき為に社参候、ここにおいては、なかんずく厳重に儀式の調えもっともに候、施物等のことは、当時軍役繁く候間、これを減ぜられるべく候、委曲は道空口上あるべく候、恐々謹言

十一月四日《（年未詳）》　信玄（花押）

神長官殿《（守矢信真）》

（山梨岡神社文書）

諏訪大社上社本宮の宝物殿に現在も鉄鐸《てつたく》（宝鈴）が展示されているが、この宝鈴は中世に誓いをなす時に使われたものであった。『神使御頭之日記』の天文四年（一五三五）条によれば、この年それまで争い続けてきた武田信虎と信濃国諏訪郡の領主碧雲斎《へきうんさい》（諏訪頼満）が和睦することになり、九月十七日に堺川の北で両者が参会し、二人の間に立った神長守矢頼真が諏訪上社の宝鈴を鳴らして、和解の儀式をなした。その後も諏訪社の宝鈴は誓約の鐘として度々姿を見せる。『高白斎記』の天文十一

年十月七日条によれば、新たに信玄の支配下に入った諏訪の西方衆が、信玄への服属を誓って宝鈴を鳴らした。また同書天文十七年四月四日条では、長い間武田氏に背いてきた高遠（長野県上伊那郡高遠町→平成十八年三月より伊那市）の諏訪（高遠）頼継が服属し、同様に宝鈴を振っている。

そのような宝鈴を穴山信君・武田信豊・小山田信茂の三人が鳴らしに行くというのである。彼らも何らかの誓いをするためにわざわざ甲斐から諏訪社へ参詣しようとしたものであろう。このうち穴山信君は信友の長男で河内地方の領主、武田家滅亡に際していち早く徳川家康に従った人物である。武田信豊は信玄の弟信繁の次男で、信繁戦死後に家督を継いだ有力者である。小山田信茂は郡内の領主で、武田家滅亡に際して勝頼を裏切り織田氏に降伏したが、殺害されている。つまり、ここに出てきている三人は当時の武田家の中では、信玄の次に位置する有力者だったのである。

信玄はこの書状の中で、この三人とその外数輩が宝鈴を鳴らしに社参するので、厳重に儀式を整えて欲しいと求めている。こんなところまで気を遣うのかと思いつつ読めば、さらに施物等については現在度重なる戦争に参陣してもらっていて費用がかかっているので、これを減らして欲しいと、実に細かい点にまで注文をつけているのである。天文四年に武田信虎が碧雲斎と和平した際に宝鈴を鳴らしたが、この時には参銭として金七（何も記されていないが両、もしくは金の粒七個であろう）を出している。このことからして、実際宝鈴を鳴らす時には相当の賽銭（施物）を必要としたのであろうが、それを負けてくれと値切ることまで信玄はしていたのである。

なお、信玄は永禄四年（一五六一）二月十四日に、諏訪上社の宝鈴銭の金額を「一、上　五貫五百文、一、中　参貫三百文、一、下　壱貫弐百文」（守矢家文書）と定めた。これは、賽銭の目安を定めることで鳴らしやすくしようとしたものであろう。

信玄は神経質な人物とさえいいたくなるくらい、気配りをしていたのである。おそらくそうしたことによって、家臣たちが信玄を信用し、彼に従ったものと思われる。

3　学問と文化

快川の信玄評価

『甲陽軍鑑』によれば、ある時信玄は、「人の学有るは、木の枝葉有るが如し、ただ、人はもって学なくんば、有るべからずといいつべし、学というは、物を読むばかりに非ず、己々が道々について学ぶを、学とは申すなり」（品第四十上）といったという。信玄という大樹が育つ時、彼の枝葉がどうなっていたか、確認してみたい。

天正元年（一五七三）四月十二日に死去した武田信玄の仏事に関わる法語を集めた「天正玄公仏事法語」の中で、快川紹喜《かいせんじょうき》の信玄七周忌仏事散説には次のように記されている。

竊《ひそ》かに慮《おもんぱか》るに、大居士一仏二菩薩の化現《けげん》に非ず、百千万億仏の化現なり、蓋《けだ》し斐相国陸大夫流の亜か、内に色の荒るる無く、外に禽の荒るる無し、春に花の荒るるを作さず、秋に月の荒るるを作さず、和歌を詠じ、唐詩を賦す、伎芸を嗜み、兵書を読み、書翰を工、弓馬を伝え、しこうして四書六経諸史(子)百家の書、学ばず尽きる無し、その事業の行迹《ぎょうせき》、三世も得るべからざるなり、しかのみならず、台宗の奥義を伝え、しかりて権大僧正の位に上りて、万八千丈の台嶺を坐断す、しこうして鈴を執りて振る、則ちその声梵天《ぼんてん》に徹し、しこうして三井の龍を嚇《おど》して走却させ、九峯の虎を殺し、月洞凰林《げつとうおうりん》の夜鶴、雲渓烟隴《えんろう》の山猿、また驚きて飛ぶ、この時に到り、諸天豈《あ》に感応せざるや、敵軍豈《あ》に退散せざるや、それ憲法なり

仏事に際しての評価とはいえ、まさに信玄に対する最大の賛辞が続いている。漢文で書かれており、仏教哲学を持った快川の文章であるので、私の読み下しも不安であるが、一応意味を取ると次のようになろう。

信玄は一仏二菩薩が化現した人物ではなく、百千万億仏が化現した者である。まさしく宰相で陸大夫に次ぐ者である。内に向けては色情などで荒れることなく、外に向けては禽獣のように荒れることがない。春には咲く花を散らせるようなことをなさず、秋には明月が隠れるようなことをしなかった。信玄は和歌を詠じ、唐詩を賦した。歌舞音曲などの芸能に関する技を嗜み、兵書を読んで、書翰に巧みで、弓馬を伝えていた。さらに四書六経諸子百家の書については学ばずにおしまいにすることはなかった。彼が行った事業の業績は三世たってもなす事ができないだろう。それだけでなくて、信玄は天台宗の奥義を伝え、権大僧正の位まで昇って、万八千丈の比叡山で俗念を断つ。そして、鈴を執って振ると、その声は梵天帝釈のように仏教を守護することに徹する。信玄の声は三井の龍を嚇して走

って退かせ、九峰の虎を殺し、月洞凰林に棲む夜鶴や雲がたちこめ霧や水蒸気でおぼろげに見えるような渓谷に棲む山猿をも驚かせて飛び去らせる。この時に至って諸天で信玄の信心に感応しないものがあろうか。信玄の敵軍で退散しないものがあろうか。それは基本となる決まりである。

快川紹喜は美濃の崇福寺《そうふくじ》（岐阜市）住職であったが、天文二十二年（一五五三）に恵林寺に入山し、同二十四年五月には信玄の母である大井夫人の年忌を勤めた。翌年、崇福寺に帰ったが、永禄七年（一五六四）十一月に信玄の招請を受けて再び恵林寺に戻った。信玄はこの寺を菩提寺と定めている。天正十年（一五八二）の武田家滅亡に際して恵林寺で、「安禅必ずしも山水を須《もち》いず、心頭を滅却すれば火自ずから涼し」と遺偈《いげ》して火定《かじょう》（自ら火中に身を投じて入定すること）したことで有名である。彼は当時関山派《かんざんは》（妙心寺派）を代表する英衲《えいのう》知識と知られ、死に際しての行動のように気骨ある人物だった。このような高僧が、親しかった信玄を前掲のように述べていることは、信玄がどれだけ魅力的な人であったかを伝えていよう。

詩への傾倒

快川は「和歌を詠じ、唐詩を賦す、伎芸を嗜み、兵書を読み、書翰を工、弓馬を伝え、しこうして四書六経諸子百家の書、学ばず尽きる無し」と、学業に優れた信玄の姿を示す。

信玄の帰依により府中成就院の住職となった説三恵璨《せつさんえさん》も、同書の「恵林寺殿機山公大居士七周忌之拈香《ねんこう》」で、「二八唐体、三十一字和歌、共に詠吟に足らざる無し」と評している。信玄は和歌も漢詩も巧みであった。

『甲陽軍鑑』には信玄が詩に耽《ふけ》った様子が記されている。すなわち、天文八年(一五三九)の信玄は無行儀《むぎょうぎ》で、若い殿原衆《とのばらしゅう》や若い女房たちを集め、日中でも座敷の戸を立て廻し、昼であっても蠟燭《ろうそく》を立て、一切夜昼のわきまえもなかったため、御前衆ばかりが奉公し、家臣であっても信玄にお目にかかることがなかった。ことさら日々出仕する近習《きんじゅ》など年頃の侍は、毎日夜明けまで一緒にいて迷惑の限りであった。時たま信玄が表に出る時分には出家衆を集めて詩を作った。詩の会があればもっと凍み氷ったようになって、諸侍はお目にかかることができなかった。

家老衆がこうした信玄の行動を諫めることもできなかったのは、彼が鬼神の如く近国までも聞こえた父信虎を、何の造作もなく他国に押し出し(『甲陽軍鑑』ではこれを天文五年としているので、問題になっているのは家督を継いでから三年後)、その上その年の内に信玄よりも老巧な信州の大将衆が、味方の人数より倍の人数で甲州へ乱入してきたのを、四度合戦してすべて勝ったためであった。こうした風聞を聞いて信州衆が甲信両国の境目に砦を築き、村上義清は若神子《わかみこ》筋、諏訪衆は台ヶ原(ともに北杜市)へ、それぞれ千四、五百で攻めて来たが、飯富虎昌と板垣信方の活躍により退けることができた。しかしながら、信玄は夜の狂いを止めず、詩作ばかりしていた。

そんな状況の中で板垣信方(信虎追放の立役者になった家老)は詩をよく作る出家衆を宿に呼び、二十五、六日間をかけて詩の作り方を学んだ。その後、信玄が館で詩作をしている時に、板垣も縁にいて、「自分にも一首仰せ付けて欲しい」と求めた。信玄は、少しものを詠んでも連句にはならない、まして文盲の板垣が詩を作ることができると思わなかった。けれども宿老の板垣が十度あまりも求めたので題を渡したところ、板垣は即座に詩を作った。信玄は不審に思ってまた一首題を与えると、板垣がまた作った。信玄が「内々に題を人から聞き出してこのようにしたのか」と尋ねたので、板垣は「他の題を下され」と求め、他の題で三首まで作詩した。

信玄は、「即座に詩を五つ作ったがいつの間に習ったのか、これまで板垣が詩を作るなどとは聞かなかったが」と問うた。板垣は「このほど二十日あまり稽古をしました」と答えた。信玄が「なぜそんなことをしたのか」と聞くと、「御屋形様がなされることを宿老がまねなくてはいけないと思ったからです」と返事をし、続けて「これよりもっとうまく作るのには、あとどれくらい稽古をすればよいでしょうか」と尋ねた。信玄は「これからは少しも苦労は要らないだろう」と答えた。

そこで信方は、「詩を作ることはいい加減になされるように。国を持つ大将は国の仕置き、諸侍を諫《いさ》め、他国を攻め取るのが仕事です。信虎公の十数倍名を取って、はじめて信虎公と対等になります。その理由は、信虎公は無行儀で淫乱無道でしたから、重い科人《とがにん》をも、たいしたことのない科人をも、同じように成敗しました。自分の腹が立てば、善も悪もわきまえなく命令をし、気に入った者には一度逆心をした者にも卒爾《そつじ》（にわか）に所領を下され、忠節忠功の武士を科もないのに頭を上げさせぬようにし、万事なすべきものとは逆の仕置きを信虎公の非道と見たから、父であっても追い出したのではないでしょうか。それが三年もたたないうちに、自身の好むことを過ごして、心のままにあそばされるのは、信虎公の百数倍も悪大将です。もし諫めた内容にご立腹で、板垣を御成敗をされるのでしたら、馬の先で討ち死にしましょう」といった。信玄はここで会得し、板垣を御寝所に召し連れられ、涙を流し、誓詞を出して、無行儀を直した（品第十九）。

この記載が事実かどうかは不明であるが、信玄が一時期詩作に耽っていたことは十分にあり得るだろう。しかし、現在人の立場から見ると唐詩を作ることがそれほど悪いことには考えられない。おそらくこうした中で、前述の源助との関係のようなこともあったのであろう。

板垣信方が学んだのは僧侶であった。当時の文化人にとって、現代の英語のような世界の共通語としての意味を持ったのは漢文であった。漢字こそ真の字（真名）であり、僧侶たちは五山文学に代表される漢文学に身を置いていた。信玄の場合も、教養として当時の世界言語たる漢文の世界があったのである。

信玄の詩

信玄が作ったという詩が『甲陽軍鑑』に載っており、それは萩原頼平編『機山公十七首詩解』（大和屋書店、一九三三年）としてまとめられてもいる。その序と跋が信玄の信頼を得た明叔慶浚《めいしゅくけいしゅん》の語録『明叔録』に掲載されている上、詩巻の原本が細川家に伝わっているので、信頼性は高いと思う。その中から二、三挙げてみたい。

　春山如笑
簷外風光分外新
捲簾山色悩吟身
孱顔亦有蛾眉趣

　春山笑うが如し
簷《えん》外の風光　分外新《あら》たなり
簾《れん》を捲《ま》いて　山色吟身を悩ます
孱顔《さんがん》も亦《また》　蛾眉《がび》の趣有り

一笑靄然如美人　　一笑靄然《あいぜん》として　美人の如し

訳すと次のようになるだろう。

庇の外に広がる風景は自分の持ち分を越えてまで新たである
簾《すだれ》を捲いて見る山の色の美しさを何と詩に吟じたらいいのか悩む
山のあざやかなる景色もまた美人の眉のような趣がある
雲や霞のたなびく様も美人の笑うようである

甲府は周囲のすべてを山に囲まれている。しかも躑躅ヶ崎の館周辺は山に近く、緑豊かである。信玄はその自然の変化に目を向け、それを讃えるように美しい女性になぞらえて歌い上げている。第一句と第二句、第四句の間で韻が踏まれている。

古寺看花　　古寺に花を看る
紺藍無処不深紅　　紺藍《こんらん》深紅ならざる処とて無し
花下吟遊勝会中　　花下の吟遊　勝会の中
身上従教詩破戒　　身上さもあらばあれ　詩の破戒

挙盃終日酔春風　　盃を上げて終日　春風に酔う

寺中に深紅でない場所はない
花の下で詩を口ずさんで遊ぶ優れた会合の中で
身上はどうであろうとも詩の戒を破る
盃を上げて酒を飲みながら春風に酔う

古寺と色鮮やかな花の取り合わせ、そこで開かれた花見の会合の中で、信玄は詩を吟遊する。詩の破戒だというのは、板垣信方に諌められたにもかかわらず、こうして作詩していることをいうのであろうか。酒を飲みながら詩を吟じ、春の一日を楽しんでいるようである。他の作品からすると、漢詩としてやや異風である。韻は第一句と第二句、第四句の間で踏まれている。

新緑　　新緑《しんりょく》

春去夏来新樹辺　　春去りて夏来たる　新樹の辺
緑陰深処此留連　　緑陰深き処　此《ここ》に留連《りゅうれん》す
尋常性癖耽閑談(淡)　　尋常の性癖　閑淡《かんだん》に耽《ふけ》る
不愛黄鶯聴杜鵑　　黄鶯を愛さず　杜鵑《ほととぎす》を聴く

春が去って夏がやって来たので樹木のあたりに新緑の色が増す
青葉の茂った影にいて心休まり帰るのを忘れてしまった
世の常の性癖であるがここでものの静けさに浸り
春の賑わしい鶯を愛さずに静かな夏のホトトギスの声を聴いている

この歌もまた四季の移ろいを歌っている。夏の青葉の影にいて静けさの中にいるうちに時間がたってしまった。春の鶯の声を愛でることなくホトトギスの声を聴いているとの内容に、壮年期の信玄の思いが重なるようである。この歌も第一句と第二句、第四句の間で韻も踏まれている。いずれにしろ、これらの歌は周囲の自然が歌いこまれており、季節の中に沈潜する信玄の姿が出ている。戦乱の中に身を置いているからこそであろうか、詩作のひとときは彼にとって幸せな時間であったように感じられる。同時にこうした歌には周囲の自然、甲斐に対する限りない愛情が満ちあふれているように思う。

信玄の好敵手である上杉謙信については天正五年（一五七七）九月に能登の七尾城入城の際、「霜は陣営に満ちて秋気清し」で有名な七言絶句が伝えられているが、自作という確証はなく、他の漢詩が伝わらない。ところが、信玄については少なくとも十七首がまとめられており、確実に信玄が漢詩を賦していたことを伝えている。彼の漢詩は近世に展開された日本性豊かな漢詩にまでは熟成されていないが、先に見た学識を前提とし、次の時代へのステップになったことは疑いないであろう。

快川も説三もともに信玄の教養として漢詩と並んで和歌を挙げている。信玄は和歌の世界ではどうであったろうか。

『甲陽軍鑑』（品第九）によれば、信玄は永禄九年（一五六六）春に恵林寺・長禅寺をはじめとする寺々へ、時宗の一蓮寺において御歌の会を催すと連絡した。相伴は小笠原慶安《けいあん》・板坂法印・長延寺《ちょうえんじ》（実了）・一花堂・岡田見桃（賢桃斎《けんとうさい》）・寺島甫庵《ほあん》・長坂釣閑、以上検校《けんぎょう》ともに十二人。次の座には信玄の親族である逍遙軒・典厩（武田信豊）・勝頼・穴山信君・川窪信実・一条信竜、この外六人。縁には大蔵大夫（金春喜然《こんぱるきねん》）・同彦右衛門、おのおの猿楽師であった。信玄の御膳を土屋昌続、その配膳に曾根昌世・真田昌幸・三枝《さいぐさ》守友、この四人は御膳の給仕をしただけである。御相伴の衆・御次の衆へは、この四人の他に御通い衆二十一人の人々が給仕した。信玄の御膳奉行は武藤常昭・今井信衡《のぶひら》・桜井安芸守の三人であった。

その時京都から菊亭（今出川晴季《いまでがわはるすえ》だという）が甲斐に下ってきていたので、二、三日以前に一蓮寺から跡部大炊助（勝資《かつすけ》）・原昌胤を通して「菊亭殿も御相伴を」と言上したが、信玄はこれを止めさせた。けれどもその日の朝、ふと菊亭が一蓮寺へやって来て、「御歌の会と承りながらやって来ないことは傍若無人《ぼうじゃくぶじん》だ」とおっしゃり、御座席に入られた。信玄は大いに喜んだ。

その後武藤常昭が「御膳の時間になりました」と言上した。信玄は寺島甫庵を召して、「遠光院《おんこういん》説三和尚のところに行き、宋梅憪《そうばいとう》のことはいずれの本に出ているか、書き付けて持ってくるように」と仰せられた。このように甫庵を差し遣わしたのは、「一蓮寺は出家なので高盛の膳を人数だけ作り、もし余分がない場合、菊亭殿がやって来たため最初から出ていた相伴衆が立つことは、信玄の恥になるからだ」と後に高坂に仰せられた。このように時に当たって心遣いをしたので、後に膈《かく》（胸と脾臓の間、また胸部と腹部を分離する膜。あるいは胸中）の病気になったのだと、禅の長老や儒者がいったという。

ここにも神経質なくらい気配りをする信玄の姿が見えている。

いずれにしろ、このように信玄の周囲では和歌の会も開かれていた。しかもそれは単なる楽しみの会ではなく、食事を含んだ長い時間にわたるもので、それこそが文化の場であると同時に、人と人を結びつける会合の場でもあった。和歌は単なる文芸ではなく、そこに集うことによってまとまる人々の縁が大事だったのである。

信玄の和歌

このようにことあるごと信玄は和歌を詠んだが、彼の歌がいくつか伝わっている。それを少し確認してみたい。まずは『甲陽軍鑑』から三首。

誰も見よ盈《み》つればやがて虧《か》く月のいざよふ空や人の世の中

これは、天文十五年（一五四六）十二月に、あることについて、信玄が板垣信方の慢心を諫めて与えた歌だという。作為的で、それほどの歌には思えない。

たちならぶ甲斐こそなけれ桜花松に千とせ《歳》の色はならはで

この歌は、先ほど記した永禄九年（一五六六）春に行われた一蓮寺の歌会に「松間花」の題にて信玄が作ったものだとされる。言葉遊び的な歌である。

さそはずはくやしからまし桜花さね来む頃は雪の古寺

甲州恵林寺で観桜歌会の時の作だという。二月末頃、恵林寺の快川紹喜より信玄のもとに「恵林寺へ御立ち寄りになって欲しい」と使僧がやって来た。信玄は「近日出陣するので、帰陣の時分に是非とも行きましょう」とのことだったが、重ねて快川より「両袖の桜がようやく咲きましたので、この花のもとに一所を構えて待っていますので、お立ち寄り下さい」と使いがあった。信玄はこれを聞いて、「花と承って参らぬのは野暮だ」と恵林寺へ立ち寄り、そこで歌ったという。桜を楽しんだ信玄の心持ちがゆかしい。

清見潟そらにも関のあるならば月をとどめて三保の松原
蘆垣のとざしもよしやそのままに清見が関は三保の松原

この二首は『武田三代軍記』に出ているものである。永禄十二年（一五六九）六月に信玄が小田原の北条氏康の動静を探ろうとして、一万八千余騎を従え駿河に打って出て、川鳴島（富士市川成島）に着陣したが、津波にあって軍を翻した。無事に甲府に帰り、いつもよりは気色快然たる風情で、七月五日に安田香清以下の歌道に携わる者たちを毘沙門堂に集め、和歌の会を催した。その際、「関路月」という兼題で信玄が詠じたものだという。これも技巧に重きを置いた歌で、秀歌とは思えない。

ただ頼めたのむ八幡の神風に浜松が枝はたふ《（倒）》れざらめや

『甲陽軍鑑』によれば元亀三年（一五七二）、三方原決戦を控えた十二月二十三日の朝、信玄は浜松城外一里の菩薩山に陣を据え、八幡宮に戦勝を祈願した。その時の歌だという。戦勝を祈願するに際して、和歌が奉納されたのである。和歌が単なる楽しみでなく、神の心を動かし、神力を与えてくれる手段とされたことが知られる。神と人とを結びつける和歌の役割を知らなければ、当時和歌がどうしてあれほど重視されたのか見えてこない。

霞むより心もゆらぐ春の日に野べの雲雀も雲に鳴くなり
難波江の葦の葉わけの風あれてよるみつ潮の音の寒けさ
君を祈る賀茂の社のゆうたすきかけて幾代か我も仕へむ
（「武田晴信朝臣百首和歌」）

この三首は天正元年（一五七三）に歌われたという。だとすれば死の年の歌であるが、これまでのものと異なって、心の平穏さが感じられる内容である。死の直前、ここまで信玄は落ち着きのある心を持てたとすれば、人として幸せだったといえよう。

快川紹喜がいう「四書六経諸子百家の書」とはどのようなものなのだろうか。念のため確認しておこう。

四書六経諸子百家の書

四書とは中国の古典『論語』『孟子』『大学』『中庸』の総称である。一括して「学庸論孟」ともいい、儒教思想の真髄を示すものとされる。『大学』『中庸』はもと『礼記《らいき》』中の二編であった。宋の朱《しゅ》熹《き》が、孔子と孟子の言葉の間に曾子の言葉『大学』と子思の言葉『中庸』を挟んで、聖人の教えの伝統（道統）を明らかにしたいと重視した。一方、六経とは中国の古典六種で、普通『易経』『書経』『詩経』『礼記』『楽経』『春秋』のことをいう。諸子百家とは中国の春秋末期から戦国期にかけての、約三百年間に活躍した思想者たちを指す。「諸子」はこの時期に独自の思想を築き、専門の学説を樹立した術芸の学士たちであり、「百家」は流派の多さを象徴的に表現した言葉である。

つまり、信玄が学んだ基本は中国の儒家思想の古典だったのである。これは当時の東アジア世界の共通の認識でもあり、帝王学の代表であった。

『甲陽軍鑑』品第二には、永禄元年（一五五八）四月吉日に信玄の弟である信繁が嫡子信豊《のぶとよ》にあてた九十九カ条からなる家訓（「異見九十九箇条」）が載っている。その第一条は次の如くである。

一、屋形様（武田信玄）に対し奉り、尽未来《じんみらい》、逆意あるべからざる事。
　論語に云《いわ》く、造次にも必ず是《ここ》に於いてし、顚沛《てんぱい》にも必ず是に於いてす。
　亦《また》云く、君に事《つかうまつ》るに、能くその身を致す。

「論語に云く」のように、条目の後に文献が引かれている。それらは当時として必読の書であり、信繁の兄である信玄も通読していたと考えられる。ここに示されている文献を見てみると、次のようになる。書名（簡単な説明）と条項の順番。

・『論語』（四書の第一とされる儒教の代表的な経典。孔子の言論を中心に門人その他の人々との問答などを集めた語録）＝一・六・十・十一・十三・十五・四十一・九十八
・『孟子』（戦国時代の思想家孟子が『詩経』や『書経』の孔子の精神を祖述）＝九十九
・『礼記』（中国古代の礼の規定およびその精神を雑記した書物）＝九
・『孝経』（孔子の弟子の曾子の作と伝えられる古典。孔子と曾子の対話の形式で天子から庶人にいたるまでの各階層それぞれの「孝」のありかたが説かれる）＝七十五
・『易経』（『易経』は中国の占いのためのテキスト。五経の筆頭に置かれる儒教の経典。『周易』、『易』ともいう）＝七十
・『尚書』（先秦では単に『書』といい、漢代からは『尚書』と呼ばれ、宋以後『書経』と称される。『書』は

史官の記録に由来する中国最古の文献）＝七十一

・『呉子』（中国古代の兵書、六編。『孫子』と並び日本の軍学にも大きく影響した）＝二

・『呂氏春秋』（『春秋』、周代の魯国にあった宮廷年代記『春秋』のうち隠公元年（前七二二）から哀公十四年（前四八一）に至る二四二年間の部分に孔子が添削を施したものという）＝三十三

・『左伝』（『左子伝』、『公羊伝《くようでん》』『穀梁伝《こくりょうでん》』とともに『春秋』の三伝（解説書）の一つとされる）＝十四

・『穀梁伝』（『春秋』の解説書。子夏《しか》の門人の穀梁赤の作と伝えられるが、書物として成立したのは漢の初期）＝七十三

・『三略』（兵法に関する書物で黄石公が伝えたという。『三略』は後漢末の仮託らしい）＝四・二十・二十二・三十四・四十四・四十六・四十八・五十四・五十六・五十七・六十五・七十八

・『司馬法』（春秋末期の斉の将軍司馬穰苴《じょうしょ》の兵技論や軍礼を伝える）＝四十三・四十五

・『兵書』（兵法あるいは軍学に関する書物。中国で漢代以前の書物を整理して六芸《りくげい》、諸子、詩賦《しふ》などの六つに分類された中に名称が立てられた）＝九十六

・『軍讖《ぐんしん》』（兵法の書。軍の勝敗を予言的に述べたもの）＝二十一・三十六・六十八

・『史記』（司馬遷《しばせん》が書いた中国最初の通史）＝三・十四・六十四・七十

・『漢書』（後漢の班固《はんこ》の著。前漢の歴史を扱う正史）＝七十四

・『後漢書』（南朝宋の范曄《はんよう》が著した後漢王朝一代に関する紀伝体の史書）＝七

・『碧巌《へきがん》』（『碧巌録』、中国宋代禅文学の代表典籍。禅宗五家の一派である雲門宗四世の雪竇重顕《せっとうちょうけん》が仏祖の問

答百則を選び頌をつけたものに基づき、臨済宗楊岐四世の仏果禅師圜悟克勤《えんごこくごん》が一句ごとに下語を加え、さらに全体について提唱したもの）＝三十七・七十九

・『戦国策』（古代中国の遊説家の弁論集。前漢の劉向《りゅうきょう》が宮中の蔵書を整理した折に「国策」「国事」「短長」などの名称で呼ばれていた諸書を校定し、合わせて一書三十三編としと名づけたという）＝九十三

・『巨軋《きょはん》』＝七十七

・『応機』＝八

・神託＝五

・歌＝十二

・伝＝十八

・古語（古人の言ったことば）＝十六・十九・二十四・三十八・六十二・八十三・八十四・八十五・九十

・語＝十四・二十三・二十六・二十七・二十八・二十九・三十九・四十・四十二・四十七・四十九・五十・五十一・五十二・五十三・五十五・六十・六十一・六十六・六十九・八十一・八十二・八十六・八十七・八十八・九十一・九十二・九十七

ここに現れているのはほとんど中国の古典である。信玄も弟同様にこうした書物を学んでいたはずである。

実際、信玄の「風林火山」として知られる軍旗に用いた「疾如風、徐如林、侵掠如火、不動如山」(「疾《はや》きこと風の如く、徐《しず》かなること林の如し、侵掠《しんりゃく》すること火の如く、動かざること山の如し」)の文言は、『孫子』の中から取られた句である。『孫子』は戦略・戦術を説いた書で、これを旗印にするほど信玄は傾倒していたのである。

書と文章

「天正玄公仏事法語」の中で駿河清見寺《せいけんじ》(静岡市)の大輝《たいき》は信玄没四十七日忌の拈香文《ねんこうぶん》(僧が死者に哀悼の意を表して朗読する文)に、「衆を容れて尊賢、倭歌妙絶《みょうぜつ》の芳声後代に伝う、仁によりて芸に遊べば、普帖《しんちょう》奇骨、筆勢八方に揮《ふる》う」と述べている。ここでも信玄が和歌に秀でていることが述べられているが、同時に筆跡は中国晋の王羲之《おうぎし》・王献之《おうけんし》父子の筆跡に似、奇骨の筆勢と出ており、常人と異なった優れた書を書いたことが評価されている。また同書の中で建福寺《けんぷくじ》の東谷宗杲《とうこくそうこう》は、「豪《ごう》を揮いて紙に落とせば、則ち顔筋柳骨《がんきんりゅうこつ》の上法を得たり」と記した。こちらでは唐の顔真卿《がんしんけい》・柳公権《りゅうこうけん》らの筆法に比されている。

既に自筆文書に現れる人間像ということで、信玄の自筆文書を扱ったが、ここで文字という観点からもう一度彼の文書を取り上げてみたい。

信玄は弘治三年(一五五七)二月十五日に葛山城《かつらやま》(長野市)を落城させ、善光寺平の中心部を手に入れた。謙信方の島津月下斎は長沼城(長野市)から大倉(同)に落ち、飯縄社(同)は信玄に降り、戸隠社《とがくし》(同)三院の衆徒は越後に逃げた。信玄の善光寺平進出を知った謙信は、二月十六日、三月十八日と四月二十一日に色部勝長《いろべかつなが》に書を送って参陣を促した。さらに、一方で謙信は三月二十三日、信玄が飯山城（飯山市）の高梨政頼《たかなしまさより》を攻める態勢を取ったので、長尾政景にも参陣を求めた。この情勢下、信玄は四月十三日に長坂虎房《とらふさ》および日向是吉《これよし》（当時虎頭か）に次のような書状を出した。写真を読むために、まずは原文をそのままに書き、次に読み下しておこう。

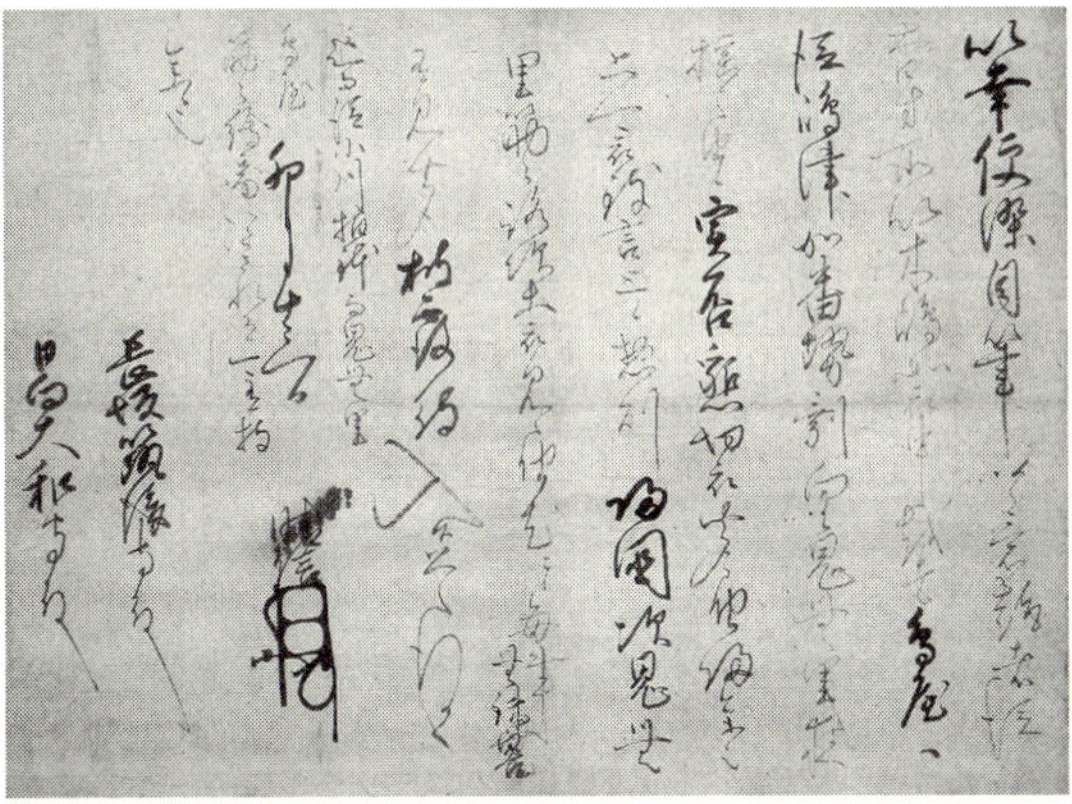

長坂虎房・日向是吉宛の信玄自筆書状（長野市立博物館蔵）

以幸便染自筆候意趣者、従大日方所以木嶋如被申越者、鳥屋へ従嶋津加番勢、剰向鬼無里夜揺之由候、実否懇切被聞届帰参之上、可被致言上候、惣別帰国次鬼無里筋之路次等被見届尤ニ候、毎事無疎略有見聞披露待入候、恐々謹言

追而、従小川・柏鉢、向鬼無里・鳥屋筋々絵図いたされ候て、可有持参候也

（弘治三年）卯月十三日　晴信（花押）

長坂筑後守殿

日向大和守殿

（長野市立博物館所蔵文書）

幸便《こうびん》を以て自筆を染め候意趣は、大日方《おびなた》所より木嶋《きじま》を以て申し越される如くんば、鳥屋《とや》へ島津より番勢加わ

り、剰《あまつさ》え鬼無里《きなさ》に向かい夜揺《ゆ》さぶるの由に候、実否懇切《こんせつ》聞き届けられ帰参の上、言上致さるべく候、惣別帰国のついでに鬼無里筋の路次《ろじ》等見届け尤《もっと》もに候、毎事疎略《そりゃく》なく見聞き有り披露《ひろう》待ち入り候、恐々謹言

追って、小川・柏鉢より鬼無里・鳥屋《とや》に向かう筋々の絵図いたされ候て持参あるべく候なり

卯月十三日　　晴信（花押）

長坂筑後守殿

日向大和守殿

これを訳すと次のようになる――よいついでに自ら手紙を書く。大日方のところから木島を使いにして申してきたところによれば、鳥屋城（戸屋城、長野市七二会）へ島津から番勢が加わり、その上さらに鬼無里（長野市）に向かって、夜動いたという。これが本当かどうか丁寧に聞き届け、帰参の上で言上せよ。おおよそ帰国のついでに鬼無里筋の道筋などを見届けるのがよい。事ごとにおろそかにすることなく、見たり聞いたりして報告するのを待っている。追って、小川・柏鉢より鬼無里・鳥屋に向かう筋々の絵図を用意して持参せよ。

注目すべきは最初の文言で、この書状は武田信玄本人が書いたものだと述べている。武田信玄が出した文書は数多く残っているが、そのほとんどは右筆《ゆうひつ》（書記役）が書いたもので、自筆は少ない。有名なものとしては前掲の埼玉県児玉郡上里町陽雲寺が所蔵する、天文二十二年（一五五三）正月二十

八日付の小山田備中守（虎満）あて文書がある。この文書の筆跡は明らかに同一である。

私個人としては、信玄といえば僧正であって、教養があり、豪放な性格なので、文字もそのような雰囲気を持つだろうと、何となく想像していた。しかしながら、この文書を見た印象からすれば、相対的に線が細く、文字の濃いところと薄いところの差が大きく、ややもすれば女性的な感じを受ける。全体としては草書様の実に流麗な筆裁きである。また文字の間違いと思われる点（夜、無疎略）もそのままになっている。

従来信玄の画像とされてきた高野山成慶院《せいけいいん》にある、丸顔ではげ上がった人物は能登《のと》の畠山氏だといわれるようになったが、そうすると信玄の画像としては高野山持明院《じみょういん》に伝わる若い時の、細面で凛《りん》とした感じのものだけということになる。あくまでも感想でしかないが、この自筆書状はやや女性的な貴公子としての信玄の面影を伝えているように、私には思われる。

そしてこれは、これまで取り上げてきたすべての自筆文書に共通している。彼は武田領国のトップなので、家臣に指示する文書においては間違いをそれほど気にせず、簡単に直して出している。この文書においても、絵図を用意するようになどと細かい点まで指示していながら、「無疎路」は先に書いた部分の上に書き直している。彼の筆跡にはそうした女性的な神経の細かい要素と、一方ではあまり物事に執着していない側面が混在しているように感じられる。

漢文の素養

ところで、信玄の教養の底辺が中国の古典にあったことに触れた。ややもするとそうしたことについて本書ではあまり取り上げなかったので、彼の漢文を基礎とした手紙についても確認しよう。

永禄三年（一五六〇）八月二十六日、信玄は雲岫《うんしゅう》三派に光厳院《こうごんいん》七世の匠山長哲《しょうざんちょうてつ》を教壇から排斥することを次のように認めた。

永平《（永平寺）》・惣持《（総持寺）》は、扶桑国の裡《うち》禅刹の法窟、曹洞の監濫《かんらん》なり、是《この》故に昔、大上皇帝、勅して彼の両山において、紫衣《しえ》の名藍《めいらん》と為す、則ち普天の下、豈《あ》に綸命《りんめい》に乖《そむ》く哉、粤《ここ》に耆宿《きしゅく》有り、諱《いみな》《（匠山）》を長哲と称す、本州中山の広厳に任せて、霜星を経るは二三秋なり、徒《いたずら》に本刹公帖《くじょう》を拝さず、恣《ほしいまま》に紫衲《しのう》を着せられ、天鑑無私、則ちその科甚《はなは》だ以て残らず、周詩亦《また》謂わざるか、王事監に靡《なび》かん、剰《あまつ》さえ去春以来、宗内の教戒を犯すは、計《あげて》称すべからず、茲《ここ》に因り列派の耆尊《きそん》、長哲の一件を擯《しりぞけ》らる、其れ宜しき哉、爾来広厳住院は、雲岫《（宗龍）》派より下に付せ任せらるべき輪次の条理、信玄《（武田）》亦金諾了《おわ》んぬ也、恐惶敬白

永禄三庚申八月二十六日　信玄判

雲岫三派

（永昌院文書）

この文書は、永昌院の本寺である光厳院の長哲を雲岫三派（広厳院の開山雲岫宗龍には三名の高弟があり、彼らを始祖とする法流を総称して雲岫三派という）から排斥することを了承した内容である。文言の格調の高さ、我々にとっては難しい言葉の羅列、僧侶としての信玄の学識がよく出ているといえよう。

信玄は、家臣たちや知り合いに書状を出す場合と、神仏などに文書を捧げる場合で意識も異なり、後者の場合には書体も草書体ではなく楷書体を用いている。

神への書体

天文十四年（一五四五）に信玄は江州の多賀大明神に願文をしたためた。それは次のようなものである。

謹啓、聞説、江州多賀大明神者、日域霊神也、国家人民皆復命服常、不異謁竺乾之耆婆天、故知与不知、共競而莫不詣矣
某甲源氏朝臣武田大膳大夫晴信、誕生辛巳歳也（大永元）、今歳念五当生年、謹質所疑于神于霊、爾有神、除厄災令亀齢鶴算、并得蕭公飡肉芝、王母洗皮毛、殊者蒙仏法付属金言、蓋得無量寿仏霊験乎、若無霊感、諸仏妄語也、惜哉乎、次文徳武運順願得自由、如指掌者、必也諸願円満、黄金一両奉献宝殿者也、天長地久矣
時天文十四歳龍集乙巳大壮如意珠蓂（花押）
某晴信　敬白
（多賀大社文書）

謹んで啓す、聞く説《なら》く、江州多賀大明神は日域の霊神なりと、国家人民皆命を復し常に服すること、竺乾の耆婆天《きばてん》に謁するに異ならず、故に知ると知らざると、共に競って詣でざるはなし
某《それがし》甲源氏の朝臣武田大膳大夫晴信、誕生は辛巳《かのとみ》の歳なり、今歳にじゅう（二十）五の生年に当たる、謹ん

で疑う所を神に質《ただ》さん、しかく神有り、厄災を除いて亀齢鶴算《きれいかくさん》ならしめ、あわせて蕭公《（蕭静之）》の肉芝をくらい、王母《（西王母）》の皮毛を洗うを得、殊には仏法付属の金言を蒙る、蓋《けだ》し無量寿仏の霊験を得んか、若し霊感無くんば、諸仏の妄語なり、惜しいかな、次に文徳と武運と願いに順《したが》いて自由に得ること、掌《たなごころ》を指すが如くんば、必ずや諸願円満ならん、黄金二両宝殿に献じ奉るものなり、天は長く地は久し

時に天文十四歳龍集乙巳大壮如意珠蓂《しゅめい》（花押）

某晴信　敬って白す

主旨は次のようなものである。

謹んで申し上げます。聞くところによれば近江国の多賀大明神は日本の霊神だとのことです。国家人民で祈願をした者がいずれも願いが叶うことは、仏典に出ている長寿を司る耆婆天に拝謁するのと異なりません。そこで知ると知らざるとにかかわらず、ともに競って参詣しない者はないといいます。私、甲斐源氏の朝臣武田大膳大夫晴信は、辛巳（大永元年）の誕生ですから、今年は二十五歳の男の厄年に当たります。謹んで疑いとするところを述べて霊神にただしてみたいと思います。霊神がおわして、災厄を除いて、鶴や亀のように長寿にさせ、神仙伝に出る蕭静子《しょうせいし》が肉柴を食して歯や髪が再び生え、仙女伝の西王母が皮毛を洗って除いた蟠桃《はんとう》（仙人が住む山の中にある桃）を食し

て三千年の長寿を得たのと同じように、霊験を与えるということです。私は仏法不滅の金言を尊信しているので、無量寿仏の霊験を得て、災厄が除かれて長寿を全うするでしょう。もし霊感がないならば諸仏が嘘をついたことになります。次に文徳と武運が願いにしたがって自由自在に、あたかも手のひらを指すように得ることができるでしょう。そうなれば、必ず諸願が円満に成就するでしょう。ここに黄金二両を献じ奉ります。天地が永劫不変のように、長く加護して下さい。

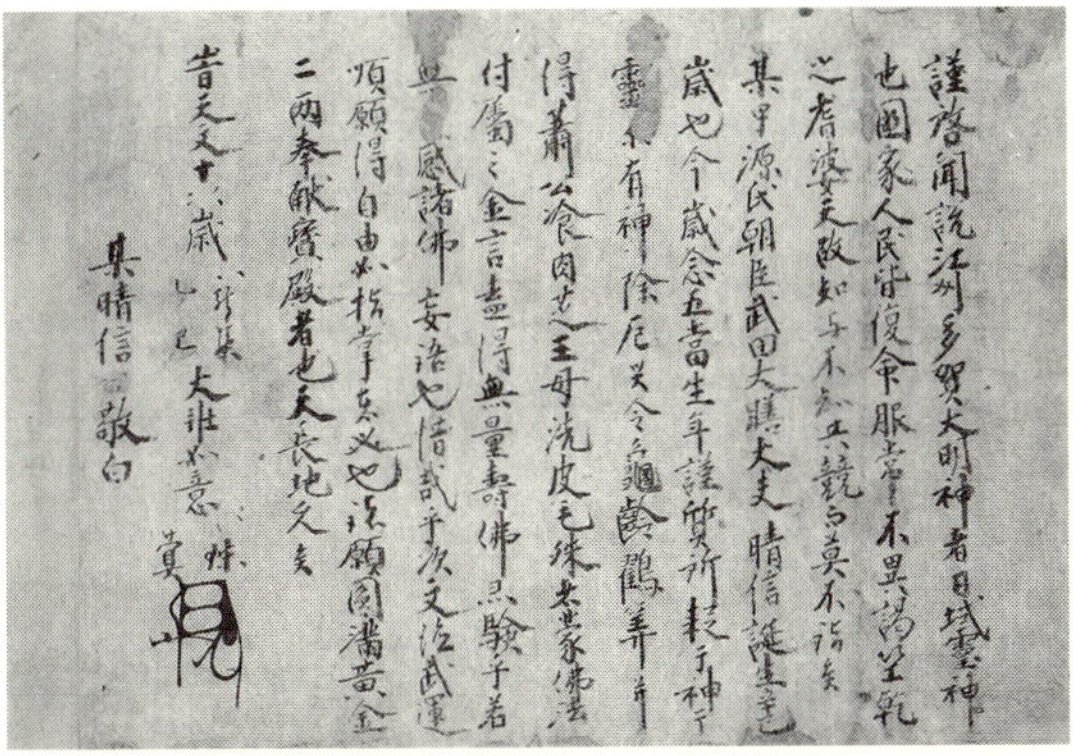

信玄が多賀大明神に出した願文
（滋賀県犬上郡多賀町・多賀大社蔵）

ここで信玄は厄払いを祈り、文徳と武徳を願っている。先に見た手紙が文字の続く草書体であったのに、楷書体で一字一字をきっちりと書いている。なかなかの能筆であるが、やはりここにも線の細そうな趣が出ている。しかもここに記されている言葉の背後に、深い中国古典への知識が示されている。

永禄八年（一五六五）二月七日に信玄は諏訪上社に上州箕輪城の攻略を祈願した。それは次のようなものである。

願状曰

今歳永禄八乙丑春二月七日、涓而為吉日良刻、任天道之運数、引卒(率)甲兵於上州利根河西之日、先詣諏方上宮明神、其意趣、殆箕輪之城不経十日而、撃砕散亡者必矣、粤太刀一腰有銘、孔方十緡并神馬壹疋所令進納也、神感猶有余、惣社・白井・嶽山等四邑、輙属予掌握、奏凱哥、帰楽安泰、則於神前請清苾蒭衆、読誦五部大乗経、以可奉報　神徳焉、急々如律令

維時永禄八年乙丑二月吉辰

敬白　信玄（花押）

（守矢家文書）

願状に曰く

今歳永禄八乙丑春二月七日、涓《えら》びて吉日良刻となし、天道の運数に任せ、甲兵を上州利根河西に引率するの日、先ず諏訪上宮明神に詣づ。その意趣は、殆《ほとん》ど箕輪の城十日を経ずして撃砕散亡せんは必せり。粤《ここ》に太刀一腰銘あり・孔方十緡《さし》ならびに神馬壹疋を進納せしむるところなり。神感なお余りありて、惣社・白井・嶽山等の四邑、輙《たやす》く予の掌握に属し、凱歌を奏し、帰楽安泰せば、則ち神前において清苾蒭衆《せいひっすうしゅう》を請じ、五部の大乗経を読誦し、以て神徳に報い奉るべし、急々如律令

維《これ》時永禄八年乙丑二月吉辰

信玄敬って白す（花押）

意味は以下の如くである——今年永禄八年春二月七日の吉日良刻を選んで、天道の運数に任せて甲

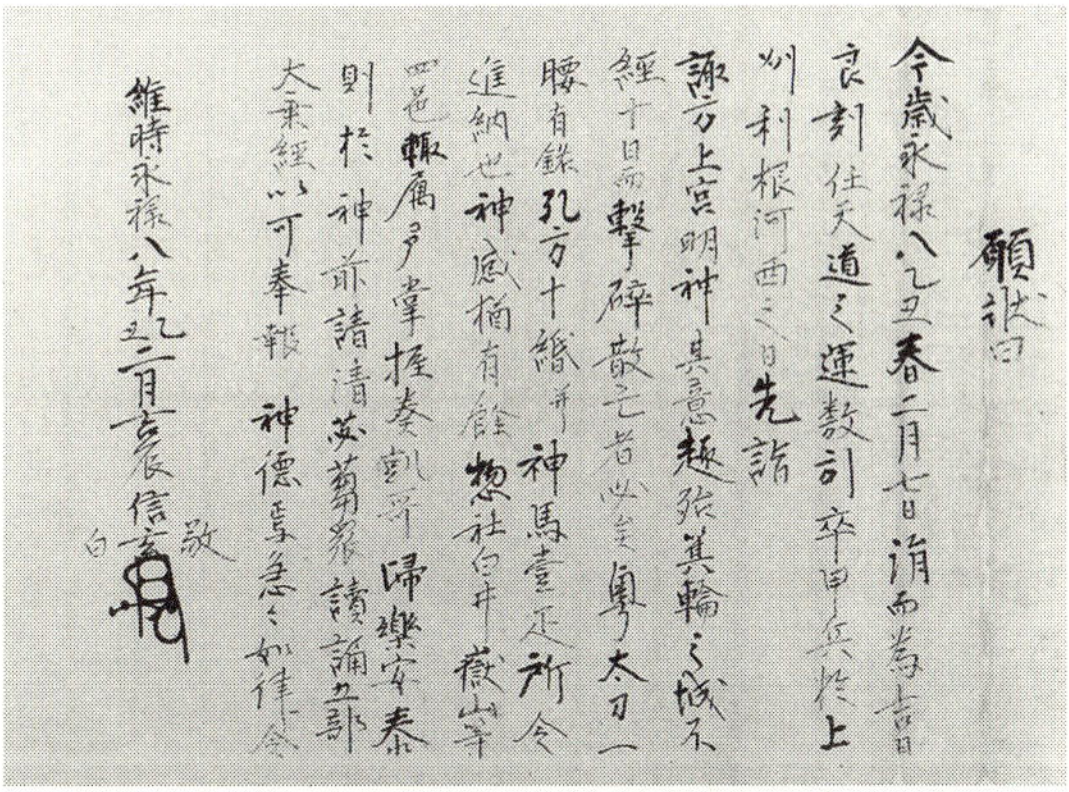
願状曰
今歳永禄八乙丑春二月七日涓而為吉日
良辰任天道之運数引率甲兵於上
州利根河西之日先詣
諏方上宮明神其意趣箕輪之城不
経十日而撃砕散亡者必矣奥太刀一
腰有鎌孔方十緡并神馬壹疋所令
進納也神感猶有餘惣社白井嶽山并
四邑輙属予掌握奏凱歌帰楽安泰
則於神前請清苾蒭衆読誦五部
大乗経以可奉報神徳急々如律令
維時永禄八年乙丑二月吉辰信玄敬白

信玄が諏訪上社に出した願文
（守矢早苗氏蔵）

州の兵を上州利根川の西に引率しようと、先ず諏訪上宮の諏訪大明神のもとへ参詣しました。天道にしたがって出陣するのですから、箕輪城は十日もかからないで必ず撃砕散亡するでしょう。ここに太刀一腰、銭一貫、神馬一疋を進納します。神の感応がなお余りあり、惣社・白井・嶽山の四村が簡単に私の掌握するところとなり、凱歌を奏して楽に帰し安泰したならば、すなわち神前において清僧衆を集めて五部の大乗経を読誦して、神の徳に報い奉るようにします。

前掲の願文から二十年を経て、信玄の文字はいかにも彼らしく熟成している。全体に一字ごとに筆の墨が減り、墨の濃淡の差がよく現れている。文字は細く、一字一字の形にも神経質そうな感じが窺える。先に見た書状に現れている信玄の特質が、全く同じように現れているのである。

茶の湯

『甲陽軍鑑』は、武田信玄の父の信虎が今川氏真について、「能・猿楽・遊山《ゆさん》・花見・歌・茶の湯・川漁・船遊び、明け暮れありて」領民も侍も彼を恨んでいるので、十カ年のうちに今川家は滅却するだろうと言った、と記している（品第三十三）。これに耽《ふけ》りすぎることは、信玄が漢詩に溺れたのと同じように非難されることになるが、ところがこれらは当時の武士たちにおける教養だった。

甲府市の大泉寺には信玄愛用と伝えられる茶臼がある。大泉寺の宝物帳では「信玄寄進疣磨《いぼまろ》茶臼」とある。当然信玄も茶の湯を嗜んだ。茶の湯の道具は一定の判断基準があり、それは作法とともに日本のどこに行っても同じであった。それゆえ、これを知っていることが京都などに直接つながるシンボル性を有していたのである。

歌会などの席上で茶が飲まれたが、その席には京都の貴族も出席できた。甲斐で茶の席がある時には、信玄も家臣たちと同席した。茶の湯という場をともにするサークルが、様々な形で人が横につながる機会を提供したのである。

また、茶の湯のみならず芸能を知るためには、それまでに相当の教養費が必要で、こうした様々な分野を熟知していることこそが、文化人としての立場、社会の中における上位の位置にいることを示し、身分と直結することであった。今も昔も教養費をかけることは大切なのである。

絵画　甲府市の一蓮寺蔵「渡唐天神像図」賛（口絵三頁参照）には、「是は、前甲州太守武田信玄公図す所の菅君なり、時に武庫に兆殿司《（明兆）》筆蹟有り、洛下の諸老これを賛せらるる、公花月の余り、自ら臨んで以て作る、同邦一蓮精舎の家什する者なり」とある。つまり、「この絵は前の甲州太守だった武田信玄公が写したところの菅君（渡唐天神）の図である。たまたま武器庫の中に兆殿《ちょうで》司《んす》（明兆《みんちょう》）の描いた絵があったが、これをみんなが素晴らしいと褒め讃えた。信玄は風流のあまり、自らこの絵に臨んで同じように模写した、それが一蓮寺に収められたものだ」というのである。

信玄の弟である逍遙軒信綱は画家としても知られ、特に父や母の絵はその人柄までも伝えているが、信玄もまた絵画に親しんでいたものであろう。

一蓮寺の「渡唐天神像図」だけでなく、恵林寺が蔵する紙本著色「渡唐天神図」も伝承では武田信玄筆とされており、恵林寺の快川が賛を加えている。

「欹器ノ図」（甲州市・熊野神社蔵）

甲州市の熊野神社には武田信玄が描いたと伝えられる絵が収蔵されている。一つは、紙本著色「刀八《とうはち》毘沙門天《びしゃもんてん》図」で、武田信玄の奉納によるものであり、室町時代に描かれたと推定される。小品ながら精緻な彩色が施された優品である。もう一つは、紙本著色「飯縄権現像《いいづなごんげんぞう》図」で、『甲斐国志』では武田信玄が奉納したと伝えている。作者は未詳であるが室町時代と推定されている。ともに信玄が書いたという確証があるわけではないが、信玄が描いたと伝えられること自体に、信玄が絵画に堪能だった事実があったと思われる。ちなみに、熊野神社所蔵の絵画の中で最も有名なのは、紙本著色「欹器《きき》ノ図」である。縦五五・八センチ、横三二・〇センチの掛幅装になっているこの絵の作者は未詳であるが、室町時代後期に製作されたと推定されている。『甲斐国志』によれば、信玄亡き後勝頼によって熊野神社に奉納されたものだという。

「欹器ノ図」というのは、「傾いている器」という意味で、『荀子《じゅんし》』の「宥坐編《ゆうざ》」から採られたものである。「宥坐」の宥は右に通ずで、座右《ざゆう》と同義の意味になり、信玄が常に身近に備えて自戒としていた絵画ということになる。画面には、上方に欹器が描かれており、それに水を注ぐと中が空ならば傾き、ちょうどよい状態ならば正しく、水が満たされると覆える、この三つの状態の器が示され、孔子を中心に十一人の人物が下方に描かれている。儒教の教えを絵画で理解させたもので、信玄は中庸の自戒をこの絵でしていたのである。

4 信仰について

信玄の出家

晴信が正式に出家して信玄と号したのは永禄二年（一五五九）である。

『甲陽軍鑑』は信玄が発心した理由をいくつか挙げている。第一の理由は既に触れたように、武田は新羅三郎より信玄まで二十七代に及んでいるので、信玄の代に家が潰れてしまっては先の二十六代に対して面目がないので、これまでの人々のために出家したというものである。第二に、信玄の生まれ年の卦《け》が豊《ほう》であって、豊の卦では正午から後で満ち欠けがあるという。人間は定められた命が六十歳なので、三十歳以降が昼以後ということだろうと、満ち欠けには頭を剃って短毛《みじかけ》にするとのことだった。第三に、自分が住む場所は京都から遠国なので禁中に奉公することがないので、位を上げることを奏聞し難い。出家になれば大僧正まで上がることができる（品第四）。

右のような極意によって信玄は出家し、院号を法性院《ほっしょういん》、道号を機山《きざん》、諱《いみな》は信玄、別号を徳栄軒《とくえいけん》としたというのである。『甲陽軍鑑』によれば、「玄」の字は中国では臨済義玄の「玄」、日本では関山《かんざん》恵玄《えげん》の「玄」で、信玄と付けたのは妙心寺派の岐秀元伯《ぎしゅうげんぱく》だった。

臨済の名僧たち

岐秀は京都妙心寺二十世大宗玄弘《たいそうげんこう》法嗣の学僧で、享禄年間（一五二八〜三二）に尾張の瑞泉寺《ずいせんじ》に住していたが、後に信玄の母親である大井夫人の招きを受けて、鮎沢の長禅寺（南アルプス市）に住山した。その関係で信玄は彼に大きな影響を受けたのである。天文二十一年（一五五二）の大井夫人の葬儀において岐秀は大導師となった。信玄は長禅寺を甲府に移し、岐秀を開山として、府中五山の第一位に列した。

岐秀について長禅寺の第二世になったのが春国光新《しゅんこくこうしん》で、永禄四年五月まで住山し、後に妙心寺四十八世となった。彼に対しても信玄の帰依は厚かった。彼の門下には高山、虎哉（妙心寺六十九世）、麟岳らが輩出した。春国の法嗣で、はじめ東光寺の住持を勤め、後に長禅寺三世となったのが高山玄《こうざんげん》寿《じゅ》であった。

臨済宗関山派の寺と信玄は親しい関係にあったが、その代表が彼の墓がある恵林寺《えりんじ》（甲州市）である。信玄が若い時分に参禅の師となったのは、妙心寺で修行し、京都の鹿苑寺などに住した後、信玄に招かれ、恵林寺の二十七世になった惟高妙安《いこうみょうあん》であった。

天文末年には駿河太原崇孚《すうふ》の法弟の月航玄津《げっこうげんしん》が鳳栖《ほうせい》の後を受けて恵林寺第三十世となった。その跡には天桂玄長《てんけいげんちょう》がやってきて、住職に美濃崇福寺の快川を推薦した。

その後信玄は、明叔門下随一の俊秀といわれ、妙心寺住持の後に美濃の大円寺住持となっていた希《き》庵玄密《あんげんみつ》に恵林寺入山を懇請した。希庵は老齢を理由に固持したが、結局求めに応じて永禄七年にやって来た。同年五月七日の大井夫人十三回忌の法要を執り行ったが、同年冬には恵林寺を快川《かいせん》に譲って、美濃に帰った。

信玄に最も大きな影響を与えたのは快川紹喜《じょうき》だった。彼は弘治元年（一五五五）最初に恵林寺に入った後美濃へ帰ったが、信玄の熱心な招きによって永禄七年（一五六四）十一月に再び入山した。このために信玄は改めて恵林寺領を寄進し、恵林寺を自己の牌所としたのである。彼を慕って門下に二千人もが参じたといい、正親町天皇から大通智勝《だいつうちしょう》の国師号が贈られたほどの名僧であった。

説三《せっさん》恵璨《えさん》は妙心寺派の南溟紹化《なんめいしょうか》の法嗣で、永禄初年に信玄の招請を受けて甲府の成就院に住んだ。後に東光寺の住職となり、永禄十年の義信の死に際しては葬礼の導師となった。元亀元年（一五七〇）信玄の夫人、三条氏の死去に際しても導師を勤めた。信玄はこの時に成就院を夫人の法名円光院に改め、再度説三を開山に請じて、寺を甲府五山に列した。信玄は夫人の三回忌を前に説三に紫衣《しえ》を奏請し、朝廷は元亀三年七月の法要にあたりこれを許した。

このほかに、伊那松尾（長野県飯田市）の城主小笠原信貴《のぶたか》が開善寺の復旧に努めた際に、信玄の要請により関山派に宗旨を変えて招いた勝頼の教学の師である速伝宗貶《そくでんそうへん》。後に長禅寺の住職になった鉄《てっ》觜《し》。甲府上条窪田氏の出で、太原崇孚や東谷《とうこく》に師事し駿河臨済寺などに住した後、勝頼に乞われて元亀二年十一月に彼の生母の十七回忌を厳修し、天正四年の信玄葬儀で起骨の導師を勤めた鉄山宗鈍《てつざんそうどん》。快川に伴われて恵林寺にやってきて、元亀元年十月七日に正親町天皇の勅命により妙心寺五十八世となった南化玄興《なんかげんこう》もいた。

惟高と並んで信玄に影響を与えたのが策彦周良《さくげんしゅうりょう》であった。彼は天竜寺妙智院の住職で、大内氏の求めにより二度も遣明使節として中国に行っている。後奈良天皇はその労を賞して宴を設け、天下第一僧とたたえた。信玄の招請に応じて弘治二年（一五五六）甲州に下向して、恵林寺第三十三世となった。彼は五山文学の巨匠として詩文に優れており、その広い見識で信玄を刺激した。

このように信玄の時期の甲斐には、後世に名を留める全国的に見ても最も素晴らしい臨済宗の僧侶たちがきら星の如く存在したのである。

なお、天文十六年五月吉日に信玄は、次のように臨済宗の向嶽寺《こうがくじ》（甲州市）に壁書を出し、学問を求めた。

向嶽寺（甲州市上於曽）

信玄が向嶽寺に宛てた壁書（向嶽寺蔵）

壁書　（武田晴信）（花押）

一、開山の御遺戒に背《そむ》くと雖《いえど》も、学文は昼夜捨てず

一、心地修行に励み、作毛入るべからず

一、寮舎敷地において、売買を放つべからず
一、門外の焼香時、一剋《こく》たるべし
一、入院その仁を択《えら》び、閏月の如くたるべし
右憚《はばか》り多しと雖《いえど》も、当庵贔屓《ひいき》により壁書を加う、若《も》しこの旨に背く輩においては、大衆同心しこれを払うべし
天文拾六年丁未
五月吉日　（向嶽寺文書）

このような壁書を出すほどに、信玄は向嶽寺との関係も深かった。実は、同年に信玄の伝奏によって開山の抜隊得勝《ばっすいとくしょう》に恵光大円禅師の号が追贈されて、それまでの広嶽庵から現在の山号寺号を称するようになったのである。

禅の心

信玄は禅宗である臨済宗と強く結びついていただけに、彼にとって禅が自らを高める修養であった。彼の禅理解の一端を確認しておきたい。

『甲陽軍鑑』によれば信玄が出家衆に対面する時は、館の東北にあった毘沙門堂を使った。ある時、快川紹喜の二番目の弟子である南化玄興がやって来た。信玄が南化に「いかなるかこれ、過去仏」と問うた。南化は「昨夜金烏《きんう》飛んで海に入る」と答えた。信玄が再び「いかなるかこれ、現在仏」と問うと、「暁天《ぎょうてん》旧きによって一輪紅なり」と答え、「いかなるかこれ、未来仏」と問うと、「明夜の陰晴

いまだ知るべからざる」と答えたので、信玄は南化を拝したという。ここには二大知性のぶつかり合いがあり、信玄には南化の真意がわかったから彼を拝したのである。信玄の禅知識がいかに深いかが伝わってくる。

また、長禅寺の春国光新の弟子である高山玄寿がやって来た時、信玄は「高山は富士といずれ」と質問した。高山は「却下を見よ」と答えたので、信玄は「これを仰げばいよいよ高し」といい、高山が「珍重」と述べた。信玄は高山を拝したという（ともに品第四十下）。

こうした悟りが、様々な場面で信玄の行動の源となったのであろう。

信玄の名が臨済宗にちなむものであり、一方僧正となったのは天台宗であったことでも明らかなように、信玄の中に宗派に対して特別な意識があったようには思えない。

曹洞宗の僧たち

実際、信玄は数多くの僧侶たちと付き合いがあった。禅宗ということでは曹洞宗がある。武田信虎が創立した大泉寺の開山は天桂禅長《てんけいぜんちょう》であり、この寺の五世には信玄が深く帰依して、永禄元年（一五五八）閏六月に娘の桃由童女や、元亀元年（一五七〇）十二月に同じく娘で北条氏政夫人の黄梅院の菩提を弔わせた甲天総寅《こうてんそういん》がいた。文明年中（一四六九〜八七）に武田信昌が創立した永昌院には謙室大益《けんしつだいえき》が住んだ。彼は元亀三年（一五七二）に信玄が戦没者の鎮魂慰霊のために信州岩村田（佐久市）の竜雲寺で千人江湖会《ごうこえ》を営んだ時、首座を勤めた。この時に師僧を勤めたのが北高全祝《ほっこうぜんしゅく》であった。彼は甲斐の大泉寺などに足を止めた後、越後雲洞院の住職となった。永禄年間（一五五八〜七〇）に信玄に迎えられて竜雲寺の中興開山になり、諸伽藍の復興などに努めた。信玄は元亀三年二月晦日に北高全祝を曹洞宗の首魁と仰ぎ、竜雲寺を分国の曹洞宗の僧録とした。

既に触れたように『甲陽軍鑑』によれば、信玄が義信と対立した時、永禄六年二月に信州竜雲寺の北高和尚と甲州大善寺（甲州市）の高天（甲天）和尚が、父子の関係修復を試みたが成功しなかったという。換言すると、彼らは信玄に大きく影響をなしうる最後の切り札と目されて、働きかけを求められたのである。

「台宗の奥義を伝え」――天台座主信玄

信玄の僧侶としての側面は、「はしがき」で触れたルイス・フロイス（一五三二～九七）が、一五七三年四月二十日（天正元年三月十九日）付で、フランシスコ・カブラルへ送った手紙に、「信玄は剃髪して坊主となり、常に坊主の服と袈裟を着け、一日三回偶像を祀ります。このため戦場に坊主六百人を同伴しています。彼の信心の目的は隣接諸国を奪うことにあります。（中略）信玄が京都に向かっている主たる目的また口実は、信長が焼却破壊した比叡の山の大学、僧院、ならびに坂本の山王を再建することです。（中略）信玄が遠江および三河国へ侵入する前に面白いことが起こりました。すなわち信長に一書を送った時、自分の名を揚げようとする慢心から、封筒の上に『テンダイノザス・シャモン・シンゲン』（天台座主沙門信玄）としたためたのです。その意は天台宗の教えの最高の家および教師信玄ということです」とあるのがよく伝えている。同時にここでは比叡山との関係が示され、「天台座主沙門信玄」と名乗ったことが特記されている。

既に記したが、「天正玄公仏事法語」の中の説三恵璨の信玄七周忌の拈香文の中には、「真言を伝え天台を説く」とある。同じく、快川紹喜の信玄七周忌仏事散説には、「台宗の奥義を伝え、しかして権大僧正の位に上りて、万八千丈の台嶺を坐断す」と記されている。ここにも示されるように、信玄は天台宗の奥義を伝えて、権大僧正の位にまで昇ったのである。それでは、なぜ天台宗だったのであろうか。

年未詳七月八日付で信玄が勝仙院《しょうせんいん》に出した書状に「当家の事、園城寺《おんじょうじ》を崇敬すべき由緒候の条、向後は別して御門主御意を得るべくの旨存じ候」（住心院文書）とあり、武田家には園城寺（三井寺、滋賀県大津市）を崇敬する由緒があったと述べている。これは武田氏の祖先義光《よしみつ》が、近江の園城寺と特別な関係を持っていたことによる。すなわち、源頼義《よりよし》が園城寺の氏神である新羅《しんら》大明神を尊崇し、長男の快誉《かいよ》阿闍梨《あじゃり》を社前の西蓮坊に住まわせ、三男の義光を神社氏人にして新羅三郎と称させたのである。この由緒により、武田氏は歴代天台宗と強く結びつき、その流れの上に信玄の天台宗への帰依もあった。

信玄が天台宗の延暦寺や園城寺と深く結んだのは元亀二年（一五七一）前後であり、元亀二年の信長による比叡山の焼き討ち以後、甲州に逃げてきた宗徒などをかばい、その再興を強力にバックアップした。元亀三年七月二十六日、信玄は庁務法眼にあてて、慈光坊《じこうぼう》がやって来て拙僧を極官にすることについて勅許が出たという内容の曼殊院《まんしゅいん》門主覚恕《かくにょ》の手紙を見たが、誠に冥加の至りで、殊に三緒の袈裟を下されるとのことで頂戴する、といった内容の書状を出している（曼殊院文書）。そして、慈光坊に次のような条目を出した。

条目

一、僧正の事
付、斟酌《しんしゃく》候と雖も、末代の儀に候間、綸旨《りんじ》成られれば、祝着《しゅうちゃく》たるべきの事
一、三緒の袈裟衣拝領の事
一、刀一腰正広、進上の事
一、吉祥院下向急度《きっと》候事
一、条々相調い下向たらば、信州において少し地進じ置くべきの事

以上

(元亀三年)七月二十六日□(「晴信」朱印)

慈光坊

(延暦寺文書)

信玄を僧正にすることについては既に話がついたとの連絡を受け、このような約束がなされたのである。

同年十月三日に武田家は「今度極官の之事、馳走を以て入眼、歓び思し食《め》され候、然《しか》らば遠州において一所これを進《まい》らせ候趣」(曼殊院文書)と、信玄の権僧正への任官斡旋の礼として、慈光坊に遠江

国内において所領寄進を約束した（この史料は『戦国遺文』に採録されているが、『山梨県史』は採っていない）。この間に正式に信玄が権僧正になったのである。しかも、取り持った慈光坊に所領を与えたことに明らかなように、信玄にとってこれは大変に嬉しいことだった。

宗派を越えて

『甲陽軍鑑』によれば、永禄十一年（一五六八）に躑躅ヶ崎の館の東北に毘沙門堂を建て、大僧正になってからは顕密《けんみつ》（顕教と密教）を専らにしたが、天台宗には善海《ぜんかい》法印《ほういん》・万蔵院《まんぞういん》・西楽院・妙音院・正覚院が、真言には加賀美《かがみ》の円性《えんしょう》崇敬《そうきょう》がいたという。

加賀美というのは真言宗法善寺（南アルプス市）のことで、円性は永禄年中に信玄に招かれて高野山からやって来た人物である。天台や真言の寺院では盛んに信玄勝利の祈禱や護摩をさせている。

信玄は妻の三条夫人を通じて一向宗の顕如とも関連を持った。実了《じつりょう》師慶《しけい》は関東管領上杉憲政の一族で、北条氏康に追われて天文十六年（一五四七）に鎌倉の長延寺から信玄を頼った人物である。信玄は小田原の情勢に通じているとして彼を厚遇し、府中に長延寺（後の光沢寺）を建てて住持とした。彼は御伽衆《おとぎしゅう》として、信玄の側近におり、顕如や越中・加賀の一向一揆との連絡に当たった。なお、実了は信玄の次男の竜芳の養育係ともなった。

信玄は日蓮宗との関係も密だった。『勝山記』には、大永二年（一五二二）の条に「此の年、当国屋形様身延《みのぶ》にて御授法、御供の人数皆々授法と云々」とある。これにより信玄の父信虎が身延山久遠寺《くおんじ》で日伝上人から授法し、供の者たちも授法したことがわかる。実際にこの年、信虎は穴山小路に日伝上人を開祖にして信立寺《しんりゅうじ》を開創した。

天文十六年（一五四七）六月一日に制定された「甲州法度之次第」の第十八条には、「浄土宗と日蓮党法論の事、分国においてこれを致すべからず、若《も》し取り持つ者あらば、師檀共に犯科許すべからず」とあり、信玄が浄土宗と日蓮党との法論に危機感を抱いていたことが知られる。信玄は天文十九年十一月十四日に久遠寺に寄進した法華経の巻末に寄進者として署名をしている。お経の寄進からして彼が久遠寺に信仰心を抱いていたことは間違いない。

永禄二年十一月九日、信玄は甲斐国中の身延山末寺の支配を日叙《にちじょ》上人に認めた。その後、永禄八年以前の年未詳三月二十五日、身延山の僧侶が日叙上人を訴えたのに対し、信玄はそうした事実がないので彼らを寺中から追放するようにと河内地方の領主である穴山信君《あなやまのぶきみ》へ連絡した。この間の状況からすると、信玄と日叙とは深い結びつきがあったようである。また、日叙は信玄の権力を背景にしないと末寺支配ができない状況になっていた可能性もある。

永禄八年以前の九月二十九日、信玄は穴山信君に身延山会式への舞師参加について門徒が擯出《ひんじゅつ》（退けること）したことに異議を唱え、上人と連絡を取るよう求めた。信君はこれを日叙に伝え、上人から十月二日付で信君へ、今回のことは特別に扱いたいので、信玄に口添えをお願いしたい旨の書状が出ている。結局、信玄の意を久遠寺が受け入れざるを得なかった。身延山内部に舞師が入ることを久遠寺側が拒否したのに対し、信玄は異を唱えてこれを認めさせたのである。寺院内部の細部にまで俗権が口を出していたわけで、前述の日叙とそれに反対する動きの最終決定を信玄がしたことからしても、身延山の無縁性は弱かったことになる。

信玄はこの際にも直接久遠寺に働きかけることをせず、穴山信君を間に置いている。信虎が甲府の穴山小路《こうじ》に信立寺を建立したことからもわかるように、穴山氏と久遠寺の関係は極めて密接で、それが信玄の時代にも続いていたのである。

元亀三年四月二十七日に信玄は久遠寺住職からの、駿河富士郡の久遠寺が安房の里見義弘に働きかけて久遠寺を称する判物を得たので、信玄が里見氏と交渉して身延山久遠寺の主張を入れさせた礼状に、武州仙波《せんば》（埼玉県川越市）の中院頼全法印を頼み、身延山で百余人を集めて三日に一度の論議などをしたいと返書を送っている。なお、この件に関しては元亀三年四月晦日、富士山久遠寺の日長上人が信玄の重臣である土屋昌続《まさつぐ》に書状を送り、富士門流の正統性を述べて名称の変更を拒否していた。そこで五月十四日に土屋昌続は安房里見氏の家臣玄東斎《げんとうさい》（日向宗立）に書状を送り、小泉の久遠寺の改称について依頼している（妙本寺文書）。

この経緯は信玄が同じ宗派内の寺の称号にまで関与したことを示す。しかも、交渉は安房（千葉県）にまで及んでおり、戦国大名と寺院との関係を考える素材といえよう。戦国大名は広域にわたる世俗を超えた問題解決に当たる役割を負っていたのである。

信玄が関係をもった寺はこれにとどまらない。彼は様々な寺院を利用しながら、領国の支配を徹底していった。一方で強い信仰心を持ちながら、反対側では宗教もまた一つの統治手段とした点に、彼の宗教に対する意識があった。

西光寺（上田市富士山）信玄に鎖張を進上した。

忌日の鉢

『甲陽軍鑑』によれば、信玄の時代には多くの優れた僧侶がいたが、彼らは毘沙門堂で武田家御先祖の忌日に鉢（托鉢《たくはつ》）を行い、その後入室して説禅という法問を一日に二度ずつ行った。彼らは学者僧として学問すると同時に、武田家の先祖を回向《えこう》する（死者の成仏を祈る）という役割も負っていた。教学としての仏教と、民俗慣行としての仏教とが分かち難く結びついていたのである。

ところで、上田市富士山の西光寺は真言宗で、松本山阿弥陀院西光寺と称する。この寺には、元亀元年（一五七〇）九月二十三日付で、「今度お尋ねの鎖張《さはり》進上、一段御悦喜に候、その御褒美として、門前三人の分、御普請ならびに兵粮運送の役、御免許なされるものなり、仍って件の如し」（西光寺文書）という文面の武田家印判状が伝わっている。鎖張（合金で作った椀形の器）を進上されて喜んだのは信玄であった。その御礼として、門前の三人分の普請や兵粮運送等の役を免除しているのである。

鎖張は仏教徒が打ち鳴らす道具である。寺に信玄が進上を命じたか、もしくは信玄が欲しがっていることを知って寺が自ら献上したかのどちらかであろうが、寺で進上したものなので、仏具として信玄が利用したことは間違いない。

鎖張を得て喜んでいる様子は、僧侶としての信玄の面影を彷彿《ほうふつ》とさせる。

第五章　統治者としての信玄

1　甲斐国民のために

信玄の統治者像

元亀二年（一五七一）正月三日、駿河の深沢城（静岡県御殿場市）を攻撃した信玄は城主北条綱成《つなしげ》にあてて、降伏勧告を行った。この文書は山鹿素行《やまがそこう》の『武家事紀』や『続群書類従』合戦部に書載されていることから広く知られている。その詳細については不明な点もあるが、興味深い内容なのでここで扱うことにしたい。

信玄は、武田、北条両氏の同盟関係から説き起こし、北条氏康父子が武田氏から受けた恩義を忘れて今川氏真に味方し、信玄の仇敵である上杉謙信と結びついた背信行為を厳しく責めて、一気に決着を付けようと綱成を威嚇している。文中で信玄は今川氏真について次のように述べている。ここでは「歴代古案《れきだいこあん》」に所収されている文面を採用するが、こちらの日付は三月三日となっている。

然《しか》して今川氏真と信玄、骨肉の因浅からざるの処、氏真若輩《じゃくはい》故か、又斯《か》くの如く滅亡の瑞相有るべきか、信玄に対し追日交わりを絶ち好《よしみ》を忘れ、剰《あまつさ》え甲陽の旧敵長尾景虎に同心を企て、武田を傾けるべく弓箭《きゅうせん》の企て度々に覃《およ》ぶ、然れ共干戈《かんか》を枉《ま》げ堪忍の処、ややもすれば虎狼の心を挟み、呉越の思いを含まるるの間、了簡《りょうけん》に曁《およ》ばず、不図《ふと》駿国に臻《いた》り乱入、氏真一防戦に逮《およ》び敗北、彼の国悉《ことごと》く撃砕、累年の遺恨を一時に散ぜられ候、此に氏真の行跡《ぎょうせき》を伝聞すれば、天道を恐れず、仁義を専《もっぱら》にせず、文無く武無く、只酒宴遊興を専らにする、士民の悲しみを知らず、諸人の嘲《あざけ》りを恥じず、恣《ほしいまま》に我意に任されるの条、何ぞ以て国家人を保んずべく候哉、全く信玄の氏真を没倒するに非ず、併せて天罰冥慮《めいりょ》に背き、自ずから滅却するに在り（「歴代古案」）

ここには今川氏真がいかに駄目な人間か示されているが、これを反対にすれば戦国大名として信玄が思い描く理想の姿になるのではないだろうか。すなわち、天道を恐れ、仁義を専らにし、文武に秀で、酒宴遊興を専らにせず、士民の悲しみを知り、諸人の嘲りを恥じ、恣に我意に任すことをなくすれば、国家人を保んずることができるのである。

酒宴遊行を専らにしないということは、自己の楽しみに溺れないことになる。既に触れたように天文十八年（一五四九）かとされる八月十二日、信玄は龍淵斎に送った書状で、「例式豆州《(穴山信友)》は大酒振舞までに候間、何事も談合調わず候」（磯部家文書）と、批判的に書き記している。大酒振舞が酒宴遊行を過ぎることにつながっているからであろう。そういえば、上杉謙信に関係する馬上杯が伝わっており、謙信は大酒を飲んだとされるが、信玄にはそうしたことも伝わっていない。信玄は自制して酒を飲んでいたのであろう。

士民の悲しみを知るということは、天の意が士民に現れるとの認識を示していよう。だからこそ諸人が嘲ることは、そのまま天が嘲ることになるので恥じねばならないのである。こうして、我意を去り、天道に従って行動すれば、国を保ち、人を安んずることができるという。

極言するなら、その行動は自己の欲求からどれだけ去り、周囲の人々、道理に従うかが、政治家としてのあり方だとする。なすべきは国と民を安んずることなのである。快川が信玄を「内に色の荒るる無く、外に禽の荒るる無し」と評しているのは、まさにそのことが実現されていたことを示していよう。

天道の運数に任せ

天道という言葉は信玄を理解する一つの鍵になる。

『甲陽軍鑑』では、「能人《よき》の埋もるるも世の習い、悪き者飢えるも習い、善悪を混ぜ合わするは皆これ天道なりと心得べし」「果報ある人は祈らずとも吉なるべし、果報なき人は祈りても叶わざるも有るべし、又祈らずして悪き者も有るべし、自然祈りてよき人も有るべし、これ皆天道なり」、「祈るも天道、祈らぬも天道」（以上品第六）、「天道仏神は正直慈悲の頭に宿り給えば」、「我一代に仕出る大名は天道の恵み深かるべし、其大将には、あやうき働きある物なれ共、是は天道よければ死するきはまでは大略理運になり、（中略）天道も代々恵みはなき者にて候」（品第十二）等と出てきている。さらに、信玄が出家した理由も僧侶を召して本卦を卜《うらな》ったところ、昼より後、懸道《かけみち》

（欠け道、満ち欠け）ということだったので、頭を剃って「天道」の言葉に合わせたからだという（品第三十）。

信玄にとって、人間の力を超えた天が定めた運命（天道）に従って行動することが大事だった。そして仁義に従うべきなのである。仁は宋学では天道の発現であるので、人として行うべき道理は社会のルールであり、我意を通さないことになる。文武に秀でることもその道理を学ぶことである。実際に信玄はそうした人だったようで、「天正玄公仏事法語」の中で、説三は「仁義致すところ、文武を全く兼ねる」と信玄を評している。

このことは信玄の戦争哲学にも現れる。既に見た永禄八年（一五六五）二月吉日に信玄が諏訪上社にあてた願状の中には、「涓《えら》びて吉日良刻となし、天道の運数に任せ、甲兵を上州利根河西に引率するの日」（守矢家文書）とあり、戦争も天道の意を問うてから行っている。永禄十三年と思われる二月二十八日に信玄が智昌院《ちしょういん》に送った書状にも、「叮嚀《ていねい》に天道を窺い、然《しかし》て行《てだて》の筋を定むべく候」（諏訪家文書）とある。戦争の勝敗すら、天道が決めることなので、天道をよく伺う必要があると主張しているのである。

国の持つ意味

『勝山記』を見ると、あらゆるところに国が出てくる。最初の文正元年（一四六六）の記載でも「甲州東郡久速立正寺」とあり、文明三年（一四七一）でも「甲州軍起《いくさ》こる」、文明五年に「甲州大飢饉」などとある。現代の山梨県（甲斐）でも国中《くになか》と郡内《ぐんない》は習俗や言葉等において随分異なるが、山梨県ということで同じ意識を持つ。戦国時代の郡内に住んだ人にとってもまず意識していたのは、甲州に帰属するということであった。

戦争についても文亀元年（一五〇一）「伊豆国より早雲入道甲州へ打ち入ったとされる。信玄が家督を握ってからでも、天文十六年（一五四七）「この年も信州と甲州取り合い止まず」、天文二十年「この年までも信州当国取り合い止まず」などと記されており、戦いの単位が国同士であったと認識していたことを伝える。大永元年（一五二一）に駿河から福島勢が攻め込んだ事件に関しての当時の記録は、甲斐対駿河の戦争と表現されている。信玄も同じ空気の中に生きており、彼が帰属する甲州の住民代表としての側面を持っていた。

天文十年、信玄による信虎追放についても当時の記録は、『王代記』が「一国平均安全に成る」と評価し、『塩山向嶽禅庵小年代記』は「信虎平生《へいぜい》悪逆無道なり、国中人民・牛馬・畜類共、愁悩《しゅうのう》（中略）位に即《つ》き、国を保つ、国の人民悉く快楽の笑いを含む」とまで記している。彼の行動は甲斐国民全体の中で評価されているのである。

既に触れた、天文十五年（一五四六）と推定される七月五日付で信玄が源助にあてた誓詞の中でも、信玄が誓い、罰を受けてもよいとしている神々の最初に甲斐国一宮・二宮・三宮が出ていた。この面から見ても、信玄の中には甲斐国民だとの意識が強くあったといえる。天文二十年七月十一日、甲斐の二宮鈎取《かぎとり》に対して壇上葺勧進のために「国中」おのおの相当の助成をするように命じ、これに応じて板垣信憲《いたがきのぶのり》と甘利昌忠《あまりまさただ》が「国中」大小の家ごとに一間に籾五合ずつの勧進をさせた。

当時の人々にとっては国の一宮、二宮はいわば国の氏神として実態を持っており、国を常に意識させる信仰対象だった。自分たちがどこに属しているかという時に、家族、氏族といった血のつながりとともに、郷や郡、国が地域共同体の紐帯として存在していたのである。それゆえ、血を前提とする氏神とともに、地域の神である一宮や二宮に対する奉仕は当然のことで、一宮や二宮から守ってもらえなければ、地域から追放されるのと同じ意味になった。これは信玄にとっても同じで、一宮などから加護を得なければならないのである。

信玄もまた甲斐の人間であり、同時に武田の家を継ぐということは守護として甲斐の国民を守護する義務を負ったことになる。

頻発する災害

甲斐の守護としての信玄は領民の生命や財産の安全を守ってやらねばならなかった。甲斐国民が直面していた課題の一つは、自然災害による食糧難であった。戦国時代の甲斐の状況を伝えるのが富士北麓に住んだ日蓮宗の僧侶が綴った『勝山記』である。ここから信玄が生きた時代の自然環境を確認したい。

当時は連年のように大雨、洪水に見舞われ、農作物が減収した。すなわち、長享二年（一四八八）には粟が被害を受け、延徳二年（一四九〇）には作物が実らず、文亀元年（一五〇一）には大水で作物がことごとく無駄になった。こうした被害は永正五年（一五〇八）、永正十七年、天文二年（一五三三）、永禄三年（一五六〇）などにも見られる。

作物の結実期の長雨は不作を招き、実った作物も腐らせ、場合によっては作物を押し流した。永正八年八月には国々に大水が出て耕作が損なわれた。天文五年には「言語道断《ごんごどうだん》餓死」、天文十九年にも雨による農作物の被害を契機に同じような状況になった。

大風も農作物に被害を与えた。明応四年（一四九五）には大風が吹き、作物に一本も実が入らず、明応五年には作毛がすべて損なわれた。同じような記載は文亀二年（一五〇二）、永正十五年、天文十五年、天文二十一年にも見られる。

明応七年八月二十八日には大風と大雨があり、これが引き金になって西湖《さいこ》、長浜、大田輪《おおだわ》、大原（すべて富士河口湖町）に土石流が起きた。天文十九年の七月と八月には大雨が降り、大風が吹いて世間では餓死する者が限りなかった。雨と風の被害は天文八年にも見られる。文明十八年には風が吹き景気が悪かった。永正八年には大風が二、三度吹いて、十分の富貴《ふうき》が四分三分になった。同様の記載は天文三年、天文十年にもある。また、天文二十三年には大風が吹き、十分の世の中が一切皆なくなってしまった。

永正七年には四尺（約一二〇センチ）の大雪が降り、永正九年には三月十八日と十九日の大雪で通路がすべて止まった。永正十二年には十月十二日の夜から大雨と雪とが一緒に降り、大地がことのほか凍ったために、芋を掘ることもできず、菜なども一本も取れなかった。永正十四年には十二月十五日から三日間、雪が降り積もり、四尺五寸にもなって、四方の路次が止まった。

日照りの記載も多く、延徳二年、明応五年の冬、文亀三年の冬中、永正二年、享禄元年（一五二八）、享禄五年、天文十四年、天文二十二年、天文二十三年、弘治三年（一五五七）に見られる。

明応七年八月二十五日には午前八時頃に大地震があり、日本国中の堂塔や諸家がことごとく頽れ落ち、海辺は津波に引かれて、ほとんどの人が死んだり行方不明になり、小川もことごとく損失した。翌明応八年正月二日にも大地震動があり、明応九年まで大地の動きが絶えなかった。ちなみにこの地震はマグニチュード八・六という大規模なものであった。六月四日にも明応七年の大地震よりも大きな地震があり、日夜揺れ動いた。永正十三年七月十二日午後二時頃に震動があり、翌十三日まで九度も震動した。さらに、天文十八年四月十四日の夜中頃に大変大きな地震があった。これは五十二年間に経験のないほどの地震で、十日以上も続いた。

富士山麓独特の災害として、富士山の雪が融けて起きる土石流の雪しろがある。天文十四年二月十一日には富士山から雪しろ水が吉田へ押しがけ人馬共に押し流し、その水は下吉田の冬水麦（富士山麓は冬の寒さが厳しいため水をかけ流して麦を栽培する）をことごとく巻き込んだ。天文二十三年正月にも雪しろ水があり、正月から三月までの間に十一度も流れた。永禄二年正月の申日にも雪しろ水が出て、田地や家・村を流した。十二月七日にも大雨が降り、それが引き金となって急に雪しろ水が法華堂（富士吉田市）をすべて流すほどの勢いで出たため、一般の人家はほとんど押し流された。

富士北麓は寒冷地であったが、寒さが予期せぬ時期にやって来ると、農作物に被害をもたらし、生活に支障をきたした。永正二年の冬は河口湖が凍りついて少しもあくところがなかった。永正十五年八月二十六日夜に大霜が降って明くる日まで消えなかった。天文六年の正月は暖かだったのに、十月十六日より雪が降り、寒いことは近年になかったので、下吉田では暖を取るためにくね木（生け垣の木）を皆が切って燃料にした。翌年の天文七年正月十七日の夜に大風が吹き、その後二月三月と大風が度々吹いた。この風と冬の寒さのため大麦は抜け、ほとんど収穫に至らなかった。

暖かさの記載は天文四年、天文五年、弘治三年に見られる。概して時代が下るとともに、暖かさの記載が多い。これは十五世紀に小氷河期があり、十六世紀の末にはその状態を脱却するという気候史の研究成果にも対応している。

明応三年は耕作二分の実入りだった。大永二年は作毛が殊の外悪く、中でも粟が凶作で、よくできた作物はなかった。天文十三年には大麦が一切悪く、夏に餓死する者が多かった。逆に天文二十三年の草生は三十年以来ないほど良かった。永禄二年四月十五日に大氷が降り、夕顔・茄子《なす》・麻・稗苗《ひえなえ》、ことに鶯菜《うぐいすな》がことごとく打ち折れ何もなくなり、大麦は半分こぼした。雹《ひょう》によって作物が大きな被害を受けたのである。

飢餓の時代

頻繁に起こる自然災害は即座に飢饉をもたらした。

『勝山記』によれば文明五年（一四七三）に甲州は大飢饉となり、死者が限りなく出た。文明九年は売買が高く、飢饉となった。延徳二年（一四九〇）には殊の外の大飢饉で物価が上がり、牛馬の大半が渇《かつ》え死に、人も飢《う》え死にする者が無数にあった。延徳三年も同様だった。このような記載は、明応四年（一四九五）、明応七年、永正二年（一五〇五）、永正十二年、永正十四年、永正十五年、永正十六年、大永三年（一五二三）、天文元年（一五三二）、天文三年、天文五年、天文六年、天文七年、天文十年、天文十一年、天文十三年、天文十五年、天文十九年、天文二十年、弘治三年（一五五七）と続いている。飢饉はほとんど連年この地の住民を襲ったのである。

人々が飢饉への対応として取った行動の一つは、蕨《わらび》の根を掘って蕨粉《わらびこ》を取り、食いつなぐことだった。永正十五年の飢饉では蕨を九月まで掘ったが、そのような状態は翌年の五月までも続いた。蕨の根を掘ることは天文三年、天文二十年の記載にも見られる。このうち天文三年については、『塩山向嶽禅庵小年代記』の同年の条に「六月一日二日三日富士山大雪降」とあるので、気候異常によって農作物が被害を受け、飢饉になったと思われる。

享禄五年には雑事《ぞうじ》（青物）がなくなったので、野に出て雑事を摘んだ。天文十二年には冬の飢饉を干葉でつないだ。

飢饉で体力が落ちた人々を病気が襲った。文明九年（一四七七）には少童で疱《ほう》（疱瘡）を病む者が大半を越え、死ぬ者が多く、生き残った者は千死に一生を得た思いだった。永正十年には麻疹《はしか》が流行し、大半の者が罹った。大永三年にも少童が痘《とう》（もがさ）を病み、また「いなすり」（麻疹の異称）を病んで大概の者は没した。享禄四年、天文六年も同様だった。天文十九年の春は少童が疱を病み、下吉田だけでも五十人もの人が死んだ。

文明十三年には疫病が天下に流行し、病死人が多かった。文明十五年にも疫病が流行した。文明十八年の疫病流行では多くの者が死に、生き延びた者は千死一生だった。文明十九年、長享二年（一四八八）にも疫病が流行し、人民が数知れず死んだ。このような記載は長享三年、天文三年にも見られる。天文五年には餓死する者が多かったが、疫病も流行した。永禄二（一五五九）、三、四年にも疫病が流行し、多くの人が死んだ。

永正八年に世間に口痺《こうひ》という病気が流行し、限りなく人民が死亡した。永正十年には天下に「たうも」（唐瘡）という大きな瘡が流行し、平癒するのに時間がかかった。天文四年には難儀な咳病が流行して皆死去した。また、天文二十三年には腹を煩う病気が広まり、大概の者が病死した。

この通りならば、飢饉と疫病で毎年多くの人口が減少していたことになる。

領国民の安全と富の維持

武田信玄が甲斐の国主として領民のことを考えるなら、まずしなければならないのは、領国民の生命を守ってやることであった。このためには何としても食糧、あるいはそれを入手できる富を手に入れねばならなかった。富士北麓の人々は永正十六年（一五一九）「冬より富士郡へ往還して、芋のから（芋茎《ずいき》）を買い越して喰い候」、大永三年（一五二三）にも「此の郡は春より富士郡へ行て命を続く」（『勝山記』）と、暖かく食糧のある駿河に向かった。他国から略奪してでも食糧を用意しなければ、国民は飢えるのである。

信玄の父信虎の時代には、食糧をはじめとする富の争奪戦が甲斐国内で行われていた。この過程で甲斐国内は戦乱の巷《ちまた》となったが、戦争は命をかけて争奪戦をすることになり、地域住民も必然的にそれに巻き込まれた。戦争は巻き込まれた人々の生命や富を失わせる可能性の最たるものであった。飢えで死ぬか、戦乱で死ぬか、死に変わりはないが、安定的に食糧が得られるようになった段階では、戦乱に巻き込まれて死ぬことは出来るだけ避けたいと思うのが領国民の心ではなかったろうか。

私たちが国および公的機関に望むのは、生命と財産の安全であるが、こうしたことはそのまま、信玄の領国に住む多くの人たちの思いであったと考えられる。

その意味で信玄にとって幸運だったのは、既に父信虎が甲斐国内を統一しておいてくれたので、甲斐国内を戦場としなくてすんだことである。信虎の時代まで、甲州の人民は甲斐国内を戦場とする戦争にいやでも巻き込まれていた。地域の領主同士の争いは、住民の意思と関わりなく引き起こされ、住民が戦禍の災いを受けたのである。

国外での戦い

ところが、父の信虎は甲斐国内統一を遂げて信濃に攻撃の矢を向けており、信玄はその延長線上に進めばよかった。既に国内の領主による戦乱は終わっており、甲斐の住民は強力な戦国大名がいることで他国から侵略を受けて戦渦に巻き込まれることがなくなっていた。したがって、彼らは利益を求めてある程度自己の判断で戦争に出て行くことが可能だったのである。

しかも、信玄のもとに甲州勢は戦争に勝ち続けた。勝ち続けたことはそのまま甲州の人々に利益を分配することであった。したがって、甲州人にとっては国内戦をしない上、多くの富を分配してくれる理想的な領主だったのである。

一方、信玄の子供である勝頼の代の武田氏滅亡に際して、甲斐は織田と徳川の連合軍に侵略され、信玄の時期とは全く逆になった。甲州人は富も生命も、すべてが危険にさらされた。領国民の安全と富を保証することが領主の役割だとすると、勝頼によって全く逆の形になったのである。

いずれにしろ、甲斐の民衆は生命や財産の安全を望んだ。信虎が駿河に追放された時、『王代記』は「一国平均安全に成る」と記しているが、ここに民衆の望みが集約されているといえよう。

民衆が直接戦争に巻き込まれずにすみ、人々へ様々な形で富を分配してくれただけに、信玄の評判が甲斐（山梨県）では高いのである。

2　戦争にあたって

戦勝と神仏

戦国大名としての信玄は、領国民に食糧や富をもたらし、さらにより多くの利益を分け与えることが公としての意義であった。そのため最も手っ取り早い手段が戦争に勝つことであったことは疑いない。戦争勝利に向けて何をしたのかが、信玄とはどのような人物であったかを知る手がかりとなろう。

天文二十二年（一五五三）十二月十八日、信玄は信濃に出陣しようとして、京都の清水寺成就院《きよみずでらじょうじゅいん》から観音像ならびに巻数等を送られたのを感謝し、武運長久の祈念をしてくれるように求めた。それを伝えたのが次の書状である。

信州に至り出陣について、わざわざ使僧に預かり、殊に精誠《せいせい》を抽《ぬき》んでられ、観音の像一幅・巻数《かんじゅ》・五明・杉原《すいばら》送り賜わり珍重に候、抑《そもそ》も去る甲辰（天文一三年）の年、寺務に奉る願書の趣、決（結）願せしめ候と雖《いえど》も、信国十二郡の内、今に一郡の分指し損じ候条、平均の上において進納致すべく候、この旨を以て、いよいよ武運長久の祈念油断あるべからず候、仍って去る秋一戦の勝利、偏《ひとえ》に仏力の故に候か、茲《ここ》により黄金十両を納め奉る、委曲は高白斎の所より申し越すべく候、恐々謹言

（清水寺成就院文書）

十二月十八日（天文二十二年）　晴信（花押）

清水寺

成就院

信玄は戦争の前に清水寺に戦勝祈禱を依頼し、成就院がこれを実行して観音の像と巻数を送ってきたのである。信玄は信濃全域が思う通りになったら御礼としてこうしたものを寄進すると約束していたが、信濃十二郡（実際は十郡なので、木曾郡を二郡に数えたものか）の内いまだに一郡が手に入っていないので、祈願が成就したらそれを進納する、だから武田家の武運長久の祈念をして欲しいと求めているのである。さらに、去る秋の勝利は偏に仏力の故だとして、黄金十両を納めている。

このように、信玄にとって戦争勝利の大きな要因に仏力、神力があった。特に信玄の場合、出生の風聞のように特に戦勝を約束してくれる神として諏訪大明神が存在した。そこで、ことあるごとに諏訪社へ戦勝祈願を依頼しているが、弘治元年（一五五五）の例を挙げてみよう。

当陣祈念のため、御玉会《おたまえ》・守符越し給わり候、謹みて頂戴、抑も越後衆出陣、然りと雖も敵の行《てだて》珍事無く候、これまたおのおの安堵たるべく候、なお神前において、怨敵退散《おんてきたいさん》の精誠憑《たの》み入り候、恐々謹言

追って、願書数通、毎朝祈念候、殊に今度の戦い、当家の是非、禁足《きんそく》を以て参籠《さんろう》ありて、武運長

久の祈り尤《もっと》もに候

（弘治元年）九月十日　晴信（花押）

（守矢頼真）神長殿

（回木家文書）

文章でもわかるようにこの時の敵は越後衆であり、川中島合戦の最中であった。信玄は川中島合戦に際して、諏訪上社から戦勝を祈願して贈られた御玉会・守符を手に入れ、これを携帯していたのである。信玄は戦争をしている間、神長《かんのおさ》に怨敵退散の祈禱を依頼していた。特に今度の戦いは武田家の是非を決するものなので、禁足して参籠し、武田家の武運長久の祈禱をするように求めている。明らかに戦争は武田軍がするだけでなく、その背後に神仏の加護があると意識していた。それは信玄の行動規範である天道ともつながり、神が味方してくれていれば勝てるのである。同時に注目しておきたいのは「越後衆出陣」と述べていることで、川中島の戦いも国同士の戦いであり、甲斐と越後の戦いだとの理解だった。その代表として武田家と上杉家があったのである。

柴辻俊六氏により弘治三年（一五五七）と推定されている（『戦国遺文　武田氏編』）四月二十八日、信玄は諏訪社上社の神長に次のような書状を出した。

越国衆出張に就いて、父子出馬候、然《しから》ば当家の有無この時に候条、五官を始めとして、その外已《い》下《か》の巫祝《ふしゅく》等、一心に精誠、十日を経ずして勝利を得候様、朝暮の勤行《ごんぎょう》憑み入り候、恐々謹言

卯月二十八日　　晴信（花押）

神長（守矢頼真）殿

（守矢家文書）

ここでも敵は越国衆で、川中島合戦に際して十日を経ずして勝利を得るように、朝暮の礼拝をして欲しいと、諏訪上社の神長に頼んでいる。

永禄七年（一五六四）七月十九日、信玄は飛騨に攻撃を加えるに際して、諏訪上社大祝《おおほうり》に次のように武運長久の祈念を求めた。

飛州に向かい出勢、然ればこの時に勝利を得、諸卒帰府安泰に候様、神前に参籠し、武運長久の祈念、精誠を凝らさるべき事肝要に候、恐々謹言

（永禄七年）七月十九日　　信玄

上諏方（訪）

大祝（諏訪頼忠）殿

（諏訪市博物館蔵諏訪家文書）

信玄としては何としても戦争で勝利をあげねばならないが、そのために神仏の加護を受けるようにすることが、まずは戦勝への第一歩だったのである。だからこそ、今回の出陣で勝利を得、諸卒とも無事に甲府に帰ることができるように、大祝に神前へ参籠して真心を尽くして、武運長久の祈念をや

って欲しいと依頼したのである。

信玄は僧侶や神主などに神仏への祈りを依頼していただけではない。当然自らも祈っていた。

自ら祈る

元亀元年（一五七〇）九月九日に信玄が諏訪南宮大明神（諏訪上社）に出した願文は次のようになっている。

普賢法五百座勤行

その機軸は、

北越の輝虎親戚郎従《しんせきろうじゅう》の族、俄頃《がけい》過乱（禍）を起こすか、もししからざれば悪疾の病痛を蒙り、輝虎没名か、この両災に罹り、越軍吾が信・上の二国に至って、干戈を動かさずして人民太平を唱うべし、粤《ここ》に信玄甲士を率い関東に発向す、則ち或いは怨敵慈心を起こして幕下に降り、或いは撃砕散亡して悉く予の指揮に服し、凱歌《がいか》を奏し帰府安楽を得ば、併《あわ》せて諏方南宮大明神の保祐《ほゆう》を仰ぐものなり、

仍って祈願状件の如し

元亀元年庚午九月九日　信玄（花押）

（諏訪南宮大神社文書）

願文の主旨は、謙信の一族や郎等たちはにわかに世の乱れを起こすか、そうでなければたちの悪い病気になり、輝虎（謙信）が没するかである。いずれにしろこのような災いにより、越後軍が我が信

諏訪上社神宮寺跡（諏訪市中洲）

濃・上野にやって来れば、我々は軍を動かさずとも人民が太平を謳《うた》うであろう。さて、自分は武装した兵を率いて関東に向かう。怨敵が自分の幕下に降るか、あるいは敵を撃砕して彼らが自分の指揮に服し、凱歌を奏して甲府に帰ることができ、楽々とした気持ちになれるように、諏訪南宮大明神の助けを仰ぐ、というものである。

つまり、自ら諏訪南宮大明神に祈りを捧げ、普賢菩薩《ふげんぼさつ》のために五百座の勤行をするから戦いで勝たせてくれと求めているのである。ちなみに上社の本地仏は普賢菩薩で、上社神宮寺の本尊が普賢菩薩であった。したがって、ここでは諏訪大明神、その本地仏の普賢菩薩に祈っている。明らかに仏の方が神より上に位置しており、本地垂迹説《ほんじすいじゃくせつ》によっているのである。

卜問最吉

はしがきで見たルイス・フロイスの手紙に、「彼（織田信長）は常に卜占《ぼくせん》その他、日本人の迷信を笑いましたが、信玄は釈迦に超越しようと決心しています」と記されているように、信玄は卜占を大事にしていた。そのことはこれまで見てきた願文中に、信玄が占《うらな》いの結果を尊重している様子が示されていることでも明らかである。もう少しそうした事例を確認しておこう。

永禄四年（一五六一）十一月二日、信玄は北条氏康を支援しようとして上野に出兵のため佐久郡松原上下大明神（南佐久郡小海町）に次のように自筆で戦勝を祈願した。

敬って白す願状

今度卜問《ぼくもん》最吉に任せ、吾が軍を上州に引卒するの日、松原上下大明神宝殿に詣づる、その意趣は、殆《ほとん》ど西牧《さいもく》・高田・諏方（訪）の三城二十有日を経ずして、或いは幕下に降り、或いは撃砕散亡せば、偏《ひとえ》に当社の保護あるべし、ここに、

（異筆、以下同じ）「来る三月これを興行すべし」

一、三十三人の苾蒭衆《ひっすうしゅう》を集め、松原宝殿において三十三部法華妙典を読誦《どくしょう》すべきの事

「只今これを納め奉る」

一、太刀一腰・神馬三疋《びき》社納し奉るべきの事「この内壱疋は壬戌（永禄五年）二月五日に社納し奉るところなり、相残る二疋は諏方落居の日これを納め奉るべきものなり」

右の願満昇平の日、合当《あいあ》つべきは必《ひっ》せり

時に永禄四年辛酉

十一月二日　　信玄（花押）　　（畠山家文書）

信玄が上野に出陣したら結果がどうなるかと占いをしたところ、最吉と出たのでそれにしたがって

出陣しようと、上野に向かう途中に当たる松原神社に参詣した。そして、西牧《さいもく》（甘楽郡下仁田町）などの三城が二十日少しの間に降参したり、敵を打ち破り敵が散りぢりになってなくなったならば、もっぱら当社の保護の結果だとして、三十三人の僧侶を集めて松原社の宝殿で三十三部の法華経を読誦し、太刀一腰と神馬三疋を社納するというのである。異筆の部分から、それが実行されたことが知られる。信玄は約束を守ったのである。

永禄十三年と推察されている二月二十八日、信玄は智昌院《ちしょういん》に書状を送った。それは次のようなものである。

今日は、終日御苦労察し存じ候、仍《よ》って先刻直談に覃《およ》ぶべく候の処、失念せしめ、只今紙上に顕し候、抑《そもそ》も津久井・上州両筋の事は、今日卜筮《ぼくぜい》致し候、豆州口の行《てだて》は未《いま》だ占卜《せんぼく》せず、一大事の揺らぎに候の間、叮嚀《ていねい》に天道を窺い、然《しか》して行の筋を定むべく候、誠に申し兼候へ共、明日午未両刻の間に来過、豆州表に向かい、干戈を動かすの是非、卜問 希《こいねが》う所に候なり、委曲面拝の砌《みぎり》を期し候、恐々敬白

　猶々明日は未刻に来臨有り、霊前において、則ち丹祈を抽んでられ、御卜問肝要たるべく候なり

（永禄十三年カ）二月二十八日　信玄（花押）

（奥ウハ書）

「　智□（昌カ）院玉床下　　信玄」

（諏訪家文書・東京大学史料編纂所蔵影写本）

信玄は直接会って話をするのを忘れたので、手紙でいうとして、津久井と上州筋への攻撃のことについては今日卜筮（亀甲を焼いて卜《うらな》うことと筮竹を用いて占うこと）を行った。しかし豆州へ攻め入ることについてはまだ占いをしていない。一大事のようなので丁嚀に天道を伺って、どうしたよいかを定めたい。明日正午から二時くらいの間にやって来て、豆州に軍を進めることの是非を卜問して欲しいというのである。しかも追而書《おってがき》でも、明日は未刻（午後二時頃）にやってきて、霊前で丹誠をこめて祈っていただき、しっかり占って欲しいと述べている。信玄は軍を動かすかどうかの決定を最終的に占いによって、「天道」を伺うとしているのである。

この結果、伊豆に向かうのがよいとの結果が出たようで、永禄十三年四月十四日に信玄は再び伊豆に向かって出陣することを春日虎綱（『武家事紀』からは真田弾正忠〔幸綱〕あてだったと考えられる）へ、次のように伝えた。

輝虎沼田に在陣候と雖も、卜筮《ぼくぜい》に任せ馬を出し候間、信州衆早々参陣候由飛脚《ひきゃく》を遣わし候いき、但し輝虎定めて五日の内に本国に帰るべきの条必然に候、心易《やす》く出馬すべく候間、当府(駿府)に於いて沼田退散の有無聞き合わすべく候、その間に上・信両州衆を相集め、越山すべき存分に候、動《はたらき》は吉原津に船橋を掛け、豆州に向かって行《てだて》に及ぶべく候、その意得《こころえ》のため自筆を染め候、兵粮欠乏の時に候えども、この時に候条、則ち人数を催し罷り立たれ候様、相理《ことわ》らるべく候、恐々謹言

追って、真田源太左衛門尉(信綱)所へ、切々飛脚を越し、輝虎退散聞き届け、注進待ち入り候なり

（永禄十三年）
四月十四日　　　信玄
春日弾正忠殿（虎綱）
（「歴代古案」）

信玄は卜法と筮法によって占った結果にしたがって、伊豆に向かったのであろう。しかもこれを自筆で連絡しているのである。

『戦国遺文』によれば年未詳の十二月十二日、信玄は上野の一宮神主に次のような書状を送った。

神前に於いて恒例の占卜候の処に、大吉候や珍重に候、上州静謐《せいひつ》の事に候、偏《ひとえ》に当社を守り奉り候条、いよいよ祈念願い入り候、仍って太刀一腰進献せしめ候、委細原隼人佑（昌胤）申すべく候、恐々謹言

拾二月十二日　　　信玄（花押を欠く）
一宮神主殿
（「上野国一宮由緒願書」）

これによれば、一宮神主は神前において恒例の占卜をしたところ大吉と出たという。信玄が喜んでいるのは、信玄が軍を動かすのが大吉という神の思し召しがあったと判断したからである。諏訪社や貫前《ぬきさき》神社の神主がこのような占いに関わっていることは、国レベルで世の中が静かに治まるようにと祈るのが一宮であり、国全体の動向に関わる占いも一宮の役割と認識されていたからであろう。

神々と戦勝

先に見た状況でもわかるように、信玄の時代には勝敗を決めるのは神仏だとの意識が強くあり、神意（天道）を伺って戦争をしようとした。信玄も戦争をするにあたって神仏の加護があれば勝てる、逆に神仏が力を加えて守ってくれなければ負けるという意識を有し、神や仏の意を知ってから、戦いを仕掛けるべきか否かを決定しようと卜占を行った。

天文二十二年（一五五三）八月から九月にかけて、第一回の川中島合戦があった。『高白斎記』によれば、九月四日に信玄が吉凶を占うと、天佑の裸大吉、これに対して敵の謙信は無明裸大凶と出た。武田方が有利だとの占いの結果が記されているのである。

信玄の家臣である駒井高白斎がこのようなことを書き付けたのは、信玄の行った卜占の結果が広く公表されていたことを示す。信玄が占いを利用した背景には、実際に神の意を尋ね行動の指針にすると同時に、このように自分にとって都合のよい結果を公表し、宣伝することによって、神に守られた我らの軍、したがって確実に勝利するという意識を兵士に植え付け、戦意を高揚させる意図もあったのである。

謙信との戦いに際しての占いの事実を伝える古文書もいくつか残っている。永禄元年（一五五八）八月、信玄が戸隠神社（長野市）に修理料を出して戦勝を祈った願文中には、「先筮に曰く、来る戊《つちのえ》午《うま》の歳居を信州に移さんと欲す、則ち十二郡吾が存分に随うべきか否やの占卜、升の九三なり、（中略）先筮坤卦の吉文に任せ、敵忽ち滅亡し、晴信勝利を得るは必せり」（戸隠神社文書）とある。

永禄二年（一五五九）五月吉日に信玄が松原上下大明神（諏訪神社、南佐久郡小海町）へあてた願文は次のようになっている。

敬って白す願書の意趣は、
今度卜問最吉に任せ、甲兵を信州奥郡ならびに越州の境に引卒す、信玄多年如在の礼賽《れいさい》あり、造次ここにおいて顚沛《てんぱい》す、ここにおいて希《こいねが》わくは天鑑に随い、敵城悉く自落退散し、しかのみならず長尾景虎吾が軍に向かわば、則ち越兵追北消亡せんことを、併せて松原三社の保祐《ほゆう》を仰ぐものなり、神明に私無し、凱歌を奏して家安泰に帰するの日に到らば、具足一両糸毛・神馬一疋、宝前に献じ奉るべきの条、件の如し

永禄二年己未五月吉日　　釈信玄書印　　（畠山家文書）

自分が神の意志を伺ったところ「最吉」と出たのだから、勝って当たり前だといわんばかりである。天帝の照覧にしたがって、敵城はことごとく自落退散し、謙信の軍が我が軍に向かってきたら、越後の兵は北に追われ焼亡してしまうことを願っている。これが彼にとって天道だったのであろう。なお、この文書が信玄と法名を記した現存最古のもの（同年五月二日に清泰寺文書〔南アルプス市〕にあった禁制が知られる最古）とされる。

また同年九月一日に小県郡の下之郷諏訪神社（生島足島神社、上田市）に捧げた文書は次のようになっている。

諏訪神社（上田市下之郷・生島足島神社境内）

敬って白す願書
帰命頂礼《きみょうちょうらい》下郷《しものごう》諏方(訪)法性大明神に言いて曰く、徳栄軒《とくえいけん》信玄越軍出張を相待ち、防戦せしむべきか否やの吉凶、預《あらかじ》め四聖人に卜問す、その辞に曰く、九二の孚喜《ふき》あるなり、薦約《せんやく》を経て神の享《う》くるところとなる、これを斯《これ》喜となすと云々、希《こいねが》わくは天鑑に随い越軍と戦い、すなわち信玄存分の如く勝利を得、しかのみならず長尾景虎忽ち追北消亡せんことを、併せて下郷両社の保祐を仰ぐものなり、神明に私無し、凱歌を奏し、家安泰に帰するの日に到らば、己未の年よりこれを始め、十ケ年の間、毎歳青銭拾緡《さし》修補のため社納し奉るものなり、仍って願状件の如し
維時永禄二年己未秋九月一日　（生島足島神社文書）

越後軍が出張してくるのを待って防戦した方がよいのかどうかを予め四聖人（周易を大成したといわれる孔子・曾子・子思・孟子）に卜問したところ、その通りだと結果が出た、神前に約束をして神が受け入れてくれたので、勝利は間違いないというの

である。ここでも記されている天鑑は、天道が占いの結果として示したもののことをいっているのであろう。

また、永禄三年九月吉日に松原上下大明神に出した願文にも、「今度卜問最吉に任せ、甲兵を信の奥郡に引率し」（畠山家文書）と、謙信との戦いに占いが利用されている。

戦勝は天の意志によるものであり、それを聞いて天道にしたがって行動をすべきだというのが信玄の姿勢なのである。

神への捧げ物

信玄は神の意志を聞いて開戦したはずであるが、戦争に際して神の加護を期待してさらに祈りを捧げ、戦勝後は御礼の寄進をした。

天文十九年（一五五〇）閏五月二十三日に信玄は甲斐一宮大明神（浅間神社、笛吹市一宮町）に、信濃が手に入るようにとの願書を出し、その後勝利することができたのは「明神感応」によるとして、天文二十年二月五日に社領などを寄進した。

天文二十二年十二月十八日に信玄は山城国清水寺成就院へ、観音像や巻数などを贈ってくれた礼を述べ、去る天文十三年に出した願書の内容は、いまだ信濃の中で一郡が手に入らないため約束を果たしていないが、これが手に入ったら約束のものを進上するので、いよいよ武運長久の祈念をして欲しいと依頼し、同時に昨年秋の合戦での勝利は偏に仏力の故だと、黄金十両を奉納した。

天文二十三年九月晦日より以前に信玄は、下伊那を攻略するにあたって御射山《みさやま》大明神（諏訪郡富士見町）に願書を納めた。神の助けによって勝利を得たとして九月晦日に社領を寄進し、社人等が武運長久の祈念をするように命じた。

永禄元年（一五五八）閏六月十九日、信玄は山城醍醐寺の理性院からの信濃伊那郡の文永寺（飯田市）と安養寺（下伊那郡喬木村）の再興依頼に対し、「当時戦国の間、武運の祈禱として、近年当国法善寺に寄附候の条、よんどころなく候」、ただし来る秋に上杉謙信と戦う時には戦の勝利の祈願をそちらに依頼するので、勝利したならば必ず本寺に寄付すると約束した（文永寺文書）。

年未詳の七月四日、信玄（晴信なので永禄二年以前）は愛宕山《あたごやま》西坊（「愛宕山」は、武田氏館跡内に祀られていた愛宕権現の別当寺である宝蔵院をさす）に次のように書状を送った。

恒例に任せ御札到来、謹みて頂戴、殊には扇子・杉原等、これ又祝着せしめ候、仍って黄金拾壱両これを渡し進《まい》らせ候、今度越国衆当□へ乱入、防戦のため出馬□処、敵その功無く半途にて引き退き候、唯今の如くんば、当方の本意疑い無く候、いよいよ当社権現の神力を借り、武運長久を保ち候様に、御精誠頼み存ずるの外他無く候、恐々謹言

七月四日　　晴信（花押）

愛宕山

西坊

（信玄公宝物館所蔵文書）

いつものように戦争にあたって信玄は御札などを得た。そこで御礼のために信玄は黄金十一両を奉

納した。この度越後衆が信濃へ乱入してきたので、防戦のために出馬した。幸い敵はその効果無く途中で引き退いた。現状では当方の意図が疑いなく達成されるであろう。いよいよ愛宕権現の神力によって武運長久を保てるように、心を込めて祈って欲しいというのである。状況がよいからこそ、他の場合から見ると大金といえる十一両もの黄金を差し出したのである。

永禄三年九月吉日、信玄は信濃奥郡出兵にあたって松原三社大明神に願文を捧げたが、その文面は次のようになっている。

> 敬って白す願状
>
> 今度卜問最吉に任せ、甲兵を信の奥郡に引卒し、日十日を経ずして亀（上カ）倉城自落退散し、しかのみならず、越軍に向かって則ち信玄存分の如く勝利を得んことを、併せて、松原三所大明神応護あるべし、仍って素願成就の日、太刀一腰・具足壱両、社納し奉るべきものなり
>
> 永禄三年庚申九月吉日　徳栄軒（花押）
>
> （畠山家文書）

亀倉城（上倉城、飯山市）が自落退散し、越後軍が敗退し、この度の願いが成就したならば、太刀一腰と具足一両を寄進すると約束している。ここでも占いの結果が重視されているが、おそらく戦勝が約束されているとの情報は広く家臣たちに宣伝されたものであろう。

永禄十一年六月四日、信玄は次のように諏訪上社神長官（神長が永禄四年以降神長官と書かれるように

なる）守矢信真に戦勝を祈らせ、神徳の礼として太刀を奉納した。

越国の内本庄（繁長）を始めとし、過半当方へ同心、輝虎に対し敵対の色を顕わすの趣、一昨日注進、茲《ここ》に因《よ》り近日出馬候、まことに今度の吉祥、神徳故に候、先に太刀一振奉納せしめ候、いよいよ武運長久の祈念疎略あるべからず候、恐々謹言

（永禄十一年）六月四日　信玄（花押）

（守矢信真）神長官殿

（北口本宮冨士浅間神社文書）

ここでは戦勝を神徳によるものとし、太刀を奉納している。神には何らかの御礼をする必要があったのである。

神仏は信玄のために

信玄は永禄五年（一五六二）十一月七日に信濃国の開善寺《かいぜんじ》（海禅寺、上田市）の所務（所領の支配業務、それに伴う得分）を認め、この度の祈念が成就したならば、以前のように旧領を寄付すると約束した。信玄の願いが叶わなければ旧領は返されないので、開善寺は信玄の戦勝を祈る寺とならざるを得なかった。

信玄は薬王寺（西八代郡市川三郷町）と慈眼寺《じげんじ》（笛吹市）に諏訪社の神鬮《みくじ》を取らせたが、上社と下社の鬮の結果が一致しなかったため、永禄七年（一五六四）二月十七日、次のようにこの両寺に重ねて鬮を取らせた。

今度別して精誠を抽《ぬき》んでらるるの故、信玄存分のごとき御鬮、先ず以て祝着に候、然りと雖も神慮に協《かな》わざれば、両社の御鬮おのおの別たるべきの旨、御祈念あるべきの趣申し候いき、上下の宮おのおの別の御鬮に候、このところ如何にも恐怖せしめ候の間、重ねて新立願を以て御鬮を取り候、この度においては、いよいよ神前に至って一かど精誠を凝らされ、信玄多年如在《にょざい》の礼奠《れいてん》怠慢無く、敬神奉るところ、両社納受これあらば、上下の宮一様の御鬮たるべきの旨、他事を忘れ祈念あり、念鬮をとらるべく候、そのため自筆を染め候、内々両貴僧へ別紙を以て申すべく候と雖も、眼病以ての外に煩《わずら》い候間その儀無く候、小井弖《こいで》越前入道口上あるべく候、恐々敬白

追って、布施物のことは、祈念成就せば使者を以て進《まい》らすべく候

(永禄七年)甲子

二月十七日　　信玄（花押）

薬王寺

慈眼寺

（工藤家文書）

信玄は、多年眼前に神がいるかのように神仏に物を供えて祀って怠ることなく敬神しているので、両社が納受するならば諏訪上社も下社も同じ結果が出るはずなのに、この度の鬮が一致しなかったのは寺のやり方が悪いからである。だから、鬮を引いた二つの寺に対して、他事を忘れ祈念して、再度念を入れて鬮を取るようにと信玄が命じているのである。極言するならば、信玄の多年の敬神状況を

見れば、神は信玄の意図を受け入れるはずだというのである。

永禄十年十一月十二日、信玄は信濃国諏訪郡の三精寺《さんせいじ》（諏訪下社内にあった）に対して寺領を還付し、その代わりに神前において武田家の武運長久の祈禱をしっかりするように命じた。

永禄十二年十月十六日、信玄は上社大祝に書状を送り出陣にあたっての守符などの礼を述べ、本意を達したら諏訪郡を諏訪上下社に寄付することを、次のように約束した。

今度出陣に就いて、神前に於いて、精誠を抽《ぬき》んでられ、御玉会・守符頂戴せしめ畢んぬ、抑《そもそ》も北条氏政居住の地を撃砕し、武・相両国 悉《ことごと》く放火、 剰《あまつさ》え相州見（三）増坂に至って一戦を遂げ、北条新太郎（氏邦）・助五郎（氏規）已下の凶徒二千余人討ち捕り、存分の如く本意を達するの条、併せて当社の神力の故に候、八州静謐《せいひつ》せしめば、諏方一郡卓錐《たくすい》の土をのこさず両社に寄附すべく候、この旨を以て油断なく精誠肝要たるべく候、恐々謹言

（永禄十二年）十月拾六日　　信玄（花押）

（諏方頼忠）諏方大祝殿

（諏訪家文書）

関八州が信玄の勢力下に入ったら、諏訪郡全体が諏訪社の神領になると約束しているのであるから、諏訪社としても真剣に信玄の戦勝を祈らざるを得なかった。

このような状況からして、信玄領国内の寺社は領国を代表して領国のために働いている信玄の勝利

を祈るのが義務で、領国内に祀られている神仏は信玄を加護すべきだという意識が、信玄の中に次第に強まっていったといえる。それは、信玄が自分勝手な私権ではなく、領国民のために働いている公権であるとの意識とセットになっていたのである。

情報・宣伝作戦　戦争においては様々な形で味方を鼓舞しなければならない。少しその点を確認してみよう。

信玄は永禄四年（一五六一）十月晦日、京都の清水寺成就院に伊那郡面木郷《おもてぎ》（表木、伊那市）を寄進し、謙信の属城である市川（下水内郡栄村）・野尻（上水内郡信濃町）両城が落居したならば、さらに万疋の地を寄進することを、次のように書状で伝えた。

恒例の如く使僧に預かり候、殊に本尊像・巻数・扇子・杉原等ならびに綾一端送り給わり候、祝着に候、仍って今度、越後衆信州に至って出張の処、乗り向かい一戦を遂げ勝利を得、敵三千余人討ち捕り候、誠に衆怨悉く退散眼前に候か、仍って当年伊奈郡面木郷を寄附し奉る、御入部珍重に候、この外万疋の地、只今渡し進むべく候と雖も、今に市川・野尻両城に残党楯籠るように候、定めて雪消えれば、退散致すべく候か、その砌《みぎり》名所を書き立て、態《わざ》と進らせ入るべく候、恐々謹言

追って、立願の旨あり、黄金三両別して奉納せしめ候

十月晦日　　信玄（花押）

成就院

（温泉寺所蔵文書）

信玄は有名な第四回の川中島合戦が終ってから、成就院に礼状をしたためたのであるが、ここでは「越後衆信州に至って出張の処、乗り向かい一戦を遂げ勝利を得、敵三千余人討ち捕り候、誠に衆怨悉く退散眼前に候か、仍って当年伊奈郡面木郷を寄附し奉る、御入部珍重に候」と述べていることが注目される。つまり敵を三千余人討ち捕り、怨敵はことごとく退散したと伝え、信濃で寺領を寄付したのである。ここでは勝利を強調すると同時に、自分が勝てばこれだけの利益があると伝えている。寺を鼓舞し、仏の力を借りようとしたのである。

信玄が永禄五年九月十八日に宇都宮広綱《うつのみやひろつな》へ送った書状は次のようになっている。

先日は啓せしめ候き、参着候や、仍ってその表日を逐《お》い御利運の由、子細を始めずと雖も、御武略比類無き次第に候、今度上州へ行《てだて》に及び、箕輪・惣社・倉賀野郷村悉く撃砕、作毛以下を苅り執《と》り、先に当国に至り馬を納さめ候、来月下旬今川（義元）・北条（氏康）申し合わせ、必ず利根川を越え、この時関東の是非存分に付すべく候、畢竟《ひっきょう》御入魂《ごじっこん》本望たるべく候、委曲面談を期し候間、具《つぶさ》に能わず候、恐々謹言

（永禄五年）九月十八日　信玄（花押）

宇都宮（広綱）殿

（小田部庄右衛門氏旧蔵「宇都宮氏家蔵文書」）

信玄は宇都宮広綱に連絡を取り、自分に味方させて動かそうとしている。このために戦況がいかに

有利か、自分がどれほど強いかを知らせる必要があった。それが「今度上州へ行《てだて》に及び、箕輪・惣社・倉賀野郷村悉く撃砕、作毛以下を苅り執り、先に当国に至り馬を納さめ候」と強調されているのである。

同様に、信玄は永禄十二年と思われる十月十五日に遠山駿河守に書状を送ったが、その中には「今度関東へ出張、数ケ所の敵城を経て、小田原に向かい行《てだて》に及び、氏政館を始めとして悉く火を放ち、その外彼の一類城墎貽《じょうかくのこ》さず撃砕、剰《あまつさ》え帰国の砌《みぎり》、氏政舎弟北条源三（氏照）・同新太郎（氏邦）・助五郎（北条氏規）引卒の六七千人の人数慕い候の間、一戦を遂げ新太郎・助五郎已下二千余人討ち捕り、信玄存分の如く勝利を得候」（京都市『古裂会目録』一九九九年）と記され、いかに大勝したかが示されている。こうなれば、書状を読んだ側では信玄に属さざるを得なくなるだろう。

元亀元年（一五七〇）六月二十七日、信玄が武蔵の太田資正《おおたすけまさ》に送った書状でも「去る月豆州に向かい行《てだて》に覃《およ》び、一国悉く撃砕、存分に任せ下旬の頃帰府、剰《あまつさ》え去る五日武州御岳の城を乗っ取り、則ち普請せしめ、矢楯兵粮を移し、甲・信の人数千余輩在城候」（東大史料編纂所蔵太田家文書）と、勝利を強調し早々出陣して欲しいと依頼している。

元亀二年七月三日、信玄は三河より帰陣後、越後攻めを計画した。宛名は切れているが所蔵者からして茅野某と思われる人物に次のように書状をしたためた。

珍札快然《ちんさつかいぜん》に候、来意の如く、近年通路合期《ごうご》無き故、聊《いささ》かの音問意外に候、仍って徳川家康、当方に対し逆儀連続、鬱憤《うっぷん》を休め難く候の条、旧冬遠・三に向かい行《てだて》に覃《およ》び、数箇所の敵城を攻め落し、剰え家康の楯籠る引間《(静岡県)》の地へ押し寄せ候の砌、一戦を遂げ、遠・三・尾・濃の内、宗たる者三千余仕場に於いて討ち捕り、本意を達し候、ここにより彼の四州過半当手に属し、備え等堅固に申し付け候、体により当秋は越後に至り乱入せしむべく候間、その節深重に相談せしむべく候、委曲長尾平四郎・城和泉ところより申すべく候、恐々謹言

（元亀四年）
七月三日　　　　　　信玄（花押）

（宛名を切断する、おそらく千野某）　　　　　　（千野〔雄三〕家文書）

信玄はこのように三方原合戦の戦勝を伝えている。彼はことあるごとに自分の勝利を様々な人に伝え、それを通して信玄は強いとのイメージを植え付け、味方を鼓舞し、敵をひるまそうとしていたのである。

3　政治と宗教

氏神と八幡　これまで見てきたことで明らかなように、戦国時代においては宗教の果たした役割が、現代人には考えられないくらい大きかった。そこで次に信玄と宗教との関係を主として政治的な側面から捉え直してみたい。

武田八幡神社（韮崎市神山町）

武田氏の祖となった武田信義《のぶよし》（一一二八～八六）は逸見《へみ》（北杜市）から武川《むかわ》（同）に入り、武田庄（韮崎市）を領して武田八幡神社（韮崎市神山町）を興隆させたとの伝承があり、この縁によって八幡神社は武田氏の氏神とされた。これは京都の石清水八幡社が源氏にとって特別な意味を持つことにつながり、源頼義が鎌倉に鶴岡八幡宮を勧請し、今の地へ源頼朝が移し、源氏の氏神としたのと同様の意義があった。それゆえ、武田八幡神社は武田家の特別な尊敬を受け、棟札によれば現在の本殿は天文十年（一五四一）十二月に信玄によって造営された。

信玄とつながりの強いもう一つの八幡社は、大井《おおい》俣窪八幡《またくぼはちまん》神社（山梨市）である。この神社の本殿は武田信光（一一六二～一二四八）が再建し、さらに信虎が再建し、本殿の装飾壁画の金箔は信玄が川中島合戦での先勝を祝って奉納したものだといわれる。窪八幡神社は長年武田氏が根拠を置いた地に近く、信玄に至るまで武田氏によって改修が繰り返されていたのである。

注目されるのは窪八幡神社と武田家滅亡に関わる伝説である。江戸時代にできた『甲州巡見通行記』によれば、本殿の後ろにある神木の八本杉は、康平五年（一〇六二）に武田氏の祖の新羅三郎義光が祈願して植えたものである。天正九年（一五八一）に社地が鳴動して、北の杉の一本が根より倒れたが、これは翌年の四月に武田家が滅亡した際、当時神社が領していた社領を織田信長が奪取した前触れだといわれたという。

中世には、藤原氏の間では多武峰談山神社《とうのみねたんざんじんじゃ》（奈良県桜井市）の鎌足《かまたり》の墓が藤原氏に何か異変が起きる時に鳴動し、鎌足の像が破裂すると信じられ、源氏の間では同様な場合に多田院《ただいん》（兵庫県川西市）の源満仲《みつなか》の墓が鳴動するとされた。先祖が子孫に危機を伝えてくれるとの意識は多くの氏族が有しており、その中心になったのが氏神であった。氏神が一族を守るとの意識によって、人々は先祖とのつながりを強調し、同時に一族のまとまりを強固にしていたのである。そこで、窪八幡の社地鳴動と神木が倒れたことは、武田氏の滅亡を知らせる前兆だったと解される（拙著『鳴動する中世——怪音と地鳴りの日本史』、朝日選書）。

大井俣窪八幡神社（山梨市北）
武田氏とは特別につながりが深かった。

武田信虎が永正十六年（一五一九）に躑躅ヶ崎に館を移転するにあたって、その西側に石和《いさわ》八幡神社を勧請《かんじょう》し、府中八幡とした。この武田家と特別な関係にある八幡社に信玄は弘治三年（一五五七）十二月二日に条目を与えた。信玄は永禄三年（一五六〇）八月二十五日に国中の大小の社人衆にあてて条目を出したが、その中には武田・大石和・窪の三カ所の八幡、一・二・三の宮、東郡熊野、市川の御崎《みさき》、林部の宮、三輪を除いた大小の禰宜《ねぎ》等二人ずつが甲府八幡宮に参籠するようにとある。ここに国中の社人の八幡宮に対する奉仕体制が整えられ、各神社の位置づけがされた。永禄四年閏三月吉日付の禁制には八十二番までの禰宜による番帳が付せられ、動員体制がさらに明確になっている。

武田氏の氏神であった武田八幡が、甲斐全体の公的な神社にされたのである。これはそのまま、武田氏が甲斐国民の代表とされたことにつながる。

諏訪信仰

信玄の寺社政策の中で特筆されるのは、信濃の諏訪社と善光寺に対する政策である。既に信玄の出生に関係して諏訪社の特質については触れたが、ここでは特に領国支配との関係で確認してみたい。

JR甲府駅前の信玄像は諏訪法性《すわほっしょう》の兜と呼ばれる特異な兜を着けているが、江戸時代の絵画などでも信玄は必ずこの兜をかぶっている。また甲州市の雲峰寺《うんぽうじ》には、武田軍の旗印として使われたという「南無諏方《すわ》南宮法性上下大明神」「諏方南宮上下大明神」と記された旗が残っているが、これも諏訪大明神である。信玄にとって諏訪社は戦争に際して心のよりどころだった。

信玄が諏訪社を信仰した最大の理由は、諏訪大明神が古くから軍神として有名だったことにあろう。信玄の曾祖父の信昌《のぶまさ》や祖父の信縄《のぶつな》も諏訪上社の御守りを受けている。信玄は天文十一年（一五四二）七月に諏訪を半分領有すると、八月には上社に燈明田と社僧領を寄進した。そして九月二十四日、高遠頼継を討伐しようとして戦勝を祈り、翌日彼を破った。上社神長を勤めた守矢家には、信玄が祈願成就の御礼のために出した文書が数多く残っているが、以後兵を動かす度に信玄は諏訪社に戦勝を祈願した。諏訪法性の兜や諏訪法性旗も、信玄の武運長久の祈願の表れである。

天文十七年七月十九日の塩尻峠の合戦で勝利すると、信玄は八月十日に諏訪上社の神長に書状を送ったが、その文面には「神前において精誠を抽んでられ、御玉会・守符到来、慎みて頂戴畢んぬ、抑も当郡（諏訪郡）この如く本意、あわせて明神の応護に候、仍って太刀一腰宝殿に納め奉り候、いよいよ武運長久の祈念憑《たの》み入り候」（守矢家文書）とある。諏訪明神の応援と加護によって勝利できたので、これからも武運長久の祈念をして欲しいと求めたのである。

諏訪大社上社本宮（諏訪市中洲宮山）

諏訪社への権力浸透

個人的な信仰とは別に、信濃において諏訪社は政治的にも大きな意味があった。そこで信玄としては、この神社へいかにして権力を浸透させるかが問題となった。

諏訪を手に入れた信玄は天文十一年（一五四二）十月七日、諏訪上社の神長《かんのおさ》守矢《もりや》頼真《よりまさ》に諸役を免じ、翌年七月には諏訪郡代の板垣信方が上社権祝《ごんのほうり》に下桑原（諏訪市）の御射山《みさやま》神田を安堵した。こうして諏訪を統治する信玄の権力が諏訪社にも浸透しはじめた。天文十四年十二月十三日、信玄は守矢神平に信実の偏諱《へんき》（晴信の名前の信の字）を与えた。武田氏と以前から関係があって、現実に諏訪上社を取り仕切っていた神長の守矢家を、家臣にしていこうとする動きである。一方、守矢氏の方ではこれを機会にして武田氏と結びついて諏訪上社の中で特別な位置を得ようとした。

天文十八年と考えられる十一月、守矢頼真は当時諏訪郡代であった長坂虎房に、神納物が諏訪社に届かず、武田氏や檀那の懇情にすがってしか神事をすることができなくなっているので、何とかして欲しいと訴えた。これに応ずるように、以後信玄の祭礼などに対する関与が増加し、天文二十四年（弘治元〔一五五五〕）三月四日には上社の神鷹・神馬の分配の法を定めた。信玄が上社の禰宜などの上に立ち、神社に奉納される神鷹や神馬の分配を決定したのである。

年未詳三月九日付で晴信（信玄を称する以前で、永禄二年〔一五五九〕以前）は守矢頼真に、近年怠慢している諏訪社の御頭役を、信濃一国を平らげたら百年以前のようにしたいが思うに任せない、戦乱が収まれば御頭役を勤めるなどと書状を送った。信玄が信濃全体を領すれば祭礼を復興させるという条件なので、諏訪社は武田氏の戦勝を祈願しなくてはならない。ここに信玄の支配下に入り、武田氏の勢力拡大を精神的に支える諏訪社の姿が見て取れる。

信玄は永禄三年六月十三日、上社の権祝に一二五八貫二〇〇文の旧領を安堵した。安堵状では各地域の貫高が、「三拾四貫三百文　南栗林庄の内」などと細かい単位までが示されている。この記載からして武田氏によって検地がなされた上で旧領の安堵がなされたようである。これも社領に信玄の力を浸透させる手段であった。

永禄四年二月十四日、信玄は上社の大切な神宝の一つである宝鈴（鉄鐸）を鳴らす際の金額の規定を定めた。諏訪社の最も重要な宝を用いる行為にまで彼の力が及んだのである。

信玄は永禄八年と九年の両年にわたって、諏訪上・下両社の古い祭を調査させ、祭礼を再興させた。それを命じたのがいわゆる信玄十一軸である。途切れていた祭礼の復興は、諏訪社のすべての祭祀に信玄の権力が浸透し、後ろ盾になったことを意味する。

信玄は神長守矢信真が、小出《こいで》弓越前と山中藤助が諏訪上社の御左口《みしゃぐじ》神上下の用銭などを懈怠《けたい》（なまけ怠ること）したと訴えたので、永禄十三年四月二十日に裁許を行い、両人に弁済を命じた。諏訪上社内部の金銭出入りまで信玄が関与するようになったのである。

信濃支配と諏訪社

信玄の諏訪社保護は信濃支配と直接つながった。信濃侵略の第一歩となる諏訪統治には、まず諏訪社を保護して人心を収攬《しゅうらん》しなければならなかったのである。このために信玄は、諏訪惣領家の血筋を引く自分の四男の名乗りに武田氏の通字である「信」を用いず、諏訪氏の通字である「頼」を用いて勝頼と名づけ、諏訪氏を継がせて諏訪および諏訪社を支配させようとした。

諏訪社は信濃の一宮で、摂社・末社は信濃全域に及び、中世を通じて御頭《おとう》などの祭祀には信濃全域の住民が参加した。それゆえ、信玄の諏訪社保護は信濃の人々に安心感を与え、精神的に人民を支配するのに役立った。さらに諏訪社を信仰する範囲は信濃に限らず、全国にわたっていたので、諏訪社を通じて広い範囲に影響を及ぼすこともできた。

御柱祭（上社）現在も続いている御柱祭。

信玄は諏訪社に対する信心の証や祈願成就の御礼として、また信濃の住民に自分が一宮である諏訪社を保護しており、信濃の守護として公的側面を持っているとの姿勢を具体的に示すために、戦乱で荒廃していた諏訪社の復興に勤め、永禄三年（一五六〇）二月二日、信濃国中に造営の催促を行った。永禄三年は有名な第四回の川中島合戦が行われる前年で、まだ信濃全域が武田氏の支配に入っていたわけではない。しかし、信玄は永禄元年に信濃守《しなののかみ》に補任されたこともあり、諏訪社の造営を名目にして信濃国中に号令をかけたのである。ここには明らかに諏訪社の造営や保護を名目にして、信濃一国に一律に命令を及ぼそうという信玄の発想が見られ、諏訪社造営が武田氏の信濃支配を深化させる手段として用いられたことがわかる。ちなみにこの造営とは有名な御柱祭《おんばしらまつり》などであり、以後、武田氏は祭礼の都度に、諏訪社の後楯となった。

信玄は永禄八年と九年にいわゆる信玄十一軸によって諏訪社の祭礼を調査し、再興させた。これによって正式に信濃一国に号令をかけることが実現できたのである。このように、信玄にとって諏訪社の後ろ盾になっていることは、信濃の人心を収攬する手段であると同時に、地域支配の梃子《てこ》にもなった。

浅間信仰

甲斐国の一宮は浅間《あさま》神社（笛吹市一宮町）である。信玄はこの神社へ天文十六年（一五四七）に信濃府中平定の宿願を捧げ、願いが成就したとして弘治二年（一五五六）正月三日に御礼のために信州筑摩郡小松の郷（松本市）の内で十貫文を寄付した。また、天文十九年五月二十三日にも信濃平定の願文を捧げ、戦勝後の天文二十年二月二日に感謝のための寄付を行った（ただし文書には疑問点もある）。

信玄は甲斐国の代表として甲斐のために戦争をしているのであるから、甲斐の一宮として甲斐の国民を守るべき立場にある浅間神社は、信玄を庇護するのが当然だとの意識があったものであろう。

信玄は弘治三年十二月二日、甲州一宮神主あてに社壇等の造営を疎略なく行い、宮中の掃除を毎日二度するようになどとの内容の条目を出した。記されている内容は神社の規律に関わり、これが出されたのは信玄の権力が一宮まで浸透したことを意味する。

さらに元亀三年（一五七二）三月五日には、一宮に対して駿河国富士郡押出《おんだし》村（静岡県芝川町）のうちで十五貫文の寄進をしている。

このように一宮の浅間神社には一国を代表する信玄の戦勝が祈られていた。そして、戦勝後には甲斐以外の地においても社領が寄進されていったのである。これが進んでいけば、浅間神社は武田領国全体を支える神社になったかもしれない。

寺への規制

この当時は神社と寺は分離できず、神仏習合して両者が重なっていたが、これまで神社に触れたので、続いて寺と信玄の関係について確認してみたい。

天文十六年（一五四七）五月吉日、信玄は向嶽寺（甲州市）に壁書を出した（一八〇頁）が、その内容は学問を昼夜捨てないなど、学問そのものに関わっている。また同日、信玄は向嶽寺の在僧でよそに庵を構えている者に帰寺の催促をして、堅く行事などを勧めさせよとの命令も出した。寺の学問や規律にまで信玄が関わるのは疑問であるが、事実だとすると彼は寺の中の細部にまで権力を及ぼしたことになる。天文十七年四月十日、信玄は潤仲《じゅんちゅう》和尚を宣旨にまかせて向嶽寺の住持職に任じた。戦国時代の寺はアジール性を持ち、比較的独立性が強かったが、そうした寺の住持職にまで信玄の力が及んだのである。

年未詳十月十八日、信玄は甲斐国の龍華院《りゅうげいん》（東八代郡中道町）と永昌院《えいしょういん》（山梨市）に寺中条目を与えた。その第一条には、全祝《ぜんしゅく》（北高《ほっこう》）が東堂に入院した上は、郡中の大小の人は別して馳走し、偏《ひとえ》に信玄に対して奉公するようにせよとある。

信玄は天文十九年十二月二日、存弁《ぞんべん》を信濃国佐久郡安養寺《あんようじ》（佐久市）の住職にした。また永禄元年（一五五八）八月四日には信濃国西牧《にしまき》にある金松寺《きんしょうじ》（松本市）の住持職を常徳寺《じょうとくじ》（同）年室に預けた。新たに領した信濃国の寺院の住持職の付与にまで信玄が関わったのである。

永禄二年十一月九日、信玄は身延山久遠寺（南巨摩郡身延町）へ、寺のことは先々のように日叙上人の計らいとするとした。日蓮宗の総本山にも信玄の影響力は及んだことになる。

永禄十年五月六日、信玄は信濃国の竜雲寺《りゅううんじ》（佐久市）に上野国箕輪の長純寺《ちょうじゅんじ》（箕郷町→平成十八年一月より高崎市）を支配させた。ここでも国を越えての末寺の支配までを信玄が確認したのである。

このように領国内の寺の住持についても信玄の力が浸透するようになった。世俗の権力が及びにくい寺社までも、領国内にある限り信玄の力が及ぶのだという主張がこの背後にあった。

善光寺の甲府移転

『高白斎記』によれば、武田信虎は大永三年（一五二三）六月十日と大永七年七月八日の二度にわたって、善光寺に参詣した。彼は甲斐の統一を前にした最も困難な時に、国を留守にしてわざわざ善光寺にまで出かけた、いや出かけることができた。善光寺への参詣は信虎が国を留守にする大義名分になるほどの意義を持ち、善光寺は武田氏にとっても重要な信仰対象だったのである。

信玄が実質的に善光寺とつながりを持ったのは、第二回目の川中島の戦いからで、弘治元年（一五五五）七月、善光寺に陣取った謙信に対して、善光寺の堂主栗田氏は信玄に従って善光寺の西に位置する旭山城《あさひやま》（長野市）に立て籠った。謙信の勢力範囲であった善光寺の地域で、栗田氏が信玄に味方した事実は、既に弘治元年以前から両者の間に接触があったことを示している。この時の戦いは今川義元の仲裁で講和したが、謙信は帰国の折に善光寺大御堂《おおみどう》の本尊および仏具を春日山城近郊の善光寺浜（上越市）へ移した。年未詳三月十五日付の謙信の書状に、「善光寺町に、信州の者共多く候」（関口家文書、『上越市史別編1』では永禄五年（一五六二）に入れている）と見えるように、善光寺（現・十念寺）の門前には信濃からの移住民が住み着いて、善光寺浜集落の起源となった。

弘治三年（一五五七）、武田軍は善光寺の北側にある葛山城《かつらやま》（長野市）を攻め落し、再び善光寺および戸隠（長野市）付近を勢力下に入れた。そこで信玄は謙信に対抗するように善光寺本尊の阿弥陀如

信州善光寺（長野市元善町）

甲府善光寺（甲府市善光寺）

来像以下を甲府に移すことにし、栗田氏や善光寺大本願上人《だいほんがん》・中衆《なかしゅう》なども甲府に移住させた。善光寺如来は翌永禄元年（一五五八）九月二十五日甲府に着き、甲斐国中の人々が喜んだ。十月三日、板垣（甲府市）に堂の建設を開始し、翌年完成し二月十六日に入仏式を行った（『王代記』）。

甲府善光寺は永禄元年に全部が完成したわけではなく、工事が続けられ、永禄七年三月二十二日に棟上げがなされ、永禄八年三月二十七日に善光寺への入仏が行われた（『王代記』）。また永禄十一年十一月十日には大本願の鏡空《きょうくう》にあてて、善光寺金堂の材木で不足する分を八幡の天神宮（山梨市）において伐ることを許した（甲府市・善光寺文書）。

移転の意図

信玄はなぜあれほど有名な善光寺を甲府に移したのであろうか。

善光寺如来は三国伝来の仏とされ、その仏が鎮座する場所がそのまま善光寺になるので、如来さえ移せば善光寺も移動する。実際、謙信が越後に大御堂の本尊を移すと、そこが町にまでなっていた。しかも、『善光寺縁起』などによれば善光寺の本尊を信濃にもたらした本田善光は、甲斐守に任ぜられていたとされるため、甲斐が善光寺と関係が深く、移すことも可能だと考えたようである。また武田氏の氏神である八幡神の本地仏が阿弥陀仏なので、善光寺阿弥陀仏の加護を受け、一門の繁栄を願いたいという理由もあったろう。

最大の理由は、善光寺信仰を権力の中に取り込んで自らを権威づけ、領国支配の手段にしようとした点にあると考えられる。善光寺は三国一の霊場として全国的な信仰の対象になっていたが、これを信玄の力で甲府に移すことができれば、善光寺の上に武田氏が存在することになり、善光寺を信仰する者たちに影響力が持てる。また移転の過程を政治的ショーとして披露すれば、家臣や領民に信玄の力を誇示できた。

さらに、善光寺は武家政権を樹立した源頼朝が再建し、続いて政権を握った北条氏も庇護したので、信玄は先例をもとにして、善光寺の保護者こそ武家政権を握ると訴え、領国を全国に広げていく際の正統化の宣伝材料にしようとしたのではないだろうか。これは信玄の諏訪社保護の理念とも通ずる。

なお信玄の考え方が決して特殊なものでなかったことは、武田氏が滅亡してから善光寺仏が織田信長・その子の信雄《のぶかつ》・徳川家康・豊臣秀吉といった天下に関わった者たちの間を転々としたことでも明らかである。戦争に際して神仏の加護を願ったことを見たが、強力な神仏が背後にあれば、その力によって自分自身も大きな力が持てると理解されていたのである。

善光寺を甲府に移転すれば、僧侶だけでなく多くの参詣人が集まる。しかも善光寺には多くの関連職人がいたので、彼らや門前の商人たちも甲府に移るはずである。これによって甲府の町化は促進され、その商業圏や経済力も大きくなり、武田領国の経済の中心地にふさわしい経済力を持ちうるとも、信玄は判断したのであろう。

移転は当時戦っていた謙信への対抗手段でもあった。独自の寺院組織を持ち、しかも信濃の住民に大きな影響力を持っている善光寺を謙信に取られると、信玄の信濃支配が不利になりかねなかった。既に謙信は弘治元年（一五五五）に善光寺の一部を移転する動きを見せていただけに、信玄としても速やかに対処しなくてはならなかったのである。

善光寺への権力浸透

信玄が善光寺を甲府へ移した事実そのものが、武田氏の権力が善光寺に浸透したことを如実に示すが、他にもそうしたことが窺える。

永禄十一年（一五六八）四月三日、信玄は栗田鶴寿《かくじゅ》に「堂妙《どうみょう》・堂照《どうしょう》四十八度の札書き出し、退転なく仏前の燈明をかかぐべきの事」、「堂中において四十八度の札書き出し、かの札銭は経衆《きょうしゅう》、中衆配分の事」（善光寺大本願蔵栗田家文書）と命じた。善光寺の僧の勤務にまで信玄が立ち入り、統制しているのである。

信玄は元亀元年（一五七〇）九月六日、鶴寿に本領の安堵をするとともに、新知行として水内郡千田（長野市）と市村（同）を与えた。勝頼が武田家の当主となってから後の天正四年（一五七六）十月十七日、勝頼は栗田鶴寿などに遠江高天神城（静岡県掛川市）の守備を厳重にするように命じたが、栗田氏は武田氏の家臣として軍事力の上でも重要な役割を負うようになったのである。

天正九年七月四日、勝頼は栗田永寿《えいじゅ》とそのほかの善光寺衆に定書を出した。この中には「善光寺小《こ》御堂《みどう》坊中ならびに町屋敷の儀、栗田の計らいたるべき上は、他の綺《いろい》あるべからざるの事」、「同町屋敷諸役の儀、向後免許せしむる事」とあり、善光寺とともに多くの町人を甲府に移らせ、活動させていたことがわかる。また、「信州本善光寺より集まり来るの僧俗、あるいは罪科人を守り、あるいは罰銭などを出すの役儀、一切これを停止し畢んぬ、但し佞人《ねいじん》ありて盗賊を隠し置き、または国法に背かば、厳科を行うべきの事」（同前）ともある。これにより善光寺が罪科人を守ったり、罪科人に関わって罰銭などを出し、盗賊などを隠し置いたことが知られる。しかし勝頼はこの条項によって、そうした善光寺のアジール性を否定した。これは武田氏の分国内において、権力の及ばない地を無くそうとする政策によったもので、ここに善光寺は完全に武田氏の支配下に入ったといえる。

信玄と同じように善光寺を本拠地へ移した謙信が、自らの信仰のために如来を移動し、大きな政治的展望を持たなかったのに対し、信玄の場合は信仰の行為というよりも政治的な意味合いを強く有し、寺を移動した点に両者の差異が読みとれよう。

元亀三年（一五七二）四月二十七日に信玄は身延山久遠寺から、駿河の富士山久遠寺（静岡県富士宮市）が里見義弘より久遠寺を称する判物を得たため、里見氏と交渉してこれを退けたことに対する礼状が来たので、身延山で百余人を集めて論議などをしたいと返書を送った。この件に関しては元亀三年四月晦日、富士山久遠寺の日長上人が信玄重臣の土屋昌続へ富士門流の正統性を述べて名称の変更を拒否した書状を送ったので、昌続が五月十四日に里見氏の家臣玄東斎へ改称について依頼した手紙を書いた。

この経緯は信玄が同じ宗派内の寺の称号にまで関与したことを示している。しかも、交渉は安房にまで及び、戦国大名と寺院との関係を考えさせる。戦国大名は広域にわたる世俗を超えた問題解決に当たる役割を負っていたのである。

延暦寺を身延に

『甲陽軍鑑』によれば、信玄は身延山を比叡山にしようとした。すなわち、元亀三年正月に信玄は比叡山延暦寺を身延山に移そうと計画し、正月二十一日に身延山久遠寺に使者を送った。その子細は、「去年織田信長が比叡山延暦寺を焼いたので、身延山を叡山にしたい。その代わりに長野に寺を建て、今の身延山より大きな寺を造って渡す」とのことであった。身延山の僧侶たちは、「日蓮上人の御影の前で鬮《くじ》を引いて、その結果によって返事をする」と返答し、日蓮上人の意思を確認するために鬮を三度・五度・七度までも引いたけれども、承知したという結果が出なかった。その上、山が変わらないようにとの祈念だと、一万部の法華経を読む声が聞こえた。そこで、「日蓮上人のお告げでは同意できない」と答えた。しかしながら、信玄はこれを知らずに、是非とも身延山を東の叡山にしたいと思っていたというのである。

久遠寺では信玄の求めに対して、意志を決定しようとして日蓮上人の御影の前で鬮を引いたけれども、同意の結果が出なかった。信玄はその結果を知らずに、そのまま身延を東の叡山にしたいと考えていたが、罰が当たったのか、翌年死んだという。

身延山久遠寺（山梨県南巨摩郡身延町）

ルイス・フロイスが一五七三年四月二十日（天正元年三月十九日）付で、フランシスコ・カブラルへ手紙を送った書状には、「信玄が京都に向かっている主たる目的また口実は、信長が焼却破壊した比叡の山の大学、僧院、ならびに坂本の山王を再建することです」と記されていて、当時から信玄が比叡山再建の意志を強く持っていたことは有名だったようである。もし『甲陽軍鑑』の通りだとしたら、信玄は善光寺の跡地の長野に身延山を建て、久遠寺の跡地の身延に延暦寺を再建しようとしたわけで、全国的に影響力を持つような寺院の鉢植えを意図していたことになる。事実はともかく、信玄の意図に対して身延山では合意がなされず、比叡山をここに持ってくることは成功しなかったが、身延山の自治はそれだけ強く、信玄といえども強制はできなかったことを伝えている。

いずれにしろ、信玄の意識の中で久遠寺は善光寺、延暦寺と並ぶくらい重要な意味を持った寺であった。そしてこのような意識は信玄だけでなく、全国の多くの人に共有されていたものと思われる。

信玄と富士浅間

甲斐国の一宮浅間《あさま》神社は富士山の噴火を鎮めるために祭祀されたもので、富士浅《ふじせん》間《げん》神社と深くつながる。富士山は火山という特殊な性格と、奇麗な円錐型、常に頂きに雪をかぶっているという視覚的特性などのために、古来より信仰の対象にされてきた。戦国時代の富士山も信仰対象の山として有名で、民衆の間でも富士浅間神社に対する崇敬の念が強かった。永正三年（一五〇六）には信玄の祖父の信縄が病気平癒を富士浅間大菩薩に祈った。また大永二年（一五二二）には信虎が富士山に登拝した。

信玄と富士信仰との関係を示す最古の文書は、天文十一年（一五四二）三月七日に渋江右近丞《しぶえうこんのじょう》へ河口（南都留郡富士河口湖町）導者坊《どうじゃぼう》（富士山に連れ立って参詣する人々が宿泊する坊）を安堵したものである。天文十四年十二月二十五日、信玄は渋江右近允《うこんのすけ》に御蔵銭以下を免除し、三貫文を御恩とすると命じた。続いて天文十五年九月三日には同じ河口の御師《おし》駒屋に対して、分国中の諸役所で馬三疋の通過を許した。

郡内の領主小山田信有《のぶあり》は天文十三年十月十二日、河口の御師小河原土佐守と同助次郎に対して諸役を免除し、天文十一年十月十六日には吉田の西念寺《さいねんじ》に新門前ともに棟別諸役を免除した。信有は天文十七年五月二十六日、吉田の諏訪禰宜へ富士山神事に新宮を建てるなら披露するようにと命じた。信有は天文二十三年九月に富士北室（富士山二合目にある御室浅間社）の籠所上葺のため都留郡中残らず一升ずつの勧進を命じ、弘治二年（一五五六）十二月には御室《おむろ》浅間神社の別当小佐野能秀に棟別五軒分を免除した。また同年十二月、吉田の御師堀端坊と河口の御師小河原大蔵右衛門尉に諸役を免許した。永禄元年（一五五八）六月、信有は御室浅間神社の小佐野能秀に、勝山郷で新儀非法などを行う者を申し出させた。永禄二年四月には吉田の御師小沢坊と「うちはや」に、富士参詣の道者が悪銭を持ち込まないように触れることを命じた。この文書の中には「当国法度を破られ」（旧上吉田村小沢隠岐旧蔵文書・旧上吉田村小沢幸之進旧蔵文書）ともあり、小山田氏も「当国」＝甲斐国の法に規制されていたことが示されている。信有は同年七月十八日に富士浅間大菩薩にあて、軍功が上げられるようにと祈願し、永禄四年四月二十一日にも出陣について武運長久を祈り、永禄五年五月には病気の平癒を祈っている。

信玄は天文二十三年（一五五四）五月二十一日、西念寺の造営のため富士参詣の道者に一人四銭ずつの勧進を命じた。弘治三年十一月十九日には北条氏政に嫁いだ娘の安産を祈り、来年の六月まで船津《ふなつ》（富士河口湖町）の関所を開放した。信玄は永禄三年六月六日に諸役所中に富士山の御室に供える糧米の通行をさせ、永禄四年閏三月二日に吉田諏訪森の木を伐ることを禁止した。続いて同年五月八日、富士山中宮社造営のため、吉田役所において十貫を三カ年分寄付した。富士吉田の北口本宮冨士浅間神社内の東宮本殿は、信玄が造営したといわれている。同神社には永禄五年三月四日に信玄が出した、本栖《もとす》（西八代郡上九一色村）の定番を勤める代わりに棟別役を免除した文書があった。文書の残り方からしてこの定番を勤めたのは浅間神社の神主か御師であろう。

北口本宮冨士浅間神社東宮本殿（富士吉田市上吉田）
信玄が造営したとされる。

永禄六年五月二十六日小佐野能秀は、円楽寺（中道町）との小屋をめぐる争論に関して、御室の小屋は御前の沙汰によって前代の如く自分の小屋として落着したと、信有から道理の状があったので後のために書き置いた。信玄の家臣の有賀《あるが》勝慶《かつよし》と跡部昌長は信有に、「富士山御室の小屋の儀、言上のため参府致され候、仍って両人談合申し披露に及び候処に、則ち聞こし食《め》し届られ、別当存分の如く仰せ出られ候」などと書状を出した。つまり御室小屋についての最終決定権は信玄が握っていたのである。また、永禄九年十二月二十二日に信玄は富士山中宮神主に、浅間神社の御供《ごくう》のため籾子《もみこ》を毎月一駄ずつ都留郡の諸役所を通過させることを許可した。

信玄は永禄七年三月六日、富士山御室神主に今後富士浅間大菩薩神前に奉献された諸物等を受け取り、祈念するよう命じた。永禄八年正月、富士山中宮の社檀造営のため黒駒《くろこま》（笛吹市）の関銭のうち十貫文を寄進し、五月には娘の病気平癒を祈った。翌年の五月には北条氏政のもとに嫁いだ娘の安産を祈願し、同年六月十六日に祈願のために黒駒の関所を廃止した。

天文二十二年頃から永禄十一年頃までは、武田氏と小山田氏とが吉田の浅間神社や富士山御師、あるいは御室浅間神社に対して権力を浸透させていった。武田氏にしても小山田氏にしても富士信仰は単純な信仰の対象ではなく、領国あるいは領域支配上に重要な意味を持った。信玄は甲斐一国を一律に支配するために郡内にも影響力を持たねばならず、郡内で大きな役割を負っていた浅間神社や御師を配下に置く必要があった。逆に小山田氏としても、郡内支配のためにこの地の支配を強化することが肝要だった。この両者の鬩《せめ》ぎ合いの中で、最終的には浅間神社や富士山御師に対しても武田氏の権力が小山田氏の上位権力として確立した。この背景には武田氏の交通網の掌握があった。

駿河領有と富士浅間

富士山の南側を領していた今川氏は、氏親《うじちか》が明応四年（一四九五）十二月に、駿府（静岡市）の浅間神社東流大夫に所領と鹿島米を知行させた。下って永正十八年（一五二一）五月には村岡大夫に井河河堰草の下刈りを免許した。義元の時代になると駿府や大宮（富士宮市）の浅間神社、および富士山に関わる山伏などを支配し、大きく権力が浅間神社などに浸透した。永禄三年（一五六〇）五月の桶狭間の戦いで義元が没すると氏真が後を嗣いだが、彼も同様な施策を行った。

信玄は、永禄十一年十二月十三日の駿府乱入以後、元亀二年（一五七一）までの六回の駿河侵攻で駿河を領国に加えた。この結果、富士山の周囲すべてが信玄の影響下に置かれたので、富士山周囲の浅間神社や富士参詣の道者を全体として支配することが可能になった。信玄は永禄十一年十二月二十五日、駿府浅間神社の浅間日御供勤仕を新宮神主の計らいにさせ、翌年二月二十六日には村岡左衛門尉に旧規の如く駿河国中の的銭の徴収を許し、三月十六日には新宮神主に御供の受用を安堵した。

信玄は駿河侵攻に際して駿府を手に入れると、即座に浅間神社に社領の安堵を行ったのである。

永禄十二年十二月十三日、信玄は駿府浅間神社山宮社中に禁制を掲げた。翌永禄十三年正月二十日には浅間神社新宮の規式を定め、浅間神社惣社神主に東流大夫・馬淵大夫等の社人の遺跡の取り計らいを命じ、二月二十一日には玄陽坊に寿昌院領を渡し、毎月大般若経を転読させた。翌二十二日には先光大夫に浅間神領を還付し、庁守大夫に神役銭を甲府から渡すことを伝えた。このようにして信玄は駿府の浅間神社を完全に支配下に置いた。

永禄十二年七月、富士信忠が信玄に屈し、大宮の浅間神社も武田氏の勢力下に入った。元亀元年四月二十三日、信玄は大宮浅間神社で北条氏康・氏政父子の滅亡を祈り、五月二十六日には大宮一和尚清長へ大宮宿の伴(友)野惣兵衛屋敷を与えた。

元亀元年六月二十八日、信玄は甲斐河口の御師中村右近助と同新右衛門尉に戦功により駿河御厨《みくりや》(御殿場市)において相当の地を宛がうと約束した。翌年四月二十一日、甲斐の御室浅間神社神主の小佐野能秀に、「別して御祈禱の奉公相勤め候間」として駿河須走(小山町)の浅間宮・同岡宮の社務を任せ、「いよいよ御武運長久を祈り奉る」(冨士御室浅間神社文書)よう命じた。甲斐側の浅間神社の神主が駿河の浅間神社を支配することになり、武田氏が富士山の周囲にある浅間神社を一律に支配できるようになった。葛山氏が支配した須走に武田氏が直接神主などを補任したことは、葛山氏の領域支配の後退につながる。

信玄は元亀二年十一月二十五日、駿府浅間神社新宮大夫に社頭造営等を命じ、同日浅間神社社頭在

番の社家十六人に知行を与え、神前の奉公を勤めさせた。また、庁守大夫には前々の如く庁守大夫職を安堵した。

元亀三年二月、信玄は山宮大夫に村山のうち弁経坊を知行させた。四月二日には原昌胤に富士信忠が甲府に参上する間の路次の安全を命じた。三月二十五日、信玄は駿府浅間新宮の稲川大夫に職を相続させ、四月十八日には新宮大夫に知行を、惣社神主の安西虎満にも安西大夫の跡職を、馬淵虎安には馬淵大夫の跡職をそれぞれ与えた。庁守大夫には富士大宮祭礼銭を駿河惣知行改めの上で渡すことを約束し、彼の被官六人分の普請役を免許した。田中大夫には神田の上成り一貫文を与え、浅間社社僧の玄陽坊には大河内勘解由左衛門尉分の替地を付与した。

元亀三年五月十四日、信玄は興津《おきつ》藤左衛門尉に青野《おおの》郷（沼津市）の浅間神社と足高《あしたか》（愛鷹）明神（同）の別当職を安堵した。これより先の同月七日には春長坊に富士本宮浅間の参銭、五月十五日には鎖是《さぜ》又十郎に浅間神社神司三職の一つ案主分をそれぞれ与えた。また、宝幢院《ほうとういん》を大宮別当坊に補任した。大宮の浅間神社関係者に出した信玄の文書は翌十六日に集中している。社人の前島彦三郎は行事大夫職に、宮崎丹千代は慶泉職に、本慶仙は泉徳職に、宮崎虎千代は所司大夫職に、宮崎辰千代は常林職に、山田甚三郎は福寿大夫職に、鈴木神左衛門尉は七宮禰宜職に、鎖是宮猿は権鎰取《ごんかぎとり》に、鎖是宮千代は後権鎰取に、大宮供僧式部卿は宝積寺《ほうしゃくじ》にそれぞれ補任された。宝幢院の五人の供僧には大宮司領内で知行が与えられた。さらに五月十八日、山宮大夫には富士北山のうち屋敷・厨屋田を還付した。六月十日には東泉院に寺中門前社人工人の諸役免許をした。元亀三年九月十一日、大宮浅間神社社人に祭礼供用雑用銭等を催促させた。信玄は翌年四月十二日に没したので、これが富士浅間神社関係でなした最後の働きかけとなった。

このように、信玄は駿河を領国に組み込んでも、駿河方面の浅間神社などに対しては既に今川氏が行っていた支配を確認し、その通りに踏襲するのみで目新しい施策は見られず、富士浅間神社や富士山道者に対し独自の支配を行わなかったようである。また、甲斐の側の浅間神社や御師に対してもそれ以前の支配と変化するところがない。

信玄の領国統治と富士信仰

それでは、信玄は領国統治にいかに富士信仰を位置づけようとしていたのであろうか。信玄としては将来は富士信仰全体を統一的に支配しようとしていたが、駿河の安定をはかっていた段階で亡くなってしまったため、考えていたことを実行に移すに至らなかった。同時に、既に信玄は駿河を領国に加える以前に、領国の精神的支配として諏訪社と善光寺を持っており、富士信仰に重きを置かなくてもよくなっていた。この二つが重なりあって、信玄の富士信仰・浅間神社の支配がなされていたものと考える。

信玄は富士信仰よりも信仰圏で広がりを持つ諏訪社と善光寺とを精神的な領国民の支配の手段として用いた。その背景にはこの二つとも、武家政権を打ち立てた源頼朝と深い関係があったので、それを先例に自分も頼朝のように全国支配をしたいと考えた可能性がある。

4　領国統治

　信玄が勢力を拡大していく中で、領国が甲斐を越えて他国にも広がっていった。新たな領国に対して信玄がいかなる態度を取ったかを見れば、信玄の領国統治の性格が浮かび上がってくるであろう。

信濃支配と守護

　年未詳（柴辻俊六氏は弘治三年〔一五五七〕かとしている、『戦国遺文』）三月九日、信玄は諏訪上社神長（守矢頼真）に、「急度一筆を染め候意趣は、当社御頭役近年怠慢のみに候か、然らば一国平均の上、百年已前《いぜん》の如く、祭礼を勤めさすべきの由存じ候処に、十五ケ年已来《いらい》兵戈止むを得ざるにより、土民百姓困窮、殊には嶋津（月下斎）・高梨（政頼）等、今に命に応じず候間、諸事思慮の旨有て、これを黙止畢《おわ》んぬ、必ず嶋津・高梨当手に属さば、某《それがし》素願の如く其の役を勤むべきの趣、催促に及び、難渋の族に至らば、先忠を論ぜず成敗を加うべく候、抑《そもそ》も毎年三月御祭の事は、輙《たやす》き子細に候条、当時分国の内へ、堅く下知を成すべく候」（守矢家文書）と伝えている。信玄は信濃に住む者が当然信濃一宮の諏訪社の御頭役を負うべきだと考えたので、信濃を領したらこれを実施させるといっているのである。

　実際、信玄は永禄三年（一五六〇）二月二日に「諏方《すわ》上の社造宮の事、先規に任せ信国中へ催促を加うべし、若《も》し難渋の輩有らば、早く注進すべし、その人の越度により罪科に行わるべし」（矢島家文書）と権祝（矢島基綱）に命じ、諏訪上社を信濃国中の諸役によって造営させた。

こうした命令を出す時に重要な根拠になったのが、信玄が信濃守護に任命されていたことであった。これより先の永禄元年十一月二十八日、信玄は将軍足利義輝《よしてる》に次のような信濃出兵の弁明状を送った。

御内書《ごないしょ》拝見せしめ、則ち御請に及び候、宜しく御執り合い本望たるべく候

一、今度悦西堂への御札披見の如くんば、去る夏越国に向かっての動《はたら》き、上意を軽んずるの様に候か、先ず以て驚き入り候、既に去る頃瑞林寺御使節として下向候砌《みぎり》、信州補任の御内書慥《たし》かに頂戴し畢んぬ、然らば則ち他の綺《いろい》あるべからず候処、それ以後長尾両度に及び信国に放火、これ上意に背く第一に候

一、去年甲・越和睦の御刷《つくろい》として、聖護院御門主よりの御使僧森坊、御内書を帯して下国、これより某《それがし》は干戈《かんか》を停止し、信府にありて城普請申し付け候半《なかば》、長尾御内書を頂戴、未だ御請に及ばざる以前に、信国海津《かいづ》の地に放火、これまたおのおの存知の義に候

一、その所当として、晴信、越国への動《はたら》き、聊《いささ》かも上意に対し奉り緩怠《かんたい》に非ず候

一、今度重ねて乱入の意趣は、去る夏の動きの砌、越府破却致すべく候と雖も、御使僧甲府に至って下向するの由、留守の者共申し越し候条、上意を重く存じ奉るの故を以て、越府の儀を擱《さしお》き帰陣、則ち西堂に対し愚存申し述べ候は、右に顕《あらわ》す如くに候、信州補任の御内書所持せしむるの上は、彼の和融の善悪においては、越後へ仰せ届けらるれば尤《もっと》もの由申し候いき、納得あり彼の国へ下着候処、是非無く押し返し申し候、これ併せて上意への逆心紛れなく候こと、御分別

に過ぐべからず候
一、信州補任の御内書の旨に違わず、信・越国切の和融の義、御下知なされ候条、その旨を存じ候、
なお富森左京亮口上あるべく候、恐々謹言
十一月二十八日　　　　大膳大夫晴信（花押）
謹上　大館上総介殿　　　　　　　　　　　　　（「編年文書」）

第一条により、これ以前に信玄が信濃守護職の補任状を得ていたことがわかる。自分が守護になったのだから信濃のことに他の者は干渉すべきでないのに、謙信がその後二度も信濃に放火しているのは、上意に背くことだと主張している。第二条で、昨年甲斐と信濃が和睦するようにと御内書があったので、自分は戦争を止めて信濃において城普請をしているのに、謙信は海津（長野市）に放火している。第三条では、信玄は謙信の軍事行動に対して越後に軍事行動を起こしているのであって、上意に背いているわけではないとする。第四条では、今度重ねて乱入したのは去年の夏に越後の府中を破却するところだったが、御使僧が甲府にやってきたので、上意を重んじて帰ったからだ。自分に信濃守護の補任状を出したのだから、和融の善悪については越後の謙信にそちらが悪いといって欲しいという。そして第五条で、信濃守護に補任された内容に違わないように、信濃と越後の国切の和融（国境の確定）について命じていただきたいと述べている。すなわち、信玄は信濃守護に補任された以上、信濃全域の支配権は自分にあるのだと主張しているのである。なお、この文書について『信濃史料』

『戦国遺文』では追而書をとっているが、その部分は神田孝平氏所蔵文書が混入したものであるので除いた（堀内亨氏の御教示による）。

彼にとって国という単位は生きており、守護補任はその国全域を支配する権利を貰ったことを意味したのである。

分国の意識

支配する国をいくつかまとめた概念に分国があり、信玄もこれを重んじた。年未詳の九月二十九日、信玄は甲斐の永昌院（山梨市）ほかに次のような書状を送った。

諸尊宿仰せ談じられ、宗門興隆の品目条々披見、寔《まこと》に仏法繁昌、または末世の規矩、これに過ぐべからず、然る処檀那の権を借り、違背の人有らば、信玄においては老和尚に二無く御同意せしめ、師檀共に放分国を追い致し進ずべし、そのため一筆を呈し候、恐惶敬白

（元亀一年）同年

九月廿九日　　御朱印

判

永昌院

（永昌院文書、『菊隠録』写本）

信玄は分国内の曹洞宗の寺院に、檀那の権力を借りて曹洞宗の宗旨に背く僧侶があったならば、老和尚に同意して、師僧と檀那（寺の僧と檀家）をともに分国から追放するという。

前掲の三月九日付の諏訪上社神長あての文書の中でも、諏訪社の御頭役について「当時分国の内へ、堅く下知を成すべく候」と書いており、彼の支配領域の中に国を越えての分国意識があったことは間違いない。

信玄としては、領国に加えられた国を全体として支配することは、公《おおやけ》の役割として当然のことだったのである。

貴賤を撰ばず目安をもって申すべし

信玄の領国支配の実態を示すものとして、「甲州法度之次第」がある。これは教科書などにも載っていて、戦国法として大変有名である。

『高白斎記』には、天文十六年（一五四七）五月晦日、「甲州新法度之次第書」を進上し納めると記載されているが、保阪潤治氏本の「甲州法度之次第」はこれに対応して天文十六年六月一日付になっている。「甲州法度之次第」は「信玄家法」「甲州式目」などとも呼ばれることから、信玄単独で制定したと考えがちであるが、この法の制定には少なくとも駒井高白斎政武《まさたけ》なども関わっていたのである。

保阪本は二十六カ条からなっているが、二十六カ条本で注目されるのは、「今川仮名目録」の強い影響である。しかし、家臣の所領統制などにおいては「今川仮名目録」よりも後退しており、当時の信玄がまだ領国支配を完全に実現していなかった状況が垣間見られる。

信玄法度には二十六カ条に二十九カ条を加え、さらに追加の二カ条を加えた五十七カ条のものと、二十六カ条の内一カ条を除く二十五カ条に三十カ条と追加の二カ条を加えたものもある。これらでは五十五カ条の次に、右は天文十六年六月に定められ、追加の二カ条は天文二十三年五月に定められたとある。

最後の条項には、「晴信形儀《ぎょうぎ》その他法度以下において、意趣相違のことあらば、貴賤を撰ばず目安をもって申すべし、時宜《じぎ》によりその覚悟をなすべきものなり」とある。これを信玄の清廉潔白さの証明と見る向きもあるが、この法は信玄そのものをも縛る性格を持っていたことを示す。信玄は天道によって行動しようと考えていたが、天の意識は民衆の動向に現れる。人々の行動の集積である社会慣習はそのまま天道だといえよう。天道に従う信玄が、社会の慣習を成文化したこの法に縛られないわけがない。しかも「甲州法度之次第」と、甲州という国を前提にしている以上、国民の一人としても信玄はこの法に縛られるのである。

喧嘩両成敗

「甲州法度之次第」の二十六カ条本の第十二条、五十五カ条本の第十七条には「喧嘩《けんか》のこと、是非に及ばず、成敗を加うべし」とある。これが有名な喧嘩両成敗の規定である。

既に何度も述べてきたように、戦国大名に領国民が求めたのは生命と財産の保障であった。この両方を危機に巻き込むものに喧嘩、およびそこから派生する戦闘があった。中世は自力救済の社会で、所領紛争などの争いも当事者の実力で解決されることが多かった。小さな争いであっても血のつながり、あるいは地域的なつながりなどから、参加者が拡大し、それが大きな戦闘になる可能性があった。人々は自力救済に対応して、いざという時の用意に血のつながりや地域のつながりを大事にしていたので、他人の争いの時でも参加せざるを得なかったからである。

「甲州法度之次第」に記されている喧嘩は、紛争が生じた時の当事者の武力行使や、その当事者の所属する集団による戦闘を意味しているが、当時の人のつながりからして、いったん喧嘩が起きればそれは止めどもなく拡大していく。これによって人々の生命や財産が危機に瀕することになる。そこで、喧嘩において暴力を行使した者は、その理非をただささずに、両者に同等の刑罰を加えるとし、武力行使による戦闘拡大を禁止したのが喧嘩両成敗である。

社会がこのような動向を求めていたのは、先行する「今川仮名目録」の第八条に、「喧嘩に及ぶ輩、理非を論ぜず、両方共に死罪に行うべきなり」と記されていることでも明らかである。したがって、喧嘩両成敗は当時の社会において社会一般の喧嘩処理の方法として既に採用されていたことではあるが、成敗権を信玄が一元的に吸収しようとした点は、戦国大名としての成長を物語り、信玄の公的な側面を明示している。

ところで、このような法の背景には喧嘩などが起きる際、争っている双方に必ず何らかの「理」があり、また逆に「非」があるとの思想があった。とするならば、争いを理非に従って誰かが裁許しなければならない。つまり、喧嘩両成敗は公平な裁判とセットにならなければ、実効性を持たないのである。

社会慣行に従って

「甲州法度之次第」の有名な内容である喧嘩両成敗が、当時の社会慣行に根ざした法であり、全体が信玄をも縛ったことは、法度自体が信玄が新たに制定したというより、社会慣行の海の中から拾い上げたものであることを伝えている。

永禄二年（一五五九）四月十四日に小山田信有が小沢坊にあてた印判状には、「甲州悪銭法度ならびに新銭等の儀は、一切停止せらるるの間」（旧上吉田村小沢河内旧蔵文書）とあり、悪銭を使ってはならないとの慣行が、甲州という国を単位にして存在していたことが知られる。

信玄が永禄三年三月十一日に信濃の小野郷（上伊那郡辰野町）の新三《しんぞう》他へ出した印判状では、「彼の郷中において、重科の人ならびに国法を犯すの輩」（辰野町教育委員会蔵小野家文書）を隠し置かないようにと記されている。法の単位として国が存在するのである。

永禄九年十一月四日、信玄の家臣である曾祢虎長と原昌胤は宮下新左衛門に信州伊那郡河野の郷（下伊那郡豊丘村）の田地問答の裁決を下した。その第一条には次のようにある。

一、宮下新左衛門の所より、藤四郎去る辛酉・壬戌（永禄四年・五年）両年米銭借用紛れなきにより、藤四郎名田の内七百五十文の所、その方請け取り作仕《さくつかまつ》り来たるの処に、彼の借物相済まさず、去年彼の田地強儀を以て藤四郎取り放ち候事、国法に背き候条、その過怠《かたい》として、来る丁卯（永禄十年）一歳、右の田地を相計らい、翌戊辰の正月藤四郎方へ返し置くべきの事

（河野家文書）

ここでは裁判の基準として「国法」が用いられている。

このように地域には地域の法が存在し、その範囲として国が意識されていた。「甲州法度之次第」もそうした国の法を前提にし、社会慣行として存在していた法を信玄たちが選び、明文化したといえ

る。ただし「甲州法度之次第」の場合、その適用範囲は信玄の領国拡大にしたがって、甲斐のみならず武田領国全体の基本法として広がっていったことに注意する必要がある。

領国内の裁判

裁判は甲斐国の中だけで行われたのではない。領国内を均一に支配していくためには、必然的に領国内の裁判権を一律に掌握していく必要があった。そこで他国における裁判の状況を確認しよう。

永禄三年（一五六〇）、信濃国伊那郡の赤須《あかず》（駒ヶ根市）と上穂《うわぶ》（同）で南山《みなみやま》の境界争論が起きた。四月二十六日、片桐為成、飯島為定が仲介して両郷は和解したが、上穂地下衆が仲介の両人にあてた書状によれば、先代は赤羽沢を境界にしていたと申し伝えている。しかし赤須衆がとかくいったので、上は仏石、中は山道の平岩、下は八幡社頭の棟を見当てて境とし、一本木の南の平岩と山路の平岩との間を片桐と飯島に預けるが、扱いが切れたならば「神慮を明らかにし申すべし」（福沢家文書）ということになった。当時の裁判においては神慮が大きな意味を持っていたのである。いずれにしろ、郷の争いは地域の有力者が仲介して収めることが一般的だった。

永禄四年に信濃筑摩郡の北内田《きたうちだ》、小池《こいけ》、白川《しらかわ》（ともに松本市）で水争いが起きた。そこで関係者が甲斐国に行き様子を申し述べた。前述の伊那郡の場合と異なり、ここでは争いが武田氏のもとに持ち込まれたのである。わずか一年の差であるので、地域に仲介してくれる有力者がいなかったか、仲介が不調に終わったため甲府に行ったのか不明であるが、いずれにしろ信州の百姓が裁定を求めて甲府に行くようになった。

訴えに対して、信玄は配下の二十人衆のうちから検使を派遣した。彼らは深志城《ふかし》（松本城）に在城していた島田民部丞とともに現地に行き、牛伏寺川《ごふくじ》の水を分ける地点で判定を下した。その結果は銘板を二枚持たせ、先ず一枚に同じ大きさの穴を二つあけ、取水口の上の口に伏せ、残りの一枚にも同じように二つの同じ大きさの穴をあけ、これを下の口に伏せて、小池側の水の半分、すなわち全体の四分の一の水を白川へ通すというものであった（草間家文書）。

水を四つに分け、四分の二は北内田、残りの四分の一ずつを小池と白川に分けたのは、過去の用水獲得権を前提にした極めて具体的な分配で、しかも方法はえこひいき無しである。裁判のやり方は確実で、実地検分のために甲斐から人が送られ、松本平の支配の拠点である深志城からも人が出ている。裁定者は係争中の村々から意見や慣行を聞いた上で、水分配をしたのであろう。信濃の用水争論までを信玄が行い、しかも現地に検使が送られている。現地の郷は実力で争うのではなく、裁定者として信玄を依頼して、その裁定に従った。信玄は信濃の松本平の裁判までに関与していたのである。

ここでは信濃の事例を挙げたが、争いが起きると在地には慣行があり、仲介者が入って裁定がなされ和解が行われていた。しかし、こじれると自力救済という形で大きな争いになりかねなかった。信玄のもとでは、地域権力の上に立った信玄によって裁判が理非に従って、確実に行われることになった。これは百姓だけでなく、武士においても同様だった。

鉄火と䦨

信玄が行った裁判は当時の社会習慣に従って理非を論じ、判決を下すものである。この間の手続きでは、現代人から見ても納得できる部分が多いが、全く逆に現行の裁判では採られない方法もある。そこに当時の社会、信玄の置かれた状況も見えてくるので、次に裁判における我々から見ると旧い習俗に感じられるものを取り上げておこう。

『甲陽軍鑑』によれば、永禄元年（一五五八）に甲州西郡今諏訪《にしごおりいますわ》（南アルプス市）に住んでいた長沼長右衛門が用事で信濃へ行き、青柳柳ノ助と同緑ノ助の兄弟に殺された。長右衛門の子の長沼長助・長八は、敵《かたき》討ちに信州へ行き百日あまり逗留《とうりゅう》した。すると、長沼兄弟の友達である増城源八郎・石田長蔵・矢崎新九郎・飯室喜蔵の四人が兄弟を訪ねてきて、「是非一緒に枕を並べたい」と申し出た。長八は友人の命を失わせてはいけないと断ったが、四人は懐から連判の起請文《きしょうもん》を取り出して見せたので兄弟も納得した。それから四、五日後に敵と会ったが、青柳兄弟は剛の者の上、家来を含めて十五人だった。長沼方は助手が家来とも八人、兄弟が家来とも四人の十二人の小勢ではあったが、斬ってかかり、全員手傷を負ったにもかかわらず敵討ちを成就した。

翌年正月、増城源八郎は兄弟が信玄に覚えのよいのをねたみ、自分のお陰で柳ノ助が討てたのだと言いふらした。兄弟は起請文を書いた上なので断ることができなかったし、助太刀の恩は忝《かたじけ》なかったと取り合わなかった。ところが、敵討ちは源八郎の手柄だといったので、兄弟は彼を討とうとし、助太刀をした四人のうち源八郎を除く三人が、信玄に訴状を出して裁判になった。信玄は様々に考えた上で結局、長沼兄弟が正しいと裁定した。

増城源八郎はそのままにしておかれたが、永禄四年の川中島合戦で敵に背を見せて逃げておきながら、自分のことを差し置いて傍輩の古屋惣次郎が臆病をしたと訴え出た。両人は実否が決まらなかっ

西花輪の八幡宮（山梨県中巨摩郡田富町）
鬮による裁判が行われた。

たので、鉄火《てっか》を取って裁判をすることになった。しかし信玄が、「旗本の侍に直接鉄火を取らせることは、下輩と同じやり方だから、両者の代わりの者を出して鉄火を取らせよ」と命じたので、双方から被官を出し、職衆と横目二十人衆の頭四人を指し添え、八幡宮の庭で鉄火を取らせたところ増城の被官が負けた。その結果、増城源八郎は敗訴となり、鎮目《しずめ》（笛吹市春日居町）で逆さ磔《はりつけ》にされた。

この時の裁判は神社において真っ赤に焼けた鉄を取るという、神裁によって判決が下されたのである。鉄火は古代以来見られるが、中世にも広く採用された裁判制度で、神慮につながる方法でもあった。

『甲斐国志』によれば、西花輪（中巨摩郡田富町→平成十八年二月より中央市）の八幡宮は弘治二年（一五五六）から小池四郎左衛門と神田争論を行っていたが、永禄五年（一五六二）三月五日に信玄から御鬮《みくじ》をもって落着するように命じられた。奉行は跡部伊賀入道と工藤源左衛門尉で御鬮の奉行は小坂左衛門助、祈念者は不動堂の来説《らいせつ》であった。八幡宮の神主が神殿と書いた御鬮紙をとって、八幡宮が勝訴した。この争いについては天正十五年（一五八七）の関係文書があり、御鬮によって裁判がなされたことが確実である。この場合も鬮という神の意志によって判決が下された。信玄にとっても社会にとっても、神慮は実際に存在し、それに従うべきだとの認識があったのである。

御岳の鐘

信玄時代の裁判制度として注目されるものに御岳金桜《みたけかなざくら》神社（甲府市）の鐘があった。『甲陽軍鑑』には御岳の鐘の記載が二カ所に出てくる。その一つは信玄が亡くなってからの天正二年（一五七四）十二月二十八日に、信玄時代の重臣が集まって来年の軍備について相談しているところへ長坂釣閑斎《ちょうかんさい》と跡部大炊助《おおいのすけ》がやってきて、旧家臣たちと争いになった。そこで内藤昌豊が釣閑斎に「お主、佞《ねい》人《じん》を作らぬと御岳の鐘を撞《つ》け」と迫った。これに対して釣閑斎は「おまえの分際で俺に御岳の鐘をつけとは、百姓にいうような申しようで口惜しい」などといった。

御岳金桜神社（甲府市御岳町）鐘は失われている。

もう一カ所は信州岩村田（佐久市）の貧乏な百姓が、妻が僧侶と密会をしたのではないかと訴え出た時で、地域の領主は僧侶に関することは私の裁きができないと、甲府の四奉行に申し上げた。奉行は出家の非については証拠がないし、百姓が無理をいっているとも思えない、かといってこれほど些細《ささい》なことに鉄火や御岳の鐘を使うわけにはいかないと、信玄へ披露し、信玄が裁決したという。

ここに出てくるように、御岳の鐘は裁判などで自分が嘘をいっていないと神に誓う鐘であった。天正八年に信濃小池（松本市）の住人が隣の内田の領主によって内田山で草木を苅ることを禁止された際、彼らは何度も甲府に裁判を求め、結局勝頼が志磨の湯（甲府市湯村温泉）に入っているところにまで出かけ、内田山に入ってもよいとの判決を勝ち得た。この時、勝頼は神慮を伺うために御岳の鐘を撞いて帰るようにと述べた。百姓の裁判に際して彼らの主張が間違いないかどうか、御岳の鐘を撞かせて確認したのである。結局、彼らは小野神社（塩尻市）の鐘を撞いて帰った

御岳の鐘は十七世紀いっぱいまで、裁判の判決を確認するために鳴らされ、それに関わる史料が伝わっている。

信玄時代に誓約の手段として武士の間でしばしば用いられたのは諏訪上社の宝鈴で、信虎と諏訪頼満の和平にも鳴らされた。これに対して御岳の鐘は民衆が誓う時に用いられた。金属の音を用いて誓約することを金打《きんちょう》というが、これは『源氏物語』や『今昔物語』などに見え、中世には一般化していた。したがって信玄が御岳の鐘を裁判に用いたのは、社会の慣習に従ったからである。社会慣習だったからこそ、武田氏が滅亡してからも長い間それが用いられ、地域に伝承されたのである（拙著『武田氏と御岳の鐘』山梨日日新聞社）。

国人領主の上に

喧嘩両成敗は信玄が個々の領主の上に立つことを意味するが、彼は領国の中で最も独立性の強い小山田氏の領域である郡内《ぐんない》でも裁判を行った。『勝山記』に見えるその状況から、信玄の立場を確認しよう。

弘治二年（一五五六）に小林尾張守貞親《さだちか》が吉田衆に多くの道理に合わないこと（非分《ひぶん》）をしたので、二十人が吉田（富士吉田市）を去った。そのうちには武士も混じっていて、郡内の領主である谷村《やむら》（都留市）の小山田《おやまだ》信茂《のぶしげ》に交渉したけれども裁きがなされなかった。このため彼らは甲府に行って信玄に訴え、信玄の意見により吉田の二十人衆の主張に沿った裁定がなされ、小林尾張守の被官は屋敷がらみに（屋敷を取り上げられて）追い払われた。この年に吉田二十人の寄子も尾張守から離し、信茂の馬廻り衆にされた。

また下吉田の小林和泉守も多くの非分をしたので、百人余りが談合して信茂へ訴えたところ、小林は境に住む弾正《だんじょう》を頼んで一日に使いを三度も下して、下吉田衆を留めてくれるようにと謝ってきたけれども、一向に道理にあわなかったので、小林文三が八月から翌年の正月まで甲府に詰めて訴えた。そこで信茂が信玄にいろいろと詫び言をいい、文三も郡内に帰った。結局、谷村に下吉田衆を呼び出し裁判がなされ、信茂の意に従って和泉守の被官から押し離すことになった。

弘治三年二月に奉行たちが来てあちこち見て回った時、小林市兵衛と二郎左衛門・同左近が吉田の者の悪口をいったので、谷村へ行って信茂に訴え出、吉田の百余人の道理に従って裁きがなされたので地下衆は帰ってきた。ところが十月に堰《せき》を作る道具として宮林の木を伐ったところ、市兵衛がきて伐った木を取り上げ、その上に人足を散々に叩いたので、松山（富士吉田市）から信濃の戦陣にいる小山田信茂のもとへ伝えたが別段のことがなかったので、結局、信玄へその旨を申し上げた。その時に信茂の意によって下吉田へ奉行人を上せて、百余人衆と松山の小林氏との仲直りがなされた。

甲州枡（山梨県立博物館蔵）

ここに見られるのは、地域の住民（吉田衆）と地域の領主（小林氏）との抗争、それを裁くはずの郡内領主の上位権力（小山田氏）、さらにその上にいる「御上様」としての信玄である。地域住民は小山田氏に裁判を求めても駄目な時は、その上にいる武田氏に訴え出、武田氏の判断は小山田氏の上位権力として、効力を有していたのである。このように郡内の人々にとっても信玄は公的な役割を持っていた。

枡・秤と甲州金

喧嘩が起きそうな場面の一つに商行為がある。中世では度量衡《どりょうこう》が統一されておらず、実に様々な枡や秤などが用いられていた。したがって取引などでも、まずはお互いの度量衡道具の確認から始めねばならなかった。我々にとって度量衡は基準が全国、あるいは世界中のどこに行っても同じであるが、戦国時代にはこの常識は通用しないのである。

近世の甲州では信玄が制定したといわれる甲州枡《こうしゅうます》が使われた。これは京枡三升入りの大きな枡で、甲州枡・鉄判《かなばん》・判枡・三升枡などと呼ばれた。この枡を作った小倉《こごい》家には天正四年（一五七六）の武田家印判状が残っているが、広い範囲で甲州枡が使われるようになった画期として、信玄の時代が想定される。天文二十年（一五五一）七月十一日に信玄が一宮社壇の上葺勧進を命じた際、板垣信憲と甘利昌忠はその勧進を「判升」でするようにとしている（坂名井家文書）。おそらく信玄の時代以前よりこの枡が使われるようになっていたのを、信玄がその流通を大きく促進したのであろう。甲州枡は武田領国の拡大とともに甲斐のみならず、信濃の諏訪郡、佐久郡、伊那郡などでも用いられたので、信玄が積極的に流通を推進した可能性が高い。

近世の甲斐には籾を量るのに籾斗桶《もみとおけ》と米斗桶《こめとおけ》という特別な桶があった。これは甲州枡の三升六合六勺余りが入る容器で、京枡にすると一斗一升入りとなった。一方、米斗桶は京枡で一斗二升、甲州枡で四升が入った。信玄はこの桶の使用をも推し進めたようである。

近世に関東三十三カ国の秤を作った守随《しゅずい》氏は、信玄のもとで秤を作った家であった。すなわち同家の由緒によれば、初代は甲州出身であったが駿州今川氏のもとに行き、その後甲州に帰り、信玄から諸役を免除されて秤細工人を召し抱え、甲州一国の秤所を差し許されたという。

戦国時代に流通していた貨幣は、基本的に輸入されたもので、すべてが同じ一文として通用した。そのために遠隔地間では為替《かわせ》や金銀、高額の取引にも金や銀が使われた。金や銀は重量で価値が決定されたが、高価なだけに少量でもきちんと測れる秤が必要とされた。その秤作りを担い、流通を円滑にしたのが守随家だった。特に甲斐は金の産地としても有名であったから、正確な秤によって流通が促進されたのである。

江戸時代には貨幣は統一されていたが、甲斐においては甲州金（甲金《こうきん》）という地域独特の名目貨幣が流通していた。江戸時代に甲州金の流通があったのは、武田氏治国の例により一国通用が免許されていたためにその慣行を認めたものだといわれる。江戸時代に甲府で甲金を鋳造していた金座の中心となっていた松木氏は、由緒によれば信虎の時代に伊勢国からやって来たという。伊勢は当時の流通拠点の一つであったので、商人として甲州に入ってきて、その財力を信用の背景において甲州金を鋳造したのではないだろうか。松木家に伝わった最古の文書は、永禄十二年（一五六九）十月二十六日付で、信玄が所領を安堵したものである。明らかに甲州金に関係する文書は、武田氏滅亡後のものしかないが、信玄時代にも松木家が甲金を作っていた可能性が高い。

甲州金の使用がどのくらいまでさかのぼるか判然としないが、天文二十二年（一五五三）八月二十日に後奈良天皇が宸筆《しんぴつ》（天皇の直筆）の般若心経を諏訪社に奉納した際、勅使に対して御礼を言上した上で「甲金」を献上している（矢島家文書）。この頃は既に諏訪地方は信玄の勢力下に入っており、勅使への対応にも彼の意図が働いていたので、「甲金」が出てきているのであろう。年代からしてこの甲金は松木家が鋳造した可能性が高い。

実態としては、信玄が枡や桶、秤などを始めたのではなく、社会慣行として彼の統治以前より甲州枡などが存在し、信玄はそれに公権力として保証を加え、領国に広く通用させようとしたのであろうが、その歴史的な意義は大きい。

度量衡統一の意味

信玄が度量衡の統一をはかったことには、どのような意味があったのであろうか。

戦国時代には枡が統一されていなかったため、円滑な商取引のためには統一が望まれた。信玄としても、画一的な年貢徴収などのため枡を統一する必要があった。社会も信玄も、枡の統一を求めていた。これに応じるような形で、既に一部で使用されていた枡に、信玄が権力をもって大きさを保証したことによって、甲州枡は流通域を広げていったのであろう。

秤の場合も同様で、特に少量でも高価な貴重品の取引などで重要で、高価な物資の取引には正確で公平感のある秤が要求された。特にこの時期の甲斐では金の産出が多かったが、微量でも価値が高いだけに、正確な秤が必要で誰かがそれを保証することが望まれた。信玄はそうした秤の流通に公権力として寄与したのである。

戦国の社会においては流通の基本となっていた中国からの輸入銭は、いわばすべて小銭であった。それゆえ、高価な品物を小銭で買うためには大量の貨幣を動かさねばならなかった。金は少量でも大きな価値を持ち、高額の取引に効力を発揮した。最初は秤量《ひょうりょう》貨幣として重さを単位に取引されたが、その際求められたのは金の品質の保証で、初期の甲金は品質保証の判を押したものだった。それが次第に名目貨幣へと転じていった。信玄はこの過渡期にあたって、甲州金の流通促進に力を尽くしたと考えられる。

こうしてみると、信玄の度量衡統一は、当時の社会の広範な流通を前提にしながら、さらにそれを促進しようとする、民衆の要求に沿う先駆的なものであったといえる。これも信玄の公的な役割の一部であった。同時に度量衡を統一しようとする政策は中世と近世とをつなぐ意義を持った。

5　芳声天下に伝わり仁道寰中《かんちゅう》に鳴る——風貌と性格

同時代の信玄評価

信州伊那高遠の建福寺《けんぷくじ》の住職である東谷宗杲《とうこくそうこう》は信玄七周忌の掛真《けしん》法語の中で信玄を、「位は四品《ほん》に登り、威は三公を体す、その芳声や天下に伝わり、その仁道や寰中《かんちゅう》に鳴る、卜筮《ぼくぜい》は熊《ゆう》に非ず、覇王《はおう》の佐を渭北《いほく》に獲《え》たり、徳の輝《かがや》きは鳳《おおとり》に儀《の》る、君子の国を日東に開く、槊《さく》を横たえて詩を賦するに、則ち蘇新黄奇の神工を学び、毫《ごう》を揮《ふる》いて紙に落とせば、則ち顔筋柳骨の上法を得たり、外に天台の架梨《かり》を着けて、章を究め即ち極果に到る、内に関山《(慧玄)》の佳曲を唱えて、仏心宗の紹隆を興す」などと評している。

その意味は次のようになる。信玄の位は親王の位の初位にまで登り、権威は太政官の最高職の如くである。その素晴らしい評判は天下に伝わり、恵み慈しむやり方は天下にとどろいている。周の文王が狩猟に行こうとして占った卜辞《ぼくじ》の結果、渭水《いすい》のほとりで呂尚《りょしょう》（太公望《たいこうぼう》）にあって任用したように、信玄は王者となる人物である。徳の輝きは聖人が出現した時に表れるという鳳凰に乗って知れ渡り、徳の高い立派な人の国を日本に開いた。武器を横にして詩歌を作る時には、蘇軾《そしょく》とその弟子たちの神技を学んで優れており、毛筆を手にとって紙に文字を書く時には顔真卿《がんしんけい》のなどの上を行くが如き書法を得ていた。外に天台宗の袈裟を着けて、文章を究めて最高の成果を出し、心の内に臨済宗関山《かんざん》慧《え》元《げん》の妙心寺派の佳曲を唱えて、仏教を受け継いでさらに盛んにさせた。

宗杲は、このように実に高く信玄を評価しているのである。法事の時の言葉とはいえ、いかに彼が信玄を多方面にわたって優れた人物と見ていたかが知られる。

戦国の貴公子

信玄のこの評価はこれまで多くの人がイメージしてきた血も涙もなく、姦謀術策を弄して、他国を蚕食する信玄像とは全く異なる。従来の信玄像は、はげ上がった頭を持つ丸顔で、八の字に開いた口髭、さらにでっぷりした体格だとの信玄の風貌とセットになって作られてきたように思われる。そのような信玄像の根拠にされてきたのが、高野山成慶院《せいけいいん》が所蔵する絹本著色画像であった。

「武田信玄画像」（高野山成慶院蔵）

武田家の三代を描いたとしてこれまで有名だった絵画は、武田逍遙軒信綱（信廉《のぶかど》）筆の武田信虎画像（甲府市大泉寺蔵）（二頁）、作者不詳の武田晴信画像（高野山持明院《じみょういん》蔵）（口絵一頁）、長谷川《はせがわ》信春《のぶはる》筆の武田信玄画像とされる画像（高野山成慶院蔵）、作者不詳の武田勝頼・同夫人・信勝画像（高野山持明院蔵）（九〇頁に部分）の四点であった。これら四点に描かれた武田家三代の面立ちには共通点が多いが、私は成慶院の画像の人物だけ顔の傾向が異なると思い続けてきた。

藤本正行氏は「武田信玄の肖像——成慶院本への疑問」(『月刊百科』三〇八号、一九八八年六月)で、成慶院本の像主を信玄とする説は文献的裏付けがないとし、作者信春の経歴と落款《らっかん》から、絵が制作されたのは永禄七年(一五六四)から天正(一五七三〜九二)の初め頃で、像主が腰に差した腰刀の目釘《めくぎ》と笄《こうがい》、および脇に立てかけた太刀の目貫《めぬき》には二引両《にびきりょう》が描かれているが、武田氏の家紋は花菱《はなびし》で二引両紋を使わないので、画像の主は信春が袋印を用いた時期、あるいはそれ以前に本人ないし縁者が信春と接触した二引両紋を用いる人物である可能性が高いとして、描かれた人物として能登畠山氏を想定した。

成慶院本への見直しは、加藤秀幸氏(「武家肖像画の真の像主確定への諸問題——長谷川信春筆伝武田信玄・伝名和長年像并に伝足利尊氏・同義治像について」『美術研究』三四五・三四六号、一九八八年十一月)によっても、なされていた。

一方、作者不詳の武田晴信画像は、信虎や勝頼の画像と共通点が多い。信玄の実像はこちらだというべきである。実際、家柄のよい高貴な顔とされるのは細面で華奢《きゃしゃ》な外形である。幕末の天皇と将軍の骨格がほとんど同じようになるのは、柔らかい食事などを永い世代にわたって食べ続けた結果だとされている。中世以来の名家である信玄の顔も、持明院の画像のように細面であった可能性が高い。

我々は中世を通じて地方の名家であった武田家の嫡男を、きちんと社会の中に置く必要があろう。すなわち顔を含めての風体そのものが、時間をかけて身分を象徴していた可能性が高く、その目で見ると信玄はまさに地方の貴公子だったのである。東谷宗杲があれほど高く信玄を評価した背景には、彼がその当時の貴族的環境の中で磨かれた教養があったからだといえる。

そうした目で見ると、彼の書いた古文書の繊細さ、人に対する意識の仕方など、一種の育ちのよさが伝わってくる。

信玄堤――治水と安全

このように、少し視点を変えてみると、従来の信玄像とは異なった面が見えてくるように思う。

信玄堤（甲斐市竜王）

武田信玄が現在に至るまで山梨県で極めて評判がよいのは、縷々《るる》述べたように当時の人々に生命の安全と財産の保障をし、戦争に勝つことによって富を増やしたからである。生命や財産の危機は自然災害によって多くもたらされるが甲州の場合、特に自然災害として大きかったのは水害であった。信玄は水害に対処するために信玄堤を造ったとしても有名である。その実態を古文書から確認してみたい。

堤防に関係する武田家の最も古い文書は次に掲げるもので、従来この文書が信玄堤を築いた根拠にされてきた。

◯（竜朱印）

龍王《りゅうおう》の川除《かわよけ》において、家を作り居住せしめば、棟別役《むなべつやく》一切

免許すべきものなり、仍って件の如し

永禄三庚申

八月二日　（保坂家文書）

ここには、竜王（甲斐市）の堤の上に家を作った者には、家ごとにかかる夫役や税金を免除すると書いてある。文面からわかるのは、既に竜王に堤防があったことにすぎず、堤防を信玄が造った証明はできない。この文書の主たる目的は甲府と諏訪とを結ぶ街道（後の甲州街道の一部）に竜王宿を作るため、居住者を集めようとするところにあるにもかかわらず、この文書が竜王に信玄が堤防を築いた証拠に使われてきたのである。

次に信玄が堤を築かせたとして使われてきた、他の文書も挙げよう。

◯（竜朱印）

八幡《やはた》・篠原《しのはら》・徳行《とくぎょう》・西条《さいじょう》・万歳《まんざい》・石田両郷・高畠《たかばたけ》・西飯田・大下条・中下条・上条・金竹《かねたけ》・牛《うし》句《く》・天狗沢《てんぐざわ》・保坂惣郷

右の郷中の人足を以て、当水を退かせるべきものなり、仍って件の如し

（永禄六年）亥

七月六日　（保坂家文書）

これと同文で、大垈《おおぬた》村・団子新居《だんごあらい》・大久保村・菖蒲沢《しょうぶざわ》・長窪村・上今井村・三ツ沢村・宮窪村・柳平《やなぎだいら》村にあてた文書もある。

武田家はここに記された村々から人足を出して、今回の水害の水をひかせるようにと命令している。しかし、この命令がなかったら村々は水を引かせないとは考え難い。人足を出すようにと命じられているのは、水害常襲地なのである。水害常襲地に住んでいる以上、水害に対応することは住民として当然のことであった。防災の経験があり、地域的につながりができている地域住民に、今回洪水にあったから水を引かせる努力をせよと命令したのがこの文書なのである。信玄から費用が出され、他地域から人を集めて、水害地に防災対策をしてやっているわけではない。

もう一つ信玄の治水を伝えるのによく利用されるのが次である。

定

牛句郷　中下条郷　下方《しもかた》郷

大下条郷　天狗沢郷　宮地郷

以上

上条の堰破損候間、右の郷中談合致し、再興せしむべきの旨、御下知候ものなり、仍って件の如し

元亀三年壬申

三月二十六日（竜朱印）　跡部《あとべ》美作守（勝忠）これをうけたまわる

（石原家文書）

これも同様で用水堰が壊れた地域の住民は、破損を放置しておくはずがない。そのままでは来年稲作ができないので、信玄の命令がなくても治水をするはずである。しかもこの文書は信玄堤とは関係のない、用水堰の修復である。このようにしてみると信玄の命令は、住民たちがやってきたことに網をかぶせたにすぎない。

戦国大名は領国民の生命や財産の保障をしなければいけなかった。国民の安全を守る時の一つの方法は、武力を持つことによって他からの侵略を少なくすることである。現在、自衛隊という軍事力を持つことで海外からの侵略に対する抑止力になっていると主張する者があるのはこれに関わる。

生命および財産の維持をするのに我々が求めるのは、治安の維持である。このために警察制度と裁判制度が必要になる。

もう一つ、近年注目されているのが、災害による生命や財産の危機である。阪神淡路大震災、中越地震、スマトラ沖地震とその後の津波などは我々にそのことを実感させた。周囲を高い山々が取り巻き、大雨があると一気に盆地に水が流れ込む甲斐は、水害が最も目につく災害であったといえる。したがって、戦国大名が領国民の生命や財産の保障をするという観点からすると、治水の実施こそがシンボルとなることだったのである。

中国夏《か》の開祖とされる伝説上の聖王は、黄河の大洪水を治めたとされる禹《う》である。中国皇帝のシンボルマークが竜であることに象徴されるように、皇帝は水を治め、人民に平和と富とを与えることが望まれる。理想の統治者としての信玄は、甲斐の洪水に対処すべきなのである。実態はともかくとして、領国民が信玄に治水を求めたことは疑いない。

そしてまた、信玄は領国内を均一に支配しようとしていた。治水は面として計画を立て、工事をしていかねば効果が得られない。信玄の時代には流域全域を見回しながら、治水ができるようになった、そのことが信玄堤の意識の中に隠されているように思う。

信玄の隠し湯

武田信玄と結びつけて語られることの一つに、信玄の隠し湯伝説がある。たとえば下部《しもべ》温泉（南巨摩郡身延町）は、信玄が川中島合戦で上杉謙信から浴びせられた太刀の傷を湯治した場所だと伝えている。また、隠し湯伝説のほとんどは信玄が負傷した将兵の治療をここでさせたというものである。すなわち、ここでも生命の維持ということが問題になっている。

このように、信玄との結びつきを強調している温泉について、目についたものを挙げると次のようになる。

【山梨県】川浦《かわうら》温泉、嵯峨塩《さがしお》鉱泉、下部温泉、積翠寺《せきすいじ》温泉、田野《たの》温泉、西山《にしやま》温泉、増富《ますとみ》温泉、湯村《ゆむら》温泉
【長野県】医泉寺《いせんじ》温泉、大塩《おおしお》温泉、奥蓼科《おくたてしな》温泉、小谷《おたり》温泉、唐沢《からさわ》鉱泉、小渋湖《こしぶこ》温泉、渋《しぶ》温泉、仙仁《せに》温泉、蓼科温泉、毒沢《どくさわ》鉱泉、松川渓谷温泉、松代《まつしろ》温泉
【神奈川県】中川温泉
【静岡県】梅ヶ島温泉

実にこれだけ多くの温泉が信玄との関わりを売り物にしている。このうち直接古文書を伝えていることを強調しているのが川浦温泉（甲州市）で、文書は次のような文面である。

河浦湯屋造営本願《ほんがん》の事、先々の如く勧進《かんじん》せしむべきの旨、寺中評定衆より下知あるべきものなり、仍って件の如し

永禄四年辛酉

五月十日（竜朱印）

恵林寺

（恵林寺文書）

この文書が第四回川中島合戦の前に出されていることもあって、これは川中島合戦の戦病者を治癒するための湯屋の造営を信玄が指示したものだとされ、信玄の用意周到ぶりと、兵士に対する手厚い保護を示すものだと理解されてきた（たとえば『戦国文書聚影　武田氏編』の解説）。

しかし、読めばわかるように文書は、恵林寺《えりんじ》が宗教的な行為として河浦に湯屋を造営しようと志していたことに対して、武田家がこれを了解して、これまでと同じように勧進（人々に仏道を勧めて善に向かわせること）という寄付行為によってするようにと命じ、恵林寺の評定衆の方から指示させたも

【岐阜県】平湯《ひらゆ》温泉

のである。すなわちこれは恵林寺が旧来から行ってきた勧進を認めた内容であって、信玄が積極的に湯屋造営に関わったことを示す文書とはいえない。

それにもかかわらず、前述のような評価を受けるのは、領国民の生命の保障という部分につながるからである。地元ではそうした伝承によって信玄を思慕し、同時にこれを宣伝材料にして客を呼びたいとの意図もあった。一方で、研究者の方も公としての信玄はかくあるべきだとの理念のもとに、古文書を読んできたように思う。

湯屋との関わりで思い起こされるのは、仏教を篤く信じ、悲田院・施薬院を設けて窮民を救った光明皇后である。彼女の行為もまた、理想とされる統治者が行うべきと期待されたものの代表といえる。統治者であり僧正でもある信玄の場合も、湯屋と仏教、さらには統治が結びつけられ、病者や弱者を救ってくれる王としての信玄像が拡大していったのではないだろうか。

棒道（山梨県北杜市）

棒道

戦国時代には武士や軍事物資などが一刻も早く戦場に着くように軍事用道路が造られた。武田氏の軍事用道路として広く知られているのが棒道《ぼうみち》で、一般的には川中島合戦に際して少しでも早く川中島に行くことができるようにと、甲斐から信濃に向けて最短距離を取って、棒のように真直に築造されたのでこの名があるとされる。

従来、棒道については諏訪郡の三筋と南佐久郡の一筋とがあるとされてきた。このうち諏訪地方には上・中・下の三筋が走っていた。上の棒道は穴山（山梨県韮崎市）を通り、小荒間《こあらま》（北杜市）・広原（諏訪郡富士見町）を経て、上槻木《かみつきのき》（茅野市）の上に出る。そして湖東（同）を通って滝の湯（同）の少し北で川を越し、赤沼平（北佐久郡立科町）・芦田（同）へと続いた。中の棒道は大井ヶ森（北杜市）から蔦窪《つたくぼ》（諏訪郡富士見町）・中新田（原村）・大久保（茅野市）を経て、大門峠《だいもんとうげ》の峰で二つに別れ、一つは役行者《えんのぎょうじゃ》越えに雨境《あまざかい》（北佐久郡立科町）・望月（佐久市）へ、一つは大門（長和町）へと達する。下の棒道は大井ヶ森から先達《せんだつ》（諏訪郡富士見町）・瀬沢新田（同）を経て、中新田の追分で中の棒道と一緒になる。佐久の棒道は甲斐を出て、野辺山《のべやま》（南佐久郡南牧村）で八ヶ岳の裾野を回り、山麓を直行して蓼科山《たてしなやま》の中腹を大門峠に出て、これを越えて諏訪に入ったといわれるが、異説も多い。不思議なことに川中島方面についてはルートが不明で、伝承もないのである。

ところで、棒道を信玄が造ったとされる根拠になった史料は次の一点しかない。

◯（竜朱印）

甲府より諏方《すわ》郡への路次《ろじ》の事、勧進《かんじん》致しこれを作るべし、同じく何方の山といえども、木を剪《き》り橋を懸けるべきものなり、仍って件《くだん》の如し

天文二十一年
十月六日
［　　　］（すれていて読めない）
（高見沢家文書）

これは本当に軍事用道路としての棒道を造った指令書なのだろうか。私は疑問を抱いている。文面は、甲府と諏訪郡とを結ぶ道の建設を勧進でするようにとあるに過ぎない。棒道が通説の通りなら目的地は川中島のはずなのに、それは明示されていない。出発地の甲府に対する目的地が当時諏訪の中心だった上原（茅野市）といった具体的な地名なら理解できるが、なぜ広い諏訪郡なのだろうか。当然、信玄は何度も甲府から諏訪郡への道を通って戦争に行っているので、新たに設けなくてもいいはずである。この文書が棒道建設を指示したものなら、棒道は甲斐国内の道であって諏訪郡に達すればそれで終わる。それなのに、現在の棒道は信濃の中の大門峠までを指すことが多いのである。

川浦湯屋造営の場合でも勧進が出てきたが、勧進は宗教的な寄付行為で強制ではない。軍用道路で川中島合戦のためなら、武田氏が自らの力で普請役をかけ、領国民を動員し、期限を定めて造れと命じなくては目的が達成されない。完成期日も定めず、僧侶が行う寄付行為だけで、軍用道路としての棒道は完成するはずがないのである。

棒道を造るという理念に従うなら、領主がいる場所でも自由に道が設けられることになるが、そのようなことは可能だったのだろうか。何方の山の木を剪ってもよいというが、木の所有者の権利を越えてそのようなことができたのであろうか。私権が強い当時にあって、所有権を越えて自由に道路を造ったり、木を伐採したりするほどの権力を信玄が持っていたとは考え難い。

棒道にはこの文書以外、関連史料すらない。当時の甲斐には『勝山記』や『高白斎記』といった記録がありながら、そうした記録に棒道に関係する記載は見られない。また目的地となる諏訪には守矢《もりや》家文書など多数の史料が残っていながら、こちらにも関連するものが全くないのである。

前述のように棒道は四道が知られているが、軍用道路が四本も必要なのだろうか。知られている道はざっと見ても四十キロに及ぶが、戦争用の高速道路というべき道を、多大な資金と人力をかけて同じ地域に何本も作る必要はない。

まっすぐな道は攻めるのには便利だが、攻め込まれたら逆になる。信玄は様々な形で防御に気を使っているのに、道について留意をしないはずがない。

このような疑問点からすると、有名な信玄の棒道も、しっかりとした根拠を持つ学説とはいえない。近世に棒道と呼ばれる道が存在したことは間違いないが、それを信玄が造ったとなると証明できない。誰か一人が棒道とはこういうものだと伝説などをもとに言い始め、さらに細かく他の人が説明して通説ができたのであろう。あれだけ有名な川中島合戦なので、信玄だったらそのくらいのことをしただろうと理解しがちであるが、史料からは棒道の建設を確実だとはいえないのである。

ただし、戦争に際して軍用道路が造られたことは事実で、永禄六年(一五六三)四月十四日、信玄が佐野昌綱にあてた書状には、「早速越国に向かい動を成すべく候といえども、犀川雪水の故一切瀬無し、ここにより同国飯縄の麓に、去る四日より国中の人夫をもって路次を作らせ、ようやく出来の由に候間」（渡辺〔茂〕家文書）と記されている。つまり信玄は信濃国中の人夫を使って、上杉氏攻撃のため飯縄山の麓に短期間で道を造らせたのである。また元亀二年（一五七一）八月上旬、信玄は真田昌幸を先手として新道を切り拓かせて、白井領（群馬県子持村→平成十八年に渋川市などと合併）を攻めた。

現代でも重要な道は国道、県道などと公が作り、維持管理する。領域を越えて道を造ったり、管理したりするのも、王がなすべき行為の一つである。少なくとも軍事用に信玄が道路を開いたことは確実であるが、それに様々な形で尾ひれが付いて、公の王としての信玄イメージと重なり、棒道の伝承ができあがったのではないだろうか。

黒川金山の跡（甲州市一之瀬高橋）
戦国時代の代表的な金山で国史跡に指定されている。

金山開発

武田信玄イメージの中で、多くの人が抱くのは彼による金山開発である。実際、武田領国内には多くの金山があり、世界的に見ても当時日本の金産出量は多かった。

信玄が基盤を置いた甲斐は、周囲を山に囲まれ、中心部を川が走り、地形的に見ても農業向きではない。戦国時代の領主の主たる収入は土地からの年貢なので、農耕地がないとすると違う何かに経済力を求めたはずだ、とすると、金山があるという思考過程の結果として、信玄によって金山開発がなされたとの理解ができたようである。その際には近世の江戸幕府による佐渡金山支配などが想起され、信玄主導による強力な金山支配があったとするが、そうした信玄による金山開発像は正しいのであろうか。

武田氏が金山衆にあてて出した文書として広く知られているのが、黒川金山衆の人々に出した次の文書である。

定

一、御分国諸商い一月に馬一疋の分、役等御免許の事
一、本棟別壱間の分、御赦免の事
一、向後抱え来たり候田地、軍役衆の如く検使を停めらるべきの事
一、郷次《ごうなみ》の人足普請、禁ぜられるるの事
以上
この度深沢の城において、別して奉公候間、褒美を加えるものなり、仍って件の如し
元亀二年辛未
二月十三日（竜朱印）　山県三郎兵衛尉これをうけたまわる
田辺四郎左衛門尉

（田辺〔紀俊〕家文書）

この文書は年号が元亀元年となっているものもあるが、田辺四郎左衛門尉の他に芦沢兵部左衛門尉、鈴木八太夫、田草川新左衛門尉、中村段左衛門尉、中村与右衛門尉、古屋清左衛門尉、保科善左衛門尉にあてたものが知られている。

文面を見ると、第一条では、金山衆が武田氏の勢力範囲内で商売のために馬に荷物をつけて歩く場合、馬一疋の分について商売の役等を免除する。第二条では、棟別役を一軒分を免除する。第三条では、これから後これまで文書受給者が抱えてきた田地について、軍役衆と同じように検地をする役人が中に入ることを停止する。第四条では、郷ごとにかかる人足普請の役を賦課することを禁止する。以上の内容については、受給者がこの度の駿河深沢城（御殿場市）の攻撃において、特別に奉公したので褒美として免除するとしている。

免除されているのは、すべて武士以外の者に賦課されるものである。第三条でも、軍役衆のようにしてやるといっており、信玄は金山衆を軍役衆すなわち武士として扱ってはおらず、金山衆が武士ではないことが示されている。事実、宛名の田辺四郎左衛門尉には「殿」といった敬称文言もついておらず、武士に対する表現の仕方ではない。もし武士であったならば、戦功をあげた時には所領を得るのが普通で、このように百姓にかかる諸役免許をしてもらうことはない。

こうした状況からして、金山衆らが直接信玄と被官関係（信玄の家来として仕える）を持っていたとは言い難い。この文書は深沢城攻撃に参加した金山衆から、このような内容の文書を出して欲しいと求められ、それに応じて出されたものと考えられる。金山衆がこれ以前から武田氏と主従関係を結んでいたのなら、このような文書要求はなかったはずである。
文書内容からすると、金山衆は商業に関わり、田地を抱え、郷の役を負っていた家である。そのような経済活動の一つに金山経営もあったといえよう。彼らの多面的な性格を示すのが、黒川金山衆の田辺家に伝わった次の文書である。

（竜朱印）
小田原《おだわら》問屋の事、今より以後相勤むべし、畢竟《ひっきょう》道者ならびに商人に対し、非義を企つるべからざるものなり、仍って件の如し
追って、若《も》し申す旨有らば、重ねて聞き届け下知せらるべきものなり
永禄三庚申
卯月十八日
田辺清衛門尉
（山梨県教育委員会所蔵文書）

田辺清衛門尉には小田原問屋職が安堵されており、田辺家が問屋として、流通に関わっていたことが示されている。小田原は江戸時代になると下小田原村と上小田原村（ともに甲州市）に分かれた。ここを青梅街道《おうめかいどう》が走り、江戸時代に上小田原に萩原口留番所《くちどめばんしょ》が置かれていた。黒川金山への道も青梅街道から分離している。したがって、交通の要衝に住した田辺家は金を含めた商品流通にも関わって

いたものであろう。こうしたことによって得た収入の一部が金山開発に回されたと推定される。とするならば、金山衆は独自に資金を出して金山を掘っていたわけで、武田氏に従って金山に関わっていたわけではない。武田信玄といえども金山衆が自分の資金で掘り始めた金山を取り上げたり、生産された金を横取りすることはできなかったはずである。武田氏が金山を開発し、そこから収入を得たとする説には極めて疑問が多い。

多くの人が望む統治してくれる最良の王のイメージは、自分たちに安全を与え、富を保証し、増加させてくれる人物である。信玄の時代は甲斐がゴールドラッシュの時期であった。甲斐に富が増えた時代ということで、地域に富をもたらしてくれる理想的な王のイメージに信玄が重ねられ、信玄の開発した金山論が出てきたのではないだろうか。

『甲陽軍鑑』――幻影の信玄像

私たちの信玄イメージは、江戸時代初期にできた軍書の『甲陽軍鑑《こうようぐんかん》』が間違いなく基礎になっている。これまでに書かれた信玄に関係する小説のほとんどは、その素材をこの本によっている。

『甲陽軍鑑』は武田信玄に仕えた高坂弾正昌信《こうさかだんじょうまさのぶ》の残した記録を元にして、春日惣次郎、小幡下野らが書き継ぎ、小幡景憲《かげのり》が集大成した体裁をとっている。信玄と勝頼の治績、合戦、軍法、社会状況などが記されており、この本でしか得られない情報も多いので、本書でも何度か取り上げてきた。現存する最古の版本は明暦二年（一六五六）のもので、異本も多い。

ところで、江戸時代に社会的に尊敬されたのは徳川家康であった。何しろ東照大神君《とうしょうだいしんくん》として神格化までされたのである。家康は彼の前に天下を握った豊臣秀吉にすら負けなかった。そんな家康を唯一徹底的に打ち砕いたのが三方原合戦の武田信玄であった。神君をも破った信玄であるから、その戦いの方法を学べば軍学上最もよい結果が得られるはずだとして、近世には軍学の書として『甲陽軍鑑』が広く読まれた。この本の中に書いてあることは真実として受け取られ、実像以上の信玄がイメージ化された。それがさらに地域の中に沈潜して、理想の武将、理想の統治者としての信玄像ができたのである。

『甲陽軍鑑』には、信玄を偉大にするため、いくつかのトリックが使われている。その一つが父親を低く評価することである。信虎の代まで甲州では国内統一戦が行われていた。国内統一戦は、地域ごとの権力で戦争をするので、戦争の規模は小さいものの、民衆はいつ家に火がかけられるか、略奪されるかと怯《おび》えねばならなかった。後代の人からはこの戦乱の張本人だとして信虎が糾弾されたのである。

小説などの主人公に光をあてる際に取る手段の一つは、父親が駄目だったが、主人公は素晴らしいと、鳶が鷹を産んだようにすることである。『甲陽軍鑑』が取った手段はまさにこれであった。その後さらに主人公を高めるためには、——その息子は駄目だった、彼は突出していた——これが一番わかりやすい手法である。信玄の場合はこれに当たり、父の信虎は駄目だった、信玄はすごかった、その息子の勝頼は家を滅ぼした駄目息子だというのが『甲陽軍鑑』の書き方である。

しかし、国内を統一するには大変なエネルギーが必要で、武田信玄が信州に攻めて行けたのは、信州がまだ一つの国にまとまっていなかったからという理由とともに、信虎が甲斐国を統一していたお陰で、一国の総力を挙げて他国に攻め込むことができたという国内の条件整備があった。ところが、一つに国をまとめる荒療治をしたが故に信虎は評判が悪いのである。

勝頼も決して凡庸な戦国大名ではなかった。しかしながら、天下を取れるのは一人だけしかいない。天下取りレースで最前線にいたのが織田信長であり、結局、勝頼は信長に敗れたのである。

視点を変えてみると、信虎時代の甲斐は戦争の時代だった、信玄の時代になったら戦争がなくなった、平和な時代、安全な時代の到来である。ところが勝頼の時代、天正十年（一五八二）の武田家滅亡に際して甲斐は信長によって火をつけられた。このため戦乱を再びもたらした人物として勝頼の評判は悪いのである。

武田信玄の時代こそ甲州のバブル時代であった。甲州のバブル時代は産金ということもあったが、主として他国への侵略によって成り立っていた。武田信玄が他国に攻めていって相手方が負けさえすれば、信玄の家臣たちは恩賞を与えられて大儲《もう》けができた。戦争に行くのは家臣たちだけではなく、戦争に参加した百姓たちにとっても戦争の勝利は多くの利益を提供した。なぜなら、勝利する限り略奪によって富を得ることができたからである。信玄が勝ち続けている限り、甲州の富は増えていったのである。

古代、中世においては日本全体の富を荘園領主のいる京都や奈良といった中央に集めていた。つまり、古代、中世に地域で生み出された富はその地域で消費するのではなくて、中央に吸い集められて、そこで消費されていたのである。ところが戦国時代になると地域の富が中央に運ばれずに地域に留まり、消費された。領主の館を中心にして城下町ができ、人がおおぜい住むようになって、消費者である領主やその家臣はそこでいろいろなものを購入した。このため職人や商人などがたくさん集まって、城下町はより大きくなった。地域が地域としてまとまりを見せるのが戦国時代である。それだけに各地で地域の英雄はと聞くと、戦国大名の名前が挙がってくるのである。

甲斐の場合でいうと、信玄が戦争に勝っている限りは、周りから富がどんどん甲府に集まってきた。甲州人にとっては大変なバブルの時代になったのである。ただし、甲州のバブルは周りの国の迷惑で成り立っていた。国内の限られた富をめぐって争奪するのであるから、一方が富を得ることは、他方は富を失うことであった。戦国の争乱が続けば、いつか一人の天下人だけが生き残ることになる。信玄の場合であっても、いつかは天下を目指してこれまで以上に強力な敵と戦わねばならなくなる。それこそ信長だった。しかしながら、直接対決する前に信玄は没してしまったのである。

甲斐においては信玄以降、地域から出た誇るべき統治者に恵まれなかった。そこで甲州の住人は信玄を理想化し、信玄ならこうしてくれた、信玄はこうであったと語った。それはそのまま新たにやってきた統治者への圧力にもなった。人々は信玄を理想化することで、期待すべき統治者像を語り、それを通して様々な主張をしていたのである。

その意味で理想化された信玄像について、なぜ理想化されたのか、実態はどうであったのかなど、今後もっと研究していかねばなるまい。

参考文献

武田信玄に関係しては著作も、論文も大量にある。ここでは、特に重要と思われるもの数点を先に挙げ、少し解説を加え、それ以外については年代順に列記した。なお、武田氏研究会より『武田氏研究』という会誌が出ており（一九八八年から、二〇〇五年七月の三二号まで）、第二号に武田氏文献目録がある。その後もこの会誌に文献がフォローされ続けているので、興味のある方はそれを参照していただきたい。

史料集

『山梨県史　資料編4　中世1　県内文書』（山梨県・一九九九年）
『山梨県史　資料編5　中世2上　県外文書』（山梨県・二〇〇五年）
『山梨県史　資料編5　中世2下　県外文書』（山梨県・二〇〇五年）
『山梨県史　資料編6　中世3上　県内記録』（山梨県・二〇〇一年）
『山梨県史　資料編6　中世3下　県外記録』（山梨県・二〇〇二年）

歴史学の基礎は史料にある。待望久しかった『山梨県史』の資料編が完結したが、この本では戦国大名武田氏に関係する史料は細大漏らさず収録に努めた。古文書については写真集もついており、自分で活字を追いながら読むのにも便利である。これからの武田氏研究、信玄研究はすべてこの史料集が基礎になっていくだろう。

柴辻俊六・黒田俊樹編『戦国遺文　武田氏編』全五巻（東京堂出版・二〇〇二〜二〇〇四年）

武田氏の史料が編年になっているので使いやすいが、史料については『山梨県史』の写真版などでチェックする必要がある。

『上越市史　別編1　上杉氏文書集一』（上越市・二〇〇三年）

武田信玄の好敵手上杉謙信についての史料集としては、本書がもっとも良い。武田氏関係の史料と照らし合わせることによって、様々なことが浮かび上がってくる。

酒井憲二『甲陽軍鑑大成』第一巻〜三巻（汲古書院・一九九四年）

武田氏三代の事績を記したことで有名な『甲陽軍鑑』は、さまざまな版が出版されているが、本書の第三巻が索引篇になっていて、全体として使いやすい。

萩原頼平編『機山公十七首詩解』（甲斐志料刊行会・一九三三年）

『信濃史料』第一一巻〜一三巻（信濃史料刊行会・一九五九年）

清水茂男・服部治則校注『武田史料集』（新人物往来社・一九六七年）

佐藤八郎他『戦国文書聚影　武田氏篇』（柏書房・一九七三年）

柴辻俊六『戦国大名文書の読み方・調べ方』（雄山閣出版・一九八四年）

『静岡県史　資料編7　中世三』（静岡県・一九九四年）

『静岡県史　資料編8　中世四』（静岡県・一九九六年）

『甲府市史　史料編第一巻　原始古代中世』（甲府市役所・一九九八年）

著作

磯貝正義『定本武田信玄』(新人物往来社・一九七七年)
筆者は古代史の専門家であるが、それだけに史料の扱い方などは確実で、現在でももっともオーソドックスな信玄の概説書といえる。
上野晴朗『甲斐武田氏』(新人物往来社・一九七二年)
社会経済史的に広い視野から武田氏を捉えた本である。武田氏研究の一つの成果として、多くの重要な視点が示されている。
渡辺世祐『武田信玄の経綸と修養』(更級郡教育会・一九二九年)
古い本ではあるが、信玄の教養までを取り上げており、この本の重要性はいまだに生きている。
西村宇吉『上杉武田川中島軍記』(私家版・一八八八)
内藤慶助『武田信玄事蹟考』(啓成社・明治三七年、聚海書林より一九八二年復刻)
旧参謀本部編『三方原・長篠の役』(一九〇二年、徳間書店より一九六五年復刻)
吉池忠治『甲越川中島戦史』(私家版・一九一一年)
埴科教育会編『川中島の戦』(汲古館・一九一三年)
井口木犀『川中島合戦』(豊川堂・一九二三年)
長野市教育会編『川中島戦史』(長野市教育会・一九二八年)
北村建信『甲越川中島戦史』(報国学会・一九三二年)
広瀬広一『武田信玄伝』(守硯社・一九四三年、歴史図書社より一九六八年復刻)
渡辺世祐『諏訪史　第三巻』(諏訪教育会・一九五四年)
奥野高広『武田信玄』(吉川弘文館・一九五九年)

小林計一郎『川中島の戦』（春秋社・一九六三年）
細川隼人『武田信玄と諏訪』（諏訪史談会・一九六四年）
井上鋭夫『謙信と信玄』（至文堂・一九六四年）
小林計一郎『武田軍記』（人物往来社・一九六五年）
なかざわ・しんきち『甲斐武田氏――その社会経済史的考察』上・中・下（甲斐史学会・一九六五〜六六年）
一ノ瀬義法『激戦川中島』（信教印刷株式会社・一九六九年）
高柳光寿『三方原の戦　新書戦国記　5』（春秋社・一九七七年）
磯貝正義編『武田信玄のすべて』（新人物往来社・一九七八年）
上野晴朗『定本武田勝頼』（新人物往来社・一九七八年）
小林計一郎『川中島の戦――甲信越戦国史』（銀河書房・一九八〇年）
柴辻俊六『戦国大名領の研究――甲斐武田氏領の展開』（名著出版・一九八一年）
小林計一郎『武田・上杉軍記』（新人物往来社・一九八三年）
柴辻俊六編『戦国大名論集10　武田氏の研究』（吉川弘文館・一九八四年）
上野晴朗『武田信玄　城と兵法』（新人物往来社・一九八六年）
上野晴朗『武田信玄』（潮出版・一九八七年）
柴辻俊六『武田信玄　その生涯と領国経営』（文献出版・一九八七年）
小和田哲男『武田信玄』（講談社・一九八七年）
坂本徳一編『武田信玄写真集』（新人物往来社・一九八七年）
小林計一郎『武田軍記』（朝日新聞社・一九八七年）
中田正光『戦国武田の城』（有峰書店新社・一九八七年）

参考文献

萩原三雄編『戦国武将　武田信玄』（新人物往来社・一九八八年）
小和田哲男『三方ケ原の戦い』（学習研究社・一九八九）
柴辻俊六『戦国大名武田氏領の支配構造』（名著出版・一九九一年）
小林計一郎『信玄・謙信と信濃』（信濃毎日新聞社・一九九一年）
藤木久志『雑兵たちの戦場　中世の傭兵と奴隷狩り』（朝日新聞社・一九九五年）
山室恭子『群雄創世記』（朝日新聞社・一九九五年）
花ヶ前盛明編『上杉謙信大事典』（新人物往来社・一九九七年）
柴辻俊六編『武田信玄大事典』（新人物往来社・二〇〇〇年）
笹本正治監修『川中島合戦再考』（新人物往来社・二〇〇〇年）
小和田哲男『史伝　武田信玄』（学習研究社・二〇〇一年）
芝辻俊六『戦国期武田氏領の展開』（岩田書院・二〇〇一年）
磯貝正義『甲斐源氏と武田氏』（岩田書院・二〇〇二年）
笹本正治・萩原三雄編『定本・武田信玄——21世紀の戦国大名論』（高志書院・二〇〇二年）
三池純正『真説・川中島合戦——封印された戦国最大の白兵戦』（洋泉社・二〇〇三年）

著者が書いた本

笹本正治『武田信玄——伝説的英雄像からの脱却』（中公新書・一九九七年）

私が最初に書いた武田信玄論。信玄入門書的な意味を持つので、この本とあわせてお読みいただければ幸いである。

笹本正治『戦国大名武田氏の研究』（思文閣出版・一九九三年）

研究書であるが、私の武田氏研究の視点がはっきりと出ている。本書でさらりと書いている問題が、論文として提示されている。

笹本正治『中世的世界から近世的世界へ――場・音・人をめぐって』（岩田書院・一九九三年）

本書には中世から近世への転換期の具体的様相に関わる論文が集められている。武田氏だけを扱ったものではないが、信玄がどのような時代の中で生きていたかがわかる。

笹本正治『武田氏三代と信濃――信仰と統治の狭間で』（郷土出版社・一九八八年）
笹本正治『戦国大名と職人』（吉川弘文館・一九八八年）
笹本正治『戦国大名武田氏の信濃支配』（名著出版・一九九〇年）
笹本正治『葛尾城を歩く』（長野県埴科郡坂城町教育委員会・一九九三年）
笹本正治『堀の内中世居館跡をめぐって』（長野県上伊那郡辰野町教育委員会・一九九五年）
笹本正治『武田氏と御岳の鐘』（山梨日日新聞社出版局・一九九六年）
笹本正治編『長野県の武田信玄伝説』（岩田書院・一九九六年）
笹本正治編『山梨県の武田氏伝説』（山梨日日新聞社・一九九六年）
笹本正治『子供たちと学ぶ妻籠城――戦乱の中の妻籠』（南木曾町博物館・一九九七年）
笹本正治『川中島合戦は二つあった――父が子に語る信濃の歴史』（信濃毎日新聞社・一九九八年）
笹本正治『戦国大名の日常生活――信虎・信玄・勝頼』（講談社選書メチエ・二〇〇〇年）
笹本正治『戦国大名と信濃の合戦』（一草舎・二〇〇五年）

あとがき

武田信玄は大永元年十一月三日に生まれた。ユリウス暦なら一五二一年十二月一日、現代の我々が用いるグレゴリオ暦なら一五二一年十二月十一日にあたる。死んだのは天正元年四月十二日、ユリウス暦なら一五七三年の五月十三日、グレゴリオ暦なら一五七三年五月二十三日にあたる。数えで五十三歳、現在の年齢の数え方である満では五十一歳である。

いずれにしろ満でもうすぐ五十四歳を迎える私は、信玄の生きた年数を超えた。したがって、生きた年数だけでも信玄を評してもよいかなと思って、本書の執筆を引きうけた。しかし、年齢と評することとは異なる。私が奉職している大学では、教員が年に二回学生による授業評価を受ける。その際、私にとって最も頭に来るのは、ほとんど授業を受けたことのない学生が、授業の内容もわからずに勝手な批判を書く場合である。立場上、どのような批判にも反論し答えねばならない。その際、評価は私が何をやっているのかきちんとわかる人、少なくとも私にとってこの学生は素晴らしいと思う人からして評価してもらうべきで、授業に出てもいない学生が権利だからと勝手に当てずっぽうなことを書いては困る、このように主張し続けてきた。ところが、今回私は授業に出ないで、勝手なことを書く学生の側に回ったように思う。信玄が死んでから四百三十年以上もたってから、全く違う社会にいて、勝手に社会を想像しての評価である。

武田信玄に、もし評価を受けるとしたらどの点を評価されたいのか聞いてみたいものである。戦国大名として領国を拡張した点だろうか。それとも領国経営であろうか。それとも人間性であったろうか。当然のことながら、答えは返ってこない。こうしたすべてが重なって武田信玄という個人があり、全体で評価しなければならないことは言うまでもない。

従来、武田信玄については戦争を中心にしながら、いかにして領国を拡大してきたかという点と、「甲州法度之次第」や信玄堤に代表される統治の問題が扱われてきた。戦国大名であるからにはこの二点に問題が集中するのは当たり前で、いわば野球選手がどれだけのホームランを打ち、どれだけの打率を残したかなどで評価されるのと同じである。しかし私にとって興味があるのは、彼らがどのような意識でバットを振っているか、日常どのような努力を繰り返しているか、何を食べてどんな生活を送っているかである。

野球の場合、評論家になっているのはたいていかつての名選手であって、バッターボックスやピッチャーマウンドに登ったことのある人物である。しかしながら、武田信玄を評価しようという私は戦国時代に生きておらず、戦争の経験もなければ自ら政治的な動きを取ろうともしない。私の周りで政治史を中心に研究をしている人を見ると、明らかに政治的な動きや人間関係などに興味を持ち、そうした行動を取る傾向が強い。武田信玄の評価を政治家としてするには、あまりに私はかけ離れている。

しかも、そうした側面については従来多くの人によって語られてきた。

一冊の本をまとめるということは、一つの作品を作ることである。したがって、他の人と同じような作業を繰り返しても意味はないし、独自性がなければ本の価値もない。しかもこの書は評伝である。そこで、本書では信玄の人間性に重きを置いた。私はこれまで、信玄大好き人間たちの書いた、いわば伝説と史実とを混同したような信玄像に反対して、新たな信玄像を打ち立てようとしてきた。その意図の延長線上に、本書では人としての信玄に焦点をあてることに努めた。ところが、本書を書く中で、どちらかというとこれまで信玄を書いた人たちと同じ方向に向かったのではないかと恐れている。

信玄は何を楽しみとして人生を送ったのか、「天道」に従うという人生は信玄自身にとってどのような意味を持ったのか、それはそのまま私という存在がどのような意味を持ち、社会に何が還元できるのかという課題にもつながる。結局、信玄という過去の人を通じて私が明らかにしようとしているのは、彼が生きた社会の実態解明であり、それを通して私たちが現代にいかに生きるかということでしかない。

社会環境も、習慣も、価値観も全く違う社会に生きた信玄を、これまでのように我々が生きている時代から勝手に評価するのではなく、外国の全く異なる文明に生きている政治家を評価するような視点で見なければ、その実態は明らかにできないと改めて感じている。

いずれにしろ、本書は私の現時点での信玄理解である。信玄の年齢を超えた者として、信玄よりさらに広い世界を見ていきたいと思う。

最後に私事ではあるが、本書の執筆にあたり妻佐知子に感謝しておきたい。いつも自由に仕事ができるのは、ひとえに支えてくれる人がいるお陰だと実感している。なお、校正にあたっては堀内亨氏の協力を得た。さらに、本書が何とか形になったのはミネルヴァ書房の田引勝二さんの御尽力による。その他、日頃お世話になっているすべての人に御礼を申し上げたい。

笹本正治

二〇〇五年九月一日

武田信玄年譜

和暦	西暦	齢	関係事項	一般事項
大永 元	一五二一	1	10・16信虎、飯田河原の戦いで福島勢を破る。11・3武田信虎の嫡男として積翠寺で誕生。母は大井氏。11・23信虎、上条河原合戦で勝利。	10・19近畿大地震。この年、コルテス、アステカを征服。
大永 三	一五二三	3	6・10信虎、信濃善光寺に参詣。12・3晴信袴着の儀式を行う。	7・25毛利元就、一族家臣に擁立されて家督相続。
天文 二	一五三三	13	この年、上杉朝興の娘を娶る。	この年、インカ帝国滅亡。
三	一五三四	14	11月晴信の室上杉氏、妊娠して死去。	この年、イエズス会設立。
五	一五三六	16	正・17従五位下に叙せられる。3月元服、将軍義晴の偏諱を受けて晴信と名乗る。7月『甲陽軍鑑』によれば三条公頼の娘を娶る。11月信濃佐久郡の戦いに初陣。	
七	一五三八	18	この年、長男義信誕生。	この頃、日本銀の輸出が始まる。
一〇	一五四一	21	5・13信虎、村上義清・諏訪頼重らと信州海野棟綱を攻める。6・14父信虎を駿河に追放する。	7・19北条氏綱没。11・13尼子経久没。

一一	一五四二	22	7・4諏訪頼重を捕らえる。9・24高遠頼継を討とうとして諏訪上社に戦勝を祈願する。9・25高遠頼継等を破る。9・26藤沢頼親を破る。10・7諏訪上社神長守矢頼真に諸役を免ずる。12・15禰津元直の娘を娶る。	3月但馬生野銀山発見。
一二	一五四三	23	正・3躑躅ヶ崎館類焼。9・9信州小県郡長窪城主大井貞隆を討つため出陣。9・19貞隆を生け捕る。	8・25ポルトガル人、種子島に漂着し、鉄砲を伝える。
一四	一五四五	25	4・17杖突峠より伊那郡に攻め込み、高遠城を陥れる。6・10箕輪城の藤沢頼親降る。6・13筑摩郡塩尻に陣を置く。この年、近江多賀大明神に願文をしたためる。	この年、ポトシ銀山採掘開始。
一五	一五四六	26	6・11三条西実澄・四辻季遠両卿が下向し迎える。5・20内山城の大井貞清を降伏させる。7・5源助に誓紙を出す。この年、勝頼生まれる。	10・5京都に土一揆、徳政を要求。
一六	一五四七	27	2・17後奈良天皇、綸旨を下して三条大納言家へ納める青苧・白苧の年貢完納を督促。3・8高遠城の鍬立を行う。5月向嶽寺に壁書を出す。6・1「甲州法度之次第」ができる。8・6佐久郡小田井原合戦で勝利。8・11志賀城を攻め落とす。	この年、ロシアのイヴァン四世、ツァーリを称す。
一七	一五四八	28	2・14村上義清と上田原で戦い敗戦。7・19塩尻峠	12・30長尾景虎、家督を嗣ぎ春

			合戦で勝利する。8・10戦勝祈願で太刀を諏訪上社に奉納。	日山城に入る。
一八	一五四九	29	4・3佐久郡春日城落城。4・14大地震が襲う。9・4平原城に放火。	7・22シャビエル、鹿児島に上陸（キリスト教伝来）。
一九	一五五〇	30	4・20後奈良天皇宸翰の般若経を浅間神社に奉納。7・15信濃府中に攻め入り、小笠原長時の林城を落とす。7・19深志城の鍬立をする。9・9村上義清を戸石城に攻める。10・1戸石崩れ。12・2存弁を佐久郡安養寺住職にする。12・7嫡男義信元服。	この頃より鉄砲が畿内で実戦に使われる。
二〇	一五五一	31	2・5甲斐一宮浅間神社に信濃府中の攻略を感謝し、社領を寄付する。5・26真田幸隆、戸石城を陥れる。7・25飯富虎昌・上原昌辰に書状。10・24筑摩郡平瀬城を落とす。10・27小岩岳城を攻め放火。	9・1大内義隆没。
二一	一五五二	32	正・8義信、具足始め。正・27高遠頼継を自刃させる。4・8今川義元、義信に長女を11月入輿することを約束する。5・7晴信の母、大井夫人没。8・12安曇郡小岩岳城を落とす。10・22今川義元の娘、武田家へ輿入れするため駿河を出発。11・27義信の妻新造館に移る。	正・10上杉憲政、上野平井城に逃れ、越後の長尾景虎を頼る。
二二	一五五三	33	正・28晴信・義信、信濃に兵を出そうとして、小山	正・6小笠原長時、越後の長尾

			田昌辰に知らせる。4・6武田勢の先陣が葛尾城攻撃に出発。4・9葛尾城自落。4・22武田勢、越後長尾景虎の兵と信濃更級郡八幡で戦う。8・1武田軍、小県郡和田城を陥れる。8・5武田軍、小県郡塩田城を陥れる。9・1これより先、武田軍、更級郡布施で越後軍と戦う（第一回川中島合戦）。この日越後軍に更級郡八幡等で敗れる。9・18長尾景虎の兵が埴科郡坂城南条に放火したので、兵を出し景虎の兵を駆逐す。12・18信濃に出陣しようとし、山城清水寺成就院の観音像ならびに巻数等を送られたのを感謝し、武運長久の祈念を請う。	景虎を頼る。2・26今川義元、「仮名目録追加」を制定。
二三	一五五四	34	7・24信州に出馬。7月北条氏康の娘が今川氏真に嫁ぐ。8・6佐久郡の要害を落とす。8・15知久郷に放火。9・晦御射山大明神に社領を進献する。12月長女、北条氏政と結婚。	5・12毛利元就、陶晴賢を討つため挙兵し、安芸諸城を攻略。
弘治 元	一五五五	35	3・4晴信、諏訪社上社の神鷹・神馬の分配の法を定める。4・23義信とともに長尾景虎等と戦うため、今川義元の援兵を加えて信濃に出陣。7・19川中島で長尾景虎と戦う（第二回川中島合戦）。8月木曾郡攻撃。9・10諏訪社上社神長守矢頼真に戦勝祈願	4・20織田信長、尾張清洲城の織田信友を滅ぼし、同城に移る。10・10太原崇孚没。閏10・29武野紹鷗没。この年、ドイツ、アウグスブルクの宗教和議。

			を依頼する。閏10・15今川義元の仲介により、武田晴信と長尾景虎の和談成立。	
二	一五五六	36	正・3甲斐浅間神社ならびに美和神社に筑摩郡小松郷の地を寄付する。6・28長尾景虎、今川義元の仲介により晴信と和睦したことを、越後国長慶寺天室光育に告げる。8・8真田隆幸の雨飾城攻略を促す。9月次男聖導の眼病の平癒を祈る。10・10八日市場の夜廻番帳を定める。	4・20斎藤道三、子義竜と美濃長良川の河畔で戦い敗死。4・21朝倉義景、足利義輝の調停で加賀一向一揆と和睦。
三	一五五七	37	正・20長尾景虎、更級郡八幡宮に晴信の討滅を祈願する。2・15水内郡葛山城を落城させる。2・21後奈良天皇、伊那郡文永寺再興のことについて、山城醍醐寺理性院へ命ずる。文永寺厳詢、信濃に下り、晴信に文永寺のことを訴訟する。3・14木島出雲守・原左京亮に川中島出陣を伝える。3・23これより先、武田軍が高梨政頼を水内郡飯山城に攻める。政頼は長尾景虎に救援を求め、この日、景虎出兵しようとして長尾政景の出陣を促す。3・28水内郡飯縄権現神主の仁科千日に所務を安堵。4・25これより先、長尾景虎、善光寺に兵を進め、高井郡山田要害・福島等を鎮定する。この日、景虎は水内郡旭山	4・3大内義長、毛利元就に攻められて自刃。8・26近畿で大風。11・2織田信長、弟の信行を誘殺。この年、明、ポルトガル人のマカオ居住と通商を許可。

			要害を再興し、晴信の軍に備える。5・10長尾景虎、信濃で決戦をしようとし、高井郡元隆寺に戦勝を祈る。5・12長尾景虎、埴科郡香坂城を攻めてこれを焼く。ついで同郡坂木岩鼻を攻め破る。6・23市川藤若に景虎の野沢出陣を伝える。7・5小谷で武田軍、長尾景虎の軍と戦う。8月上野原で武田軍と上杉軍が戦う（第三回川中島合戦）。10・27真田弾正忠（幸綱）に上杉輝虎の動向について書状。11・19富士浅間大菩薩に息女の安産を願う。12・2甲州一宮・二宮・三宮に社中条目を出す。	
永禄 元	一五五八	38	正・11正親町天皇、晴信に綸旨を下し、伊那郡文永寺・同郡阿島安養寺再興を命じる。閏6・10息女桃由童女の菩提料として大泉寺へ寺領を寄進する。8月長尾景虎と決戦しようとして、水内郡戸隠社に修理領を寄進して、戦勝を祈らせる。9・25善光寺如来甲府に着く。11・28晴信、将軍足利義輝に信濃出兵の弁明状を送る。	5・3足利義輝・細川晴元、近江坂本に進出。9・1木下藤吉郎、織田信長に仕官。この年、近畿で旱魃。この年、イギリスでエリザベス一世即位。
二	一五五九	39	4・14小山田信有、富士参詣者による悪銭・新銭の使用を禁止。5・2信玄の法名が初めて禁制に見られる（旧清泰寺文書）5月佐久郡の松原神社に戦勝	2・2織田信長、上洛して足利義輝に謁見。5・1長尾景虎、正親町天皇に面会。秋大友義鎮、

			を祈る。6・26将軍足利義輝、長尾景虎へ信濃諸将に命じ、戦闘を停止させる。9・1長尾景虎と決戦しようと小県郡下郷諏訪社に戦勝を祈る。10・28これより先、長尾景虎、関東管領に任ぜられ、京都より帰国する。この日信濃の諸士等、太刀を贈って祝う。	外国商人に豊後府内を開港し、交易を許可する。この年、北条氏康、諸年貢納入について精銭・地悪銭の比率を定める。
三	一五六〇	40	2・2信濃国中の諸役によって諏訪上社造営を命じる。4・18武田家、田辺清衛門尉に小田原問屋職を宛がう。6・6御室浅間神社に分国中関所通行手形を与える。7・13高野山成慶院を宿坊に定める。8・2竜王川除に移住した者に棟別役を免除。8・25府中八幡社に国中社人の勤番制を敷く。国中客僧に条目を定める。長尾景虎、関東出陣にあたり、留守の諸将の掟を定め、高梨政頼に輪番合力して信濃を鎮定するように命ずる。9月信玄、信濃奥郡出兵にあたって松原三社に願文を出す。10・18北高全祝を岩村田竜雲寺に入れ、曹洞門派に条目を定める。	正月幕府、ビレラに布教を許す。3～6月近畿旱魃。5・19織田信長、桶狭間で今川義元を破る。9・19近衛前嗣（前久）、景虎を頼って越後に下向。12・24尼子晴久没。
四	一五六一	41	2・14諏訪社上社の宝鈴銭を定める。3・3北条氏康、信玄に援軍を要請する。閏3・4将軍足利義輝、長尾景虎に小笠原長時の信濃帰国を支援させる。閏3月府中八幡宮の勤番帳を定める。4・11信玄の兵、	正・24三好義長・松永久秀、入京して幕府に仕官。3・7長尾景虎、小田原城を包囲する。閏3・16景虎、関東管領上杉氏を

			碓氷峠を越えて上野松井田に陣を進め、借宿に放火する。5・10恵林寺が河浦湯屋造営を勧進で行うことを許可。8・29上杉政虎、信濃に出陣しようとして、後事を長尾政景に依頼する。9・10武田軍と上杉軍が川中島で戦う（第四回川中島合戦）。武田信繁、戦死。10・30山城清水寺成就院に伊那郡面木郷を寄付し、併せて上杉輝虎の属城高井郡市川城・水内郡野尻城の落居を待って、さらに万疋の地を寄進することを約束する。11・2北条氏康を支援しようとして上野に出兵のため佐久郡松原社に戦勝を祈願する。11・25信玄、上野国一宮に高札を出す。12・23武田家、信州長窪・大門に、印判がない者に伝馬を出すことを禁ずる。	嗣ぎ政虎と改名。5・11斎藤義竜没。6・29近畿で大雨・雷。10・10大友義鎮の軍、豊前門司城を攻め毛利隆元・小早川隆景らに敗れる。
五	一五六二	42	6月勝頼、高遠城主となる。9・23勝頼、埋橋弥次郎に保科源六郎知行分伊那郡埋橋の年貢を納めさせる。10・2埴科郡東条・寺尾両郷に諏訪上社頭役を命じる。10・10大井高政の軍役を定める。11・7小県郡開善寺の所務を安堵し、祈願成就の後にさらに旧領を返すことを約束する。	6・15大村純忠、肥前横瀬浦をポルトガル人に開港。この年、フランスでユグノー戦争起こる。
六	一五六三	43	2・4北条氏康と武蔵松山城を攻め、信濃・甲斐の	正・27毛利元就、安芸佐東銀山

			金堀衆を使って掘り崩そうとし、この日落城する。3・晦武田家、筑摩郡塩尻宿に伝馬条規を定める。4・14宇都宮の佐野氏に協力を要請する。7・6武田家、釜無川堤の防水を諸郷に命ずる。10月恵林寺領穀米地・公事地・神田検地帳ができる。11月恵林寺領検地帳ができる。	を禁裏・幕府御料所に寄進。3・1細川晴元没。3・24毛利元就、足利義輝の斡旋で大友宗麟（義鎮）との和睦を承諾。この年、明、和冠を平海衛で破る。
七	一五六四	44	正・11上野一宮神主に過所を与える。正・19諏訪上社権祝に玉会等の礼状を出す。2・17これより先、諏訪郡薬王寺・慈眼寺に諏訪社の神鬮を取らせる。上下両社の鬮が一致しないので、両寺に重ねて鬮を取らせる。3・18信濃野尻城を攻略。3・22甲府善光寺の棟上げ。4・20水内郡野尻城を再度攻め落とす。5・1大熊伊賀守に倉賀野仕置きなどについて書状。5・7上杉輝虎、野尻城を奪回。5・17これより先、上野に兵を進め、武蔵本庄等に放火する。この日、佐久郡平原に兵を返し、真田幸隆等に上野の在番を命じ、敵に備えさせる。5・24信玄、大井左馬允入道の軍役を定める。5・26小山田信有に人返し令を出す。6・15飛騨に出兵し、禁制を掲げる。6・24上杉輝虎、信玄の悪行を越後国弥彦社に報ず	正・8北条氏康・氏政、里見義弘を下総国府台で破る。3・10足利義輝、輝虎と氏康・信玄の和平を促す。7・4三好長慶没。この年、イタリアでミケランジェロ没。

八	一五六五	45	る。7・19諏訪上社大祝に武運長久の祈念を求める。8・1上杉輝虎、更級郡八幡社に願文を納め、信玄の撃滅を祈る。8・4これより以前、上杉輝虎、信玄と戦おうと更級郡川中島に着陣する。この日、書を常陸佐竹義昭に送り、佐久郡進撃にあたり出兵して、北条氏康の兵を牽制して欲しいと求める。8・24これより先、信玄、更級郡塩崎に兵を進める（第五回川中島合戦）。10・1上杉輝虎、水内郡飯山城の普請を終え、越後春日山城に帰る。翌日、輝虎、堀江宗親・岩船長忠に武田信玄軍の動静を監視させる。10・25上杉輝虎の軍が上野沼田に移るとの報を得て、小諸城将の小山田昌行等に佐久郡同心衆を集め、城の警戒をきびしくさせる。10・27上杉輝虎が飯山に出陣したため、真田幸隆に警戒を命ずる。11月勝頼、小野社に鐘を寄進する。 正・8これより先、上野岩櫃城に進み沼田城を窺う。この日上杉輝虎、城将に守備を厳しくさせる。2・7諏訪上社に上州箕輪城の攻略を祈願する。新海大明神に願文を出す。3・27甲府善光寺の本尊入仏する。4・24武田氏と北条氏の兵が上野に攻め入るに	正・1フロイス、足利義輝に拝謁。5・19足利義輝没。この年、スペイン、フィリピン征服を開始。

			より、上杉輝虎、越後柏崎に兵を進める。この日、輝虎また河田長親・村上国清等に上野長井に出陣させる。5月富士浅間神社に娘の病気平癒を祈る。6・24上杉輝虎、越後愛宕社に願文を納め、武田信玄の討滅を祈る。11・1諏訪下社の祭礼を再興させる（信玄十一軸）。12・5諏訪上社の祭礼を再興させる。11・13織田信長、養女を武田勝頼に嫁がせる。	
九	一五六六	46	3・13安西伊賀守に出陣等のことにつき書状。5・9上杉輝虎、春日山看経所に願文を捧げ、信濃・甲斐を平定することを祈願する。5月浅間大菩薩に息女の安産を祈願する。6・16息女の安産祈願のため、黒駒関を開く。8・23武藤常昭等、小県郡下之郷大明神（生島足島神社）に起請文を捧げ、信玄に異心なきを誓う。9・3諏訪社上社祭礼再興次第を出す。9・29箕輪城を陥れる。9・晦諏訪下社造宮改帳を作る。11・4曾禰虎長・原昌胤、宮下新左衛門に信州下伊奈川野の郷の田地問答の裁決を下す。	2・28有馬晴純没。4・3今川氏真、駿河富士大宮に楽市令を出す。5・30三好義継・三人衆、堺で松永久秀を破る。11・19毛利元就、尼子義久を出雲国富田城に降伏させる。
一〇	一五六七	47	2・24将軍足利義昭、越相甲の和談を要請する。2・26信濃海口之郷に伝馬役を二年分免除する。3・26将軍側近の大館晴光、三国和睦工作を進める。	5・4六角義治・承禎、分国に徳政令を出す。8・15織田信長、斎藤竜興の美濃稲葉山城を攻略、

一一

一五六八

48

4・27武田義信、高野山引導院に金子を送る。8・7家臣達から信玄に二心ない旨の起請文を差し出させ、下之郷大明神に納める。10・5上州一宮社殿造営のため、信州の四郡に棟別籾五合の奉加を命じる。10・13分国中に軍役条目を定めて領内を引き締める。10・16水内郡飯縄社に長刀を奉納する。10・17佐久郡の松原諏訪社に長刀を奉納する。10・19義信自刃。11・12諏訪郡三精寺に寺領還付。

3・2信越国境出陣にあたって甲信両国の寺院に祈禱を命ずる。3・5工藤昌秀に信濃深志城普請の人足を催促させる。4・3善光寺の条規を定め栗田鶴寿に与える。5・17府中細工職人らに普請役を免許。6・4諏訪上社神長に戦勝を祈らせる。6・28府中の大工職人らに普請役免許する。7・10上杉輝虎の属城である信濃飯山城を陥れる。7・13海蔵寺に木曾までの伝馬手形を与える。7・17上杉輝虎の軍に備えるため、蘆田五郎兵衛尉等信濃諸士の配備を定める。8・10再び上杉氏に属した飯山城の在城衆、武田軍が長沼に在陣し、飯山城を攻めることを輝虎に報ず。11・10善光寺金堂普請のため、八幡宮森で

岐阜と改め移る。8・23ポルトガル船、長崎に来航。10・10松永久秀、三好三人衆を東大寺に破る。大仏殿炎上。10月信長、美濃加納に楽市の制札を掲げる。

2・8足利義栄に将軍宣下。9・7信長、近江の六角承禎を攻める。9・26信長、足利義昭を奉じて入京。三好三人衆は京都を退く。10・18義昭に将軍宣下。11・12大村純忠、大村にヤソ会堂を建立。ついで長崎にも。12・28三好三人衆、阿波より和泉に進出。

			の伐採を認める。12・9駿河に乱入。12・12これより先、信玄は徳川家康と今川氏真を駿河に攻める。この日、依田信守・信蕃父子等が信玄に属し、駿河薩埵山で戦う。12・13今川氏真、信玄に逐われて、駿府から遠江国懸川城に入る。12・23徳川家康に懸川城攻めを促す。12・25武田家、駿河国浅間社日御供勤仕を新宮大夫の計らいとする。12月信玄の将秋山信友、遠江を侵す。	
一二	一五六九	49	正・2北条氏康、今川家断絶の危機を救うため、上杉輝虎の応援を要請する。正・8これより以前、秋山信友、信濃勢を率いて遠江に入り見附に陣を置く。この日、家康の抗議により信友軍を駿河に退かす。正・10戦況を家康に伝える。正・18北条軍、今川家支援のため駿河国蒲原に進軍し、武田軍と対陣する。2・28伊豆国攻撃を天道の占いで決めようとする。2・29上杉輝虎、武田軍の駿河侵攻に際し、北条氏が援助を求めてきたことを里見義弘に伝える。3・10岐阜（織田信長）へ条目を出す。4・6佐竹義重に小田原城攻めを要請する。4・19駿河国内が平穏に向かいつつあることを、徳川家康に伝える。駿河	正・5三好三人衆、入京して足利義昭を本圀寺に囲む。2・2信長、二条城の造営開始。4・14義昭、二条城に移る。5・15今川氏真、徳川家康に降伏して懸川城を退去。6月北条氏康・氏政と上杉輝虎和議。8・20信長、伊勢の北畠具教を攻撃。10・12大内輝弘、大友宗麟の支援により周防山口に侵入。10・15吉川元春・小早川隆景、筑前国立花城より軍を返し、大内輝

元亀

元

一五七〇

50

国久能城の条規を定める。4・24北条氏康と駿河薩埵山に戦って敗れ、兵を撤収する。5・20北条氏照、駿河国薩埵山で武田軍を破ったことを伊達輝宗に報ずる。6・12駿東郡へ出陣する。6・21信濃伊那郡小河・牛牧両郷の百姓に堤防を築かせる。7・1駿河国下伊奈子郷に軍勢等の濫妨を禁ずる高札を掲げる。7・2信玄、甲斐・信濃の兵を率いて駿河大宮城を攻め落とす。9・10甲信の兵を率いて西上野に入り、さらに武蔵鉢形城の北条氏邦を攻める。10・6これより以前、碓氷峠を越えて上野・武蔵を経て相模に入り、小田原城に放火して退く。この日北条氏政の兵、信玄を追撃して、三増峠で戦う。10・16上社大祝に書状を送り出陣にあたっての守符などの礼を述べ、本意を達したら諏訪郡を諏訪社に寄付することを約束する。11・9駿河に攻め入ろうとして、駿河・伊豆両国の併呑および越後の潰乱を諏訪社に祈る。12・6蒲原城を攻略したことを一徳斎（真田幸隆）・真田信綱に伝える。12・19駿府城を整備した後、佐久郡へ出陣する旨を高山大和守に報ずる。

正・20駿河国浅間新宮の条規を定める。4・14再び

弘を討伐。この年、オスマン軍、ヴォルガ河口でロシアと戦う。

正・23足利義昭と織田信長が不

二
一五七一
51

伊豆に向かって出陣することを真田幸隆に伝える。4・14北条氏政、上杉輝虎に武田軍の駿河国富士口への侵攻を伝え、信濃国への出陣を要請する。4・23大宮浅間神社へ北条氏康父子の討滅を祈願する。7・28信玄の妻三条氏逝去。8・12伊豆韮山城を囲む。北条氏政、支援を上杉輝虎に求める。9・1水内郡の飯縄社に社領を寄付する。9・6栗田鶴寿に本領を安堵し、新知行を与える。9・9諏訪南宮大明神に上杉輝虎軍撃砕散亡の願文を出す。9・23信玄、鎖張進上につき小県郡西光寺の門前百姓三人分の課役を免ずる。10・8徳川家康、信玄との関係を絶ち、上杉輝虎と盟約す。また、酒井忠次は村上国清に、石川数正は尾崎某に書状を送り誼を通じる。12・1三条夫人の菩提茶湯料として円光院に寺領を寄付する。息女黄梅院の供養を大泉寺に命ずる。12・4三輪与兵衛尉および海賊衆に駿河国八楠郷の内を与える。正・3駿河国深沢城に籠る北条軍に矢文を出す。正・20北条氏政、上杉輝虎・同景虎に駿河国深沢城での劣勢を報じ、支援を求める。2・13中山金山衆

和。信長の添状のない御内書発給停止等を承認させる。信長・徳川家康、越前の朝倉義景攻撃のため出京。6・28信長・家康、近江姉川で浅井長政・朝倉義景を破る。7・21三好三人衆、阿波より摂津に進出。11・21伊勢長島の一向一揆、尾張小木江城に織田信興を滅ぼす。この年、ポルトガル船、長崎に初入港。この年、明、アルタン＝ハンと和議が成り、翌年、順義王とする。

2・11塚原卜伝没。5・12信長、伊勢長島の一向一揆と戦う。6・14毛利元就没。6・23島津

や黒川金山衆に深沢城攻めの褒美を与える。3・5徳川家康方の遠江国高天神城を攻撃。徳川家康、上杉輝虎に武田軍の駿河攻めに油断無きことを伝える。3・11北条家、駿河国深沢城を武田軍に奪われたため、足柄城等の普請を急がせる。3・17秋山虎繁に伊那郡飯沼郷等の人足を使って大島城の普請をさせる。4・1甲斐岩手郷の棟別帳を作る。4・19信玄・勝頼父子、信濃から三河に入り、鈴木重直を足助城に攻め、これを下す。4・26勝頼、杉浦紀伊守に足助城攻落を伝える。4・29これより先、山県昌景が小笠原信嶺などと三河野田城を攻落。この日に昌景等は同国吉田城を攻め落とす。5・17岡周防守に遠江国平定を伝える。7・3三河より帰陣後、越後攻めを計画する。7・16信玄に東大寺大仏殿再興勧進への奉加を求める綸旨が出る。11・25駿府浅間社の条規を定め、社家に同国安西の内を与え、庁守大夫に同大夫職を安堵する。

貴久没。8・21吉川元春、尼子勝久を出雲国新山城に攻略。9・12信長、延暦寺を焼き討ち。10・3北条氏康没。12・27毛利元就が造替した厳島神社遷宮。この年、レパントの海戦、スペイン等の連合艦隊、オスマン海軍を破る。スペイン、マニラを占領。オスマン軍、キプロス島を占領。

三　一五七二　52

正・28織田信長に使者を送り同盟維持の偽装をする。**閏正**・3上杉謙信、上野国厩橋城に入り、信玄と利根川を挟んで対峙。2・3上野の極楽院に寺中定書

7・19織田信長、近江の浅井長政・越前の朝倉義景と対峙。8・18上杉謙信、越中に入り一

を出す。2・4佐久郡岩村田の御家人衆に竜雲寺僧堂上葺萱を運上させる。2・30佐久郡竜雲寺を信玄分国の曹洞宗僧録とする。3・5甲斐国鎮守一宮に、駿河国押出村の内を寄付する。3・6真田一徳斎(幸隆)が上野白井城を攻略したことを嘉し、箕輪城に在番して春日虎綱に協力するように命ずる。3・20上杉勢の攻勢を防ぐため、再度西上野へ出陣する。3・26上条堰の再興を周辺の村に命ずる。4・11佐久郡竜雲寺の全祝、信玄の求めにより千衆結制を行う準備を調える。この日に竜雲寺に書状を送り、その威風を喜び、以降、制中参学の厳格さを求める。5・3奥州石川の富士参詣先達に過所を与える。5・16北条氏政に甲相同盟の祝儀を与える。7・26延暦寺に僧正位を奏請する。8・11北条氏政と協力して関東に出陣しようとし、水内郡の葛山衆に軍役を定める。8・13石山本願寺と信長の和睦仲介を約束する。8・18信玄が信濃から越後へ攻め入るとの風聞があり、上杉謙信は長尾顕景などに春日山城の警備を厳重にするよう命ずる。10・3甲府を発つ。武田家、信玄の権僧正任官斡旋の礼として、

向一揆を攻撃。9月信長、足利義昭に異見十七箇条を出す。この年、フランスで聖バルテルミーの虐殺。

			慈光坊に遠江国内の所領寄進を約束する。10・10遠江に乱入。11・19朝倉義景に遠江二俣城を囲み、別働隊が美濃岩村城を攻略したことを伝える。11・20織田信長、上杉謙信の要請を容れ、協力して信玄を討滅しようと図る。11月信玄の将秋山信友、伊那の軍勢を率いて美濃岩村城を落とす。12・3本願寺光佐、武田信玄に書状を送り、遠江出陣と勝利を慶賀する。12・19小浜景隆に駿河国岡部の内等を与える。12・22遠江三方原で徳川家康の軍を破る。	
天正　元	一五七三	53	正・7朝倉義景、信玄の遠江国における戦勝の報に返書を送る。正・19本願寺光佐、信玄に遠江国における戦勝を慶賀する。2・4これより先、三河野田城を攻め、城将菅沼定盈等を生け捕り、信濃に送る。この日、徳川家康、野田城を攻撃しようとして、上杉謙信に出兵を促す。2・15武田軍野田城を陥れる。2・16徳川家康、上杉輝虎に遠江・三河両国の動静、および武田信玄の三河国野田在陣を伝える。3・19ルイス・フロイス、フランシスコ・カブラルへ手紙を送る。4・12信玄没。	4・7足利義昭、禁裏に信長との和平仲介を頼み、信長が受け入れて和睦。7・18信長、義昭を槇島城で降伏させ、河内若江城に逐う。8・20朝倉義景、越前で自殺。

人名索引

あ行

か　行

さ 行

た 行

な　行

は　行

ま　行

や　行

ら　行

事項索引

あ 行

か 行

さ　行

た　行

な 行

は 行

ま　行

や　行

ら・わ行

《著者紹介》

笹本正治（ささもと・しょうじ）

1951年　山梨県生まれ。

1974年　信州大学人文学部卒業。

1977年　名古屋大学大学院文学研究科博士課程前期修了。

現　在　信州大学人文学部教授。

博士（歴史学）（名古屋大学）。

著　書　『戦国大名と職人』吉川弘文館，1988年。

『戦国大名武田氏の研究』思文閣出版，1993年。

『蛇抜・異人・木霊―歴史災害と伝承』岩田書院，1994年。

『真継家と近世の鋳物師』思文閣出版，1996年。

『中世の災害予兆―あの世からのメッセージ』吉川弘文館，1996年。

『鳴動する中世―怪音と地鳴りの日本史』朝日新聞社，2000年。

『山に生きる―山村史の多様性を求めて』岩田書院，2001年。

『異郷を結ぶ商人と職人』中央公論新社，2002年。

『災害文化史の研究』高志書院，2003年。

『地域おこしと文化財』ほおずき書籍，2004年，ほか多数。

ミネルヴァ日本評伝選

武《たけ》田《だ》信《しん》玄《げん》

――芳声天下に伝わり仁道寰中に鳴る――

2005年11月10日　初版第1刷発行　〈検印省略〉

定価はカバーに
表示しています

著　者　笹　本　正　治

発行者　杉　田　啓　三

印刷者　江　戸　宏　介

発行所　株式会社　ミネルヴァ書房

607-8494 京都市山科区日ノ岡堤谷町1

電話（075）581-5191（代表）

振替口座 01020-0-8076番

共同印刷工業・新生製本

ISBN4-623-04500-5

Printed in Japan

刊行のことば

歴史を動かすものは人間であり、興趣に富んだ人間の動きを通じて、世の移り変わりを考えるのは、歴史に接する醍醐味である。

しかし過去の歴史学を顧みるとき、人間不在という批判さえ見られたように、歴史における人間のすがたが、必ずしも十分に描かれてきたとはいえない。二十一世紀を迎えた今、歴史の中の人物像を蘇生させようとの要請はいよいよ強く、またそのための条件もしだいに熟してきている。

この「ミネルヴァ日本評伝選」は、正確な史実に基づいて書かれるのはいうまでもないが、単に経歴の羅列にとどまらず、歴史を動かしてきたすぐれた個性をいきいきとよみがえらせたいと考える。そのためには、対象とした人物とじっくりと対話し、ときにはきびしく対決していくことも必要になるだろう。

今日の歴史学が直面している困難の一つに、研究の過度の細分化、瑣末化が挙げられる。それは緻密さを求めるが故に陥った弊害といえるが、その結果として、歴史の大きな見通しが失われ、歴史学を通しての社会への働きかけの途が閉ざされ、人々の歴史への関心を弱める危険性がある。今こそ歴史が何のためにあるのかという、基本的な課題に応える必要があろう。評伝という興味ある方法を通じて、解決の手がかりを見出せないだろうかというのも、この企画の一つのねらいである。

狭義の歴史学の研究者だけでなく、多くの分野ですぐれた業績をあげている著者たちを迎えて、従来見られなかった規模の大きな人物史の叢書として、「ミネルヴァ日本評伝選」の刊行を開始したい。

平成十五年（二〇〇三）九月

ミネルヴァ書房

ミネルヴァ日本評伝選

企画推薦
梅原　猛
ドナルド・キーン
佐伯彰一
角田文衞

監修委員
上横手雅敬
芳賀　徹

編集委員
石川九楊
伊藤之雄
猪木武徳
今谷　明
今橋映子
熊倉功夫
佐伯順子
坂本多加雄
武田佐知子
竹西寛子
西口順子
兵藤裕己
御厨　貴

上代

俾弥呼　古田武彦
日本武尊　西宮秀紀
雄略天皇　吉村武彦
蘇我氏四代　遠山美都男
推古天皇　義江明子
聖徳太子　仁藤敦史
斉明天皇　武田佐知子
天武天皇　新川登亀男
持統天皇　丸山裕美子
阿倍比羅夫　熊田亮介
柿本人麻呂　古橋信孝
元明・元正天皇　渡部育子
聖武天皇　本郷真紹
光明皇后　寺崎保広
孝謙天皇　勝浦令子
藤原不比等　荒木敏夫
吉備真備　今津勝紀
道　鏡　吉川真司
大伴家持　和田　萃
行　基　吉田靖雄

平安

桓武天皇　井上満郎
嵯峨天皇　西別府元日
宇多天皇　古藤真平
醍醐天皇　石上英一
村上天皇　京樂真帆子
花山天皇　上島　享
三条天皇　倉本一宏
後白河天皇　美川　圭
小野小町　錦　仁
藤原良房・基経　滝浪貞子
菅原道真　竹居明男
紀貫之　神田龍身
源高明　所　功
慶滋保胤　平林盛得
＊安倍晴明　斎藤英喜
藤原道長　朧谷　寿
清少納言　後藤祥子
紫式部　竹西寛子
和泉式部　ツベタナ・クリステワ
大江匡房　小峯和明
式子内親王　奥野陽子
建礼門院　生形貴重
阿弖流為　樋口知志
坂上田村麻呂　熊谷公男
＊源満仲・頼光　元木泰雄
平将門　西山良平
平清盛　田中文英
藤原秀衡　入間田宣夫
空　海　頼富本宏
最　澄　吉田一彦
奝　然　上川通夫
源　信　小原　仁
守覚法親王　阿部泰郎

鎌倉

源頼朝　川合　康
＊源義経　近藤好和
後鳥羽天皇　五味文彦
九条兼実　村井康彦
北条時政　野口　実
熊谷直実　佐伯真一
＊北条政子　関　幸彦
北条義時　岡田清一
曾我十郎・五郎　杉橋隆夫
北条時宗　近藤成一
安達泰盛　山陰加春夫
平頼綱　細川重男
竹崎季長　堀本一繁
西　行　光田和伸
藤原定家　赤瀬信吾
＊京極為兼　今谷　明
＊兼　好　島内裕子
重　源　横内裕人
運　慶　根立研介

法然　今堀太逸
慈円　大隅和雄
明恵　西山　厚
親鸞　末木文美士
恵信尼・覚信尼　西口順子
道元　船岡　誠
叡尊　細川涼一
*忍性　松尾剛次
*日蓮　佐藤弘夫
一遍　蒲池勢至
夢窓疎石　田中博美
宗峰妙超　竹貫元勝

南北朝・室町

後醍醐天皇　上横手雅敬
護良親王　新井孝重
北畠親房　岡野友彦
楠正成　兵藤裕己
*新田義貞　山本隆志
足利尊氏　市沢　哲
佐々木道誉　下坂　守
円観・文観　田中貴子
足利義満　川嶋將生
足利義教　横井　清
大内義弘　平瀬直樹
日野富子　脇田晴子
世阿弥　西野春雄
雪舟等楊　河合正朝
雪村周継　赤澤英二
宗祇　鶴崎裕雄
*満済　森　茂暁
一休宗純　原田正俊

戦国・織豊

北条早雲　家永遵嗣
毛利元就　岸田裕之
*今川義元　小和田哲男
*武田信玄　笹本正治
三好長慶　仁木　宏
上杉謙信　矢田俊文
吉田兼倶　西山　克
山科言継　松薗　斉
織田信長　三鬼清一郎
豊臣秀吉　藤井讓治
前田利家　東四柳史明
蒲生氏郷　藤田達生
伊達政宗　伊藤喜良
支倉常長　田中英道
北政所おね　田端泰子
淀殿　福田千鶴
ルイス・フロイス　エンゲルベルト・ヨリッセン
*長谷川等伯　宮島新一
顕如　神田千里

江戸

徳川家康　笠谷和比古
徳川吉宗　横田冬彦
後水尾天皇　久保貴子
光格天皇　藤田　覚
崇伝　杣田善雄
春日局　福田千鶴
池田光政　倉地克直
シャクシャイン　岩崎奈緒子
田沼意次　藤田　覚
末次平蔵　岡美穂子
林羅山　鈴木健一
中江藤樹　辻本雅史
山崎闇斎　澤井啓一
*北村季吟　島内景二
貝原益軒　辻本雅史
ケンペル　ボダルト・ベイリー
荻生徂徠　柴田　純
雨森芳洲　上田正昭
前野良沢　松田　清
平賀源内　石上　敏
杉田玄白　吉田　忠
上田秋成　佐藤深雪
木村蒹葭堂　有坂道子
大田南畝　沓掛良彦
菅江真澄　赤坂憲雄
*鶴屋南北　諏訪春雄
良寛　阿部龍一
滝沢馬琴　高田　衛
山東京伝　佐藤至子
平田篤胤　川喜田八潮
シーボルト　宮坂正英
本阿弥光悦　岡　佳子
小堀遠州　中村利則
尾形光琳・乾山　河野元昭
*二代目市川團十郎　田口章子
与謝蕪村　佐々木丞平
伊藤若冲　狩野博幸
鈴木春信　小林　忠
円山応挙　佐々木正子
*佐竹曙山　成瀬不二雄
葛飾北斎　岸　文和
酒井抱一　玉蟲敏子
オールコック　佐野真由子
*月性　海原　徹
西郷隆盛　草森紳一
*吉田松陰　海原　徹

徳川慶喜　大庭邦彦
和　宮　辻ミチ子

近代

明治天皇　伊藤之雄
大正天皇　フレッド・ディキンソン
大久保利通　三谷太一郎
山県有朋　鳥海　靖
木戸孝允　落合弘樹
井上　馨　高橋秀直
*松方正義　室山義正
北垣国道　小林丈広
大隈重信　五百旗頭薫
伊藤博文　坂本一登
井上　毅　大石　眞
桂　太郎　小林道彦
林　董　君塚直隆
高宗・閔妃　木村　幹
山本権兵衛　室山義正
高橋是清　鈴木俊夫
小村寿太郎　簑原俊洋
犬養　毅　小林惟司
加藤高明　櫻井良樹
田中義一　黒沢文貴
平沼騏一郎　堀田慎一郎
宮崎滔天　榎本泰子
浜口雄幸　川田　稔
幣原喜重郎　西田敏宏
関　一　玉井金五
広田弘毅　井上寿一
安重根　上垣外憲一
グルー　廣部　泉
東條英機　牛村　圭
蔣介石　劉　岸偉
木戸幸一　波多野澄雄
*乃木希典　佐々木英昭
加藤友三郎・寛治　麻田貞雄
宇垣一成　北岡伸一
石原莞爾　山室信一
五代友厚　田付茉莉子
安田善次郎　由井常彦
渋沢栄一　武田晴人
山辺丈夫　宮本又郎
武藤山治　阿部武司・桑原哲也
小林一三　橋爪紳也
大倉恒吉　石川健次郎
大原孫三郎　猪木武徳
河竹黙阿弥　今尾哲也
イザベラ・バード　加納孝代
林　忠正　木々康子
森　鷗外　小堀桂一郎
二葉亭四迷　ヨコタ村上孝之
巌谷小波　千葉信胤
樋口一葉　佐伯順子
島崎藤村　十川信介
泉　鏡花　東郷克美
有島武郎　亀井俊介
永井荷風　川本三郎
北原白秋　平石典子
菊池　寛　山本芳明
宮澤賢治　千葉一幹
正岡子規　夏石番矢
P・クローデル　内藤　高
高浜虚子　坪内稔典
与謝野晶子　佐伯順子
種田山頭火　村上　護
斎藤茂吉　品田悦一
*高村光太郎　湯原かの子
萩原朔太郎　エリス俊子
原阿佐緒　秋山佐和子
高橋由一・狩野芳崖　古田　亮
竹内栖鳳　北澤憲昭
黒田清輝　高階秀爾
中村不折　石川九楊
横山大観　高階秀爾
橋本関雪　西原大輔
小出楢重　芳賀　徹
土田麦僊　天野一夫
岸田劉生　北澤憲昭
松旭斎天勝　川添　裕
中山みき　鎌田東二
ニコライ　中村健之介
出口なお・王仁三郎　川村邦光
島地黙雷　阪本是丸
*新島　襄　太田雄三
澤柳政太郎　新田義之
河口慧海　高山龍三
大谷光瑞　白須淨眞
李方子　小田部雄次
古賀謹一郎　小野寺龍太
久米邦武　髙田誠二
フェノロサ　伊藤　豊
内村鑑三　新保祐司
*岡倉天心　木下長宏
徳富蘇峰　杉原志啓
内藤湖南・桑原隲蔵　礪波　護

岩村透　今橋映子
西田幾多郎　大橋良介
喜田貞吉　中村生雄
上田敏　及川茂
柳田国男　鶴見太郎
厨川白村　張競
九鬼周造　粕谷一希
辰野隆　金沢公子
矢内原忠雄　等松春夫
薩摩治郎八　小林茂
シュタイン　瀧井一博
福澤諭吉　平山洋
福地桜痴　山田俊治
中江兆民　田島正樹
田口卯吉　鈴木栄樹
陸羯南　松田宏一郎
竹越與三郎　西田毅
宮武外骨　山口昌男
吉野作造　田澤晴子
野間清治　佐藤卓己

北一輝　岡本幸治
杉亨二　速水融
北里柴三郎　福田眞人
田辺朔郎　秋元せき
南方熊楠　飯倉照平
寺田寅彦　金森修
石原純　金子務
J・コンドル　鈴木博之
小川治兵衛　尼崎博正

現代

昭和天皇　御厨貴
高松宮宣仁親王　後藤致人
吉田茂　中西寛
マッカーサー　柴山太
重光葵　武田知己
池田勇人　中村隆英

和田博雄　庄司俊作
朴正熙　木村幹
竹下登　真渕勝
*松永安左エ門　橘川武郎
鮎川義介　井口治夫
松下幸之助　米倉誠一郎
渋沢敬三　井上潤
本田宗一郎　伊丹敬之
井深大　武田徹
幸田家の人々　金井景子
*正宗白鳥　大嶋仁
*川端康成　大久保喬樹
松本清張　杉原志啓
安部公房　成田龍一
R・H・ブライス　菅原克也
金素雲　林容澤

柳宗悦　熊倉功夫
バーナード・リーチ　鈴木禎宏
イサム・ノグチ　酒井忠康
川端龍子　岡部昌幸
藤田嗣治　林洋子
*井上有一　海上雅臣
手塚治虫　竹内オサム
山田耕筰　後藤暢子
武満徹　船山隆
力道山　岡村正史
美空ひばり　朝倉喬司
植村直巳　湯川豊
西田天香　宮田昌明
安倍能成　中根隆行
G・サンソム　牧野陽子
和辻哲郎　小坂国継
青木正児　井波律子

矢代幸雄　稲賀繁美
石田幹之助　岡本さえ
平泉澄　若井敏明
前嶋信次　杉田英明
竹山道雄　平川祐弘
保田與重郎　谷崎昭男
佐々木惣一　松尾尊兊
*瀧川幸辰　伊藤孝夫
福本和夫　伊藤晃
フランク・ロイド・ライト　大久保美春
大宅壮一　有馬学
清水幾太郎　竹内洋

*は既刊

二〇〇五年十一月現在